《戡定新疆記》箋注

（清）魏光燾 編
杜宏春 高彬彬 箋注

圖書在版編目(CIP)數據

《戡定新疆記》箋注 /（清）魏光燾編；杜宏春，高彬彬箋注. -- 北京：商務印書館，2025. -- ISBN 978-7-100-24837-2

Ⅰ.K294.5

中國國家版本館CIP數據核字第2025Z05B73號

權利保留，侵權必究。

《戡定新疆記》箋注

（清）魏光燾　編
杜宏春　高彬彬　箋注

商務印書館出版
（北京王府井大街36號　郵遞編碼100710）
商務印書館發行
三河市尚藝印裝有限公司印刷
ISBN 978-7-100-24837-2

2025年4月第1版　　　開本787×1092　1/16
2025年4月第1次印刷　印張12 1/2
定價88.00元

前　言

《戡定新疆記》爲魏光燾調任布政使期間，商請新疆巡撫劉錦棠，於光緒十五年（1889）囑令署迪化府知府黄丙焜、候補知州徐鼎藩、候補知縣李徵煦等，稽考新疆史實，賡續纂輯，草創甫就，尚未刊行，直至光緒二十一年（1895）魏光燾任陝西巡撫，飭令長安縣知縣楊調元最後編訂而成，凡八卷，光緒二十五年（1899）刊行。

魏光燾（1837—1916），字午莊，湖南邵陽人，魏源族孫。咸豐六年（1856），投效湘軍，辦理老湘軍營務，後隨左宗棠赴陝戡亂。九年（1859），以功保從九品選用。十年（1860），保縣丞，並賞戴藍翎。十一年（1861），保知縣，加知州銜。同治二年（1863），保同知，晋運同銜，賞戴花翎。三年（1864），保知府。四年（1865），保道員，加揚勇巴圖魯勇號。五年（1866），升鹽運使銜。七年（1868），保道員改留陝西，加西林巴圖魯勇號，並賞二品頂戴。八年（1869），署甘肅平慶涇固道。光緒二年（1876），晋按察使銜。七年（1881），升補甘肅按察使。八年（1882），署甘肅藩司。九年（1883），補授甘肅布政使。十年（1884），調補新疆布政使。十五年（1889），護理甘肅新疆巡撫。十八年（1892），開缺回籍。二十年（1894），隨幫辦軍務大臣湖南巡撫吴大澂赴遼東抗日，與日軍戰於海城。二十一年（1895），補授江西布政使。同年，擢雲南巡撫，調補陝西巡撫。二十五年（1899），署陝甘總督，二十六年（1900），實授陝甘總督。二十七年（1901），調補雲貴總督。二十八年（1902），兼署雲南巡撫。同年，調兩江總督。三十年（1904），補授閩浙總督。三十一年（1905），褫職。宣統三年（1911），補授湖廣總督，以武昌起義未赴任。民國五年（1916），卒於里。生前刊魏源《海國圖志》，有《戡定新疆記》《湖山老人自述》等存世。

是書爲《平定關隴紀略》續作，系統記述並頌揚左宗棠等經營新疆之功業。前四卷爲"武功記"，按年月日記述同治三年至光緒九年新疆各族反清、清軍鎮壓、繼而平定阿古柏以及新疆建省等情形；卷五爲"糧餉篇"，匯錄左宗棠行軍時籌措糧餉有關奏論；卷六爲"歸地篇"，記錄俄國歸還伊犁經過；卷七爲"置省篇"，卷八爲"善後篇"，敘述新疆建省及相關建置史實。爲研究晚清新疆回民抗清斗争、清政府經營新疆等重要資料。

《戡定新疆記》先後收入"近代中國史料叢刊"[①]和"中華文史叢書"[②]等叢書。本書以"近代中國史料叢刊"本爲底本，以"中國近代史資料叢刊"[③]及"中國邊疆研究文庫"[④]等本爲參校本，並查照咸豐、同治、光緒三朝《上諭檔》及《清實錄》，以校本校底本，采用理校之法，逐字校勘，擇善而從。此外，對文中所涉之干支日期及重要人物予以注釋，附錄了涉及清代新疆置省的奏摺史料，俾資考證。

[①] 沈雲龍主編：《近代中國史料叢刊·戡定新疆記》，臺北文海出版社，1966年。
[②] 王有立主編：《中華文史叢書·戡定新疆記》，臺北華文書局，1968—1969年。
[③] 中國史學會編：《中國近代史資料叢刊·回民起義（四）》，上海人民出版社，1957年。
[④] 于逢春、阿地力·艾尼主編：《戡定新疆記》，黑龍江教育出版社，2014年。

目 錄

序 1
自序 3
凡例 6
卷一　武功記一 8
卷二　武功記二 29
卷三　武功記三 48
卷四　武功記四 61
卷五　糧餉篇 71
卷六　歸地篇 89
　　　分界 100
　　　通商 110
卷七　置省篇 112
卷八　善後篇 124
　　　農田水利 132
　　　屯田 133
　　　賦稅 135
　　　蠶桑 135
　　　貨幣 135
　　　城工 136
　　　驛路 137
　　　義塾 137
附錄　新疆置省史料 138
參考文獻 189

序

竊嘗論天下大勢，三代以前，中國衆建諸侯，外國亦各有君長，不相統攝，渾穆相安。自秦皇以天下爲一姓，而冒頓亦統一諸胡，天地氣運，至此一變。此後或分或合，悉爲敵國而相吞，勢成中國防邊之事，遂歷數千年而不可稍弛。善乎！孫樵之論邊事，其言將帥即漢人州郡可任之說，其言士卒即漢人邊縣制敵之說，大約邊事之論居多，其要領莫能外是也。

今日新疆底定，設立郡縣，悉本此意。所以綏服異族者在此，所以防禦外夷者亦在此，其所係顧不重哉？按新疆即古西域，漢由渾邪降而得敦煌以内，故郡縣直接玉門；日逐降而得敦煌以外，故都護可治烏壘。然而郭舜請辭康居，杜欽論絶屬賓，皆以爲無益之舉。班史亦云：天地界絶，自爲一區，種類衆多，不能統一，故建武中西域十八國遣子入侍，願得都護。天子以中國初定，北邊未服，一切還其侍子。其後班超雖以此立功，而叛服不常，有明哈密之役，徒費經營，終無成效。

迨至我朝武功卓越，遂取而有之，不惟隸乎象胥，亦日歸於職方。蓋今昔事勢各殊，天與不取，反受其殃，故版圖開拓二萬餘里，誠應天順人之舉也。後雖小有變故，旋起旋平。至同治初元，回逆乘我内難未靖，搆釁倡亂，幾於全疆皆失。左文襄奉命視師，劉襄勤副之，所向無敵，統天山南北，以次戡定，並奏置行省、設郡縣，爲經久計。今陝西巡撫邵陽魏公首開藩其地，一切規制逐加厘定，始臻美備，因纂《戡定新疆記》一書，有棻受讀一過，乃作而言曰：邊疆有必爭之地，不可失也。唐之邊臣築三城於河外，置烽堠於八百，更回紇、吐蕃之亂，朔方長爲中國所有。明自英宗以來，輟東衛以就延綏，遂以此失朔方，太祖以大甯①爲重鎮，成祖以與兀良哈，遂使遼東宣府聲援斷絕。漢武帝得朔方而弃造陽以北，論者猶謂失策；王安石議弃雁門外五百里，太原之陷，無不歸咎焉。可見大局所關，尺土必爭，非貪地也。

新疆之役，我高宗排衆論而取之，爲西土籌奠安，爲國家計長久。當時能喻其遠謀者尚尠，何怪文襄督師之日復群起而倡弃地之議？使非文襄抗疏力爭，朝廷知人善任，則新疆今日已非我有，彼時尚不見其害，迺者西夷、東島迭起爭衡，若兵輪騰焰於海中，虜馬長驅於隴右，天下事尚可問耶！識者見機於事先、攘臂相爭之日，鮮不目爲多事，孰知其效竟至旋乾轉坤，震耀千古，後之人未嘗不嘆當日悠悠之口無當事機，然已晚矣！古今世局，大率類此，可勝慨哉！今日時事之棘尤甚於昔，猶幸前此雄圖實爲自強之本。朝廷得新疆以屏蔽西陲，關隴數千里屹然自成要區；海氛雖惡，一旦率三秦之衆捲甲東趨，真有建瓴莫禦之勢，匪僅聊固吾圉，以之鞭撻四夷、稱雄五洲不難矣。

是書成，使海內豪傑讀之而奮然興起，官斯土者亦得循途守轍，藉免隕越之虞，是則中丞之功，上與聖君賢相維持久遠之心，若合符節，有棻蓋不勝鼓舞翹企之至云。

光緒己亥孟秋，陝西布政使司布政使萍鄉李有棻②謹序

---

① 刊本"寧"均作"甯"，爲避道光旻寧諱。本書今從刊本，而於注釋處取用"寧"字。
② 李有棻（1841—1906），字薇垣，江西萍鄉人，優廩生。同治十二年（1873），拔貢，報捐內閣中書。光緒二年（1876），選玉牒館漢謄錄官。三年（1877），充收掌校對官。同年，保湖南補用知府。八年（1882），署沅州府知府。十年（1884），補授湖北襄陽府知府。同年，署安陸府知府、武昌府知府。嗣保升道員。十七年（1891），授廣東高廉欽道。二十年（1894），遷陝西按察使。二十一年（1895），署陝西布政使，督辦新甘轉運局兼製造事宜。二十四年（1898），擢陝西布政使。二十五年（1899），護理陝西巡撫。同年，丁母憂，回籍終制。二十六年（1900），督辦江西全省團練。二十八年（1902），授江寧布政使。同年，護理兩江總督兼護南洋通商大臣、兩淮鹽政。其間，創辦《秦報》、兩江師範學堂（南京大學前身）。三十年（1904），授江西鐵路總辦。三十二年（1906），卒於任。贈太子少保。著有奏議、批牘、《臥雲草堂文存》等行世。

自 序

光緒紀元之十有四載，皇上經筵清暇，眷念西陲底定已更十祀，廟謨武烈不可靡所紀述，特詔樞臣開館率屬，編輯《平定回匪方略》①以宣示天下，越七年甲午，書成奏御，都三百二十卷。自命將征討之略，諸酋擾亂之階，絕域飛輓之勞，鄰敵界畫之議，無不隨事纂錄，原原本本，炳若列眉，猗歟休哉！誠千古馭邊經武之要則也。

光燾伏讀再四，竊以爲西域控居天下上游，爲從古形勝必爭之地。自來西羌北狄互爲要結，其取道率在蔥河蒲海間，而九鎮三邊卒以次迭被其害。漢開西域都府以斷右臂，而匈奴勢孤；唐置北庭節鎮以席上腴，而突厥形弱。逮乎我朝，準夷橫踞北方，聖祖、世宗兩朝宵旰籌邊，不遺餘力。高宗純皇帝殲除準、回兩部，設重藩於伊犁、葉爾羌，而後諸邊息烽燧之警者幾二百載。善乎！督師大學士左文襄公之言曰：保新疆者所以保蒙部，保蒙部者所以衛京師。若新疆淪胥，蒙族必敗，非但陝甘、山西諸邊爲之不靖，即直北關山亦將無晏眠之日。老成謀國之衷，上與列聖精心相契。是以戡夷大難，迅奏膚功。語曰：不世之勛，必待非常之人而後集。其謂此歟！

方咸豐初，東南盜起，橫流四溢，當事者急急於彼，而西北控邊之臣失於防制，於是新疆逆回金相印勾結安集延頭目阿古柏，同時煽亂，關內悍回白彥虎應之，雍、涼二部千里糜爛。迄同治甲子，髮逆削平，朝廷特命左公

---

① 即《平定陝甘新疆回匪方略》，320卷，清代官修。恭親王奕訢領銜監修，另以世鐸、李鴻藻、翁同龢、剛毅、錢應溥、額勒和布、張之萬、孫毓汶、徐用儀和許庚身爲總裁官，參與撰寫者一百五十七人。是書撰於光緒十四年，二十二年藏事。前有光緒之《序》、奕訢等《進平定陝甘新疆回匪方略表》。卷首一卷，刊載咸豐、同治之"聖訓"、詩文，正文記事內容自咸豐五年八月始，至光緒十四年九月止，記述鎮壓西北回民反清以及擊潰阿古柏之全程，史料豐富，價值較高。

宗棠移得勝之師西向聲討，一挫之於金積堡，再挫之於肅州，草薙禽獼，剿撫並用，然後秦隴肅清。當文襄公初被督師新疆之命，規畫全局，洞若觀火。而洋款之貸，主商借者尼之；塞餉之輸，縮財賦者阻之。至於謂海防爲急，謂疆事爲緩，當時秉鈞大臣頗建停罷西征之議。文襄公慷慨籌策，以恢拓全局爲言，以收復故地爲志，手疏力爭，中朝動色，卒能聚天下精兵猛將，血戰以奪北疆，而南疆亦遂瓦解，國家故所失地，旬歲之間，果如所述，挈還職方。屈計古昔，班、耿之於漢，蕭、蘇之於唐，老謀壯事，蓋有不可相提並論者。嗚呼！何其盛哉！

夫古君子之相天下也，弗汲汲於智名勇功，而嘗舉國家天下之故，審度始事之何以成，與終事之何以善。方其進軍西域也，數十百營之衆，懸釜待炊，苟使糧糒不供，則譁潰決裂，事不可測。而文襄所以經營而儲峙之者，固靡不周也。及夫全疆唾手而得，獨北陲一隅地爲鄰族攘踞，弗肯善讓。設不善解事者處此將示弱示強，百無一當矣。而文襄所以維持而抵禦之者，又靡不審也。至若開建行省，創自古非常之局，而終先皇未竟之志。觀其前後條奏，無不鏤心怵肝出之，卒能假手後賢，克底成績。迄今遐眺烏壘，山河清夷，牛馬遠牧，邊城宴然垂二十載，聖主倚任之隆，賢輔薦達之美，用能振起人傑，以勵相國家。此亦天時人事蔚我中興，而非區區智力所能企及者已。

光燾曩在甘藩任內商楊石泉宮保①，集僚屬共成《平定關隴紀略》②一書，

---

① 楊石泉宮保，即時任陝甘總督楊昌濬。楊昌濬（1827—1897），字石泉，湖南湘鄉人，附生。咸豐二年（1852），從羅澤南練鄉勇，會集湘潭，出《討粵匪檄》，後隨湘軍鎮壓太平軍。四年（1854），選訓導。九年（1859），充教授。十年（1860），補知縣，並賞戴花翎。同治元年（1862），保同知。同年，升浙江衢州府知府。二年（1863），授浙江糧儲道。三年（1864），遷浙江鹽運使，加按察使銜。同年，晉浙江按察使，署浙江布政使。五年（1866），升補浙江布政使。八年（1869），署浙江巡撫。九年（1870），擢浙江巡撫。光緒二年（1876），因楊乃武案革職。四年（1878），經左宗棠奏調赴陝甘，賞四品頂戴。五年（1879），署甘肅布政使，加二品頂戴。六年（1880），晉頭品頂戴，護理陝甘總督。七年（1881），授甘肅藩司。九年（1883），遷漕運總督。十年（1884），幫辦福建軍務。同年，補授閩浙總督。十一年（1885），兼署福建巡撫。十四年（1888），調補陝甘總督。十五年（1889），監臨鄉試，嗣因回民反清革職。二十年（1894），加太子太保銜。二十三年（1897），卒於籍。著有《平浙紀略》《平定關隴紀略》《學海堂課藝》《五好山房詩稿》等傳世。
② 《平定關隴紀略》，楊昌濬飭令易孔昭編纂，魏光燾復令胡孚駿、劉然亮編撰，十三卷，附一卷。記左宗棠鎮壓西北回民反清及捻軍事實，起同治元年（1862），訖十二年（1873）。光緒四年（1878）編纂，十三年（1887）書成。前十二卷記述陝甘境內回民、捻軍、太平軍反清大小戰役，第十三卷載記清軍籌餉事，附卷爲頌功之詞。有光緒十三年刊本。

既已刊行。嗣移藩新疆，復商劉襄勤公屬署迪化府知府黃丙焜[①]、候補知州徐鼎藩、候補知縣李徵煦等，稽考新疆史實，賡續纂輯，草創甫就，光燾得告歸里，旋以東西援剿積苦兵間，未暇討論也。迨甲午歲，持節秦中，乃取舊稿，屬長安縣知縣楊調元重率編摩，厘爲八卷。前四卷"武功記"，紀兵事首尾。後四卷因事命篇，備述轉餉、置省、分界、善後諸事，期於詳略相輔。名曰"裁定新疆記"，俾與前編相繼。適蒙恩旨頒賜方略全帙，謨烈宏遠，足耀百世。日月既出，爝火何光！第念先族祖默深先生[②]嘗取中秘所藏方略、統志諸書，輯要行世，承學便之，傳刻勿替。是編所擷得方略之十二，是猶昔賢之志也，於是序而刻之。

嗟乎！今日疆事蓋彌棘矣。自哈屯河、帕米爾諸役以來，日朘月削，殆不可問。有心者瀏覽斯編，而因以上繹聖武親征之志，要終原始，思患豫防，講求古昔形勝所必爭，而宅中以圖大，是則一二搜輯之微意也夫！

光緒己亥孟秋，邵陽魏光燾撰於西安節署

---

① 黃丙焜（1838—1919），字雲軒，湖南長沙縣人，附貢生。光緒二年（1876），隨前大學士左宗棠出關，保知州。八年（1882），借補吐魯番同知。十二年（1886），調署疏勒直隸州知州。十五年（1889），調署迪化府知府。十七年（1891），升補伊犁府知府。十九年（1893），署阿克蘇道。二十五年（1899），調署伊塔道。二十九年（1903），遷阿克蘇道。同年，調署鎮迪道兼按察使銜。嗣經伊犁將軍長庚、馬亮兩次奏保，交軍機處記名，請咨送引。三十三年（1907），由吏部帶領引見。三十四年（1908），交北洋大臣差遣委用，補授四川成棉龍茂道。同年，調補四川建昌道。民國八年（1919），卒於里。

② 默深先生，即魏光燾族祖魏源。魏源（1794—1857），名遠達，字默深，又字墨生、漢士，號良圖，湖南邵陽隆回人。嘉慶十五年（1810），取秀才。十六年（1811），補廩膳生。十八年（1813），選拔貢。二十五年（1820），舉家遷居揚州。道光二年（1822），中舉人。五年（1825），應江蘇藩司賀長齡之邀，編《皇朝經世文編》，助蘇撫陶澍辦漕運、水利諸事。九年（1829），捐內閣中書舍人。十二年（1832），至南京城西清涼山下烏龍潭，購建草堂，著書立説。二十一年（1841），入兩江總督裕謙幕。二十二年（1842），著《聖武記》。二十四年（1844），中式進士，以知州用，分發江蘇，歷補東台、興化知縣。咸豐元年（1851），補授高郵知州。三年（1853），去職。咸豐七年（1857），卒於杭州。平生主張"經世致用"，宣導學習西方先進科技，提出"師夷之長技以制夷"思想，著有《默觚》《老子本義》《聖武記》《元史新編》《海國圖志》《古微堂詩文集》《書古微》《詩古微》《公羊古微》《曾子發微》《子思子發微》《高子學譜》《孝經集傳》《孔子年表》《孟子年表》《小學古經》《大學古本發微》《兩漢古文家法考》《論學文選》《明代兵食二政錄》《春秋繁露注》《墨子注》《孫子集注》等行世。

凡 例

一、是書繼《平定關隴紀略》而作，記新疆之亂，迄於平定，中間廟堂指揮，將帥謀略，官民節義，凡有關繫，莫不具載。至於披荆棘，設郡縣，尤千古未有之奇。讀者更與《聖武記》蕩平回準諸篇參觀，則一方掌故瞭然可睹矣。

一、逆回叛亂，前後十年，官軍以三載克之。建設行省，勞徠安集，又八年而後定。經營締造，不遺餘力。是書於戡定始末，用紀事本末例，爲"武功記"以述之，年經事緯，秩然可尋。至於絕塞餽師、力籌轉運、強鄰竊踞、卒返舊疆，以至置省、善後諸大端，略之則掌故攸關，詳之則頭緒至賾。茲以一事爲一篇，事經年緯，首尾畢具，與"武功記"相輔而行，亦庶幾史家書志之遺意也。

一、紀載之文務在徵實。是篇自左文襄公視師而後，章奏公牘確有據依。惟是同治三年以後、光緒二年以前，全疆淪沒，文報幾絕。迨至收復，而故府遺文銷沉劫火，南北兩路檔册僅存者，獨一巴里坤而已。是編所錄，或據零編散牘，互證參稽；或訪孑遺耆民，咨求故實。其有未喻，則守闕文之義，不敢憑虛臆斷，以故各城起事緣由、淪陷日月、戰守情形，未能悉著，且有達官、烈士效命隕身，或存姓軼名，或名姓俱軼，非敢略也，惟其慎也。觀者諒之。

一、塞外地名、人名往往音同字異，且有人同地同而展轉傳訛致音字兩異者，雖奏報亦然，自非親歷周知，幾疑爲兩人兩地。是書於音與字前後歧異者，悉釐而正之，以歸畫一。改設郡邑亦將舊名詳載，庶可考知沿革。

一、新疆事迹，自《欽定平定回匪方略》告成，煌煌制作，鉅細靡遺，豈容末學更爲編錄？第念天錄實册，下土罕得仰窺，而甘陝連疆，風通道會，治具張弛，息息相關，即方聞綴學之儒亦未便窮幽遠而失於眉睫，用是竊附先族祖默深先生《聖武記》之例，付之剞劂，傳示關隴，非敢冀風行海內也。

一、是編紀錄近事，據實直書，黨伐愛憎，不敢稍涉。惟是搜采之未盡，體例之未純，愧非史才，在所不免。宏博君子，幸爲是正。竊有厚望焉。

卷一　武功記一

　　西域自前世多故矣。恃其險遠，叛服不常。我高宗純皇帝長駕遠馭，舉準、回兩部甗裘城郭之衆，悉隸職方，然後邊徼之患息，神京之衛固。厥後雖有烏什、昌吉、張格爾①之亂，遐方萬里，等於潢池天戈所揮，指顧即定。斯亦建元、永平以來未有之局已。咸豐之末，中原多事，髮捻匪相繼西竄，回亦乘釁煽亂阻兵，玉門以西久淪異域。會中夏敉平，朝廷特簡重臣出關誅討，風馳霆擊，山空谷静，遂乃分置郡縣，列爲行省，化榛狉爲耕鑿，易鱗介而冠裳，威德所加，憺乎無外，消烽灌燧，六合一家。盛矣哉！謹撰次戡亂始末，爲"武功記"，凡四卷。

　　同治三年夏四月，庫車土回馬濺等潛結外匪田拉滿、蘇拉滿謀爲亂。己亥②，率黨反，焚庫城。五月壬寅③，辦事大臣薩凌阿④、英吉沙爾領隊大臣文

---

① 張格爾（？—1828），新疆伊斯蘭教白山派首領，大和卓波羅尼都之孫，是逃居國外的伊斯蘭教封建貴族。嘉慶二十五年（1820），潜入南疆發動叛亂。道光六年（1826），先後攻占喀什噶爾、英吉沙爾、葉爾羌、和田等城，自稱賽義德·張格爾蘇丹，復辟和卓統治。清政府命伊犁將軍長齡調集吉林、黑龍江、陝西、甘肅、四川清軍萬餘人，會師於阿克蘇，相繼收復喀什噶爾等城。道光八年（1828），逃至喀爾鐵蓋山被擒，解至北京處死，叛亂遂平。
② 己亥，即四月二十九日（1864年6月3日）。
③ 五月壬寅，即五月初三日（1864年6月6日）。
④ 薩凌阿，生卒年未詳，吉林烏拉正藍旗英春佐領下披甲，奇車博巴圖魯。同治十一年（1872），由委防禦補吉林鑲黄旗驍騎校。光緒四年（1878），簡放烏魯木齊副都統。五年（1879），署理烏魯木齊都統。六年（1880），授烏魯木齊領隊大臣。後調補西寧辦事大臣。十七年（1891），丁憂回旗守制。

藝①、葉爾羌幫辦大臣武仁布②死之，家屬皆殉。扎薩克郡王愛瑪特被脅不屈，亦遇害。阿克蘇辦事大臣富珠哩③飛檄徵伊犁兵未至，阿城旋陷，富珠哩舉家自焚。東四城相繼陷落，喀喇沙爾辦事大臣依奇哩④死之。烏魯木齊都統平瑞⑤聞警發兵，往至蘇巴什，盡殲於賊，而烏垣亦亂。

提標參將索煥章者，故甘肅提督索文子也，久蓄異志，與河州回阿渾妥得璘同惡相濟。始，得璘假星命游金積、河湟間，比寇興，竊三婦人出關，抵烏魯木齊，客煥章所。煥章師事之，相與謀亂。提督業布衝額⑥不爲備。癸亥⑦，回衆集南關禮拜寺，明炬議事，戈矛森然，爲遣犯朱小貴所偵，以告提督。令索往詗，反曰無之，斬朱小貴以徇。城中大譁。

六月辛巳⑧夜，妥、索兩逆嗾南關回衆入城大掠。業布衝額匿索宅中八日，仰藥死。烏垣自援兵南行，精壯幾盡，僅存屯勇數百，平瑞坐守滿城而

---

① 文藝（1801—1864），滿洲正黃旗人，親軍出身。道光九年（1829），充藍翎侍衛。十二年（1832），補三等侍衛。十八年（1838），升侍衛什長。二十一年（1841），晋二等侍衛，赴浙江軍營，充侍衛班領。二十二年（1842），保頭等侍衛。二十七年（1847），簡授山東德州城守尉。咸豐元年（1851），擢京口副都統。三年（1853），因案革職，發往新疆效力贖罪。四年（1854），派往銅廠當差。八年（1858），授烏什幫辦大臣。九年（1859），署理烏什辦事大臣。同治二年（1863），署理英吉沙爾領隊大臣。三年（1864），因病請假，城陷殉難。
② 武仁布，生平未詳，待考。
③ 富珠哩（？—1864），又名福珠哩，滿洲旗人。道光二十七年（1847），以功充防禦。三十年（1850），封世襲雲騎尉。咸豐七年（1857），升協領。同治元年（1862），署理阿克蘇辦事大臣。三年（1864），城陷自盡。
④ 依奇哩（？—1864），出身未詳。咸豐十年（1860），授喀喇沙爾辦事大臣。同治三年（1864），城陷遇難。
⑤ 平瑞（1807—1864），滿洲正黃旗人，那拉氏，翻譯生員。道光十年（1830），充印務筆帖式。十五年（1835），補驍騎校。二十年（1840），升印務章京。二十二年（1842），選公中佐領。咸豐三年（1853），升副參領，晋參領。五年（1855），權印務參領。八年（1858），署正紅旗蒙古副都統。九年（1859），加副都統銜。同年，遷烏里雅蘇台參贊大臣。十年（1860），署烏里雅蘇台將軍。十一年（1861），擢烏魯木齊都統。同治三年（1864），城陷自焚。贈太子少保、騎都尉兼一雲騎尉世職，諡忠壯。
⑥ 業布衝額（1809—1864），又名業普衝、業普崇額，滿洲鑲紅旗人，幼官出學。道光十一年（1831），以世襲雲騎尉補三等侍衛。十七年（1837），升二等侍衛。二十年（1840），保參將。二十二年（1842），補四川提標中軍參將。二十四年（1844），遷四川懋功協副將。二十九年（1849），晋山東兗州鎮總兵。咸豐元年（1851），調補甘肅巴里坤總兵。二年（1852），擢烏魯木齊提督。五年（1855），兼署烏魯木齊都統。同治三年（1864），仰藥自盡。
⑦ 癸亥，即五月二十四日（1864年6月27日）。
⑧ 六月辛巳，即六月十二日（1864年7月15日）。

已。是日，昌吉變起，知縣恩錦亡去。典史秦某罵賊死，闔門俱殉。南路逆回亦竄擾吐魯番，領隊大臣榮慶①守禦十餘日，會纏回皆變，城遂陷。奇、古以東騷然矣。

先是，奇臺縣故有陋規：官下車，派照糧；去任，派幫糧。戶以石計。縣令恒頤初蒞任，欲豫責幫糧，民大噪。頤以民變上，並窮治首者，民遂哄堂。縣胥數百人皆土回也，以彈壓爲名張甚，關隴客民咸不平，劫木壘河營庫軍械與戰。頤不直客民，反翼土回。土回勢益橫，遂焚掠奇臺，屠古城，竄阜康。

八月癸未②，阜康陷，縣令裕厚逃，居民盡屠。時恩錦方合餘燼，轉粟以濟鞏甯。甲午③，賊劫輜重，城中援絶。九月辛丑④，遂陷，平瑞自焚，護鎮迪道伊昌阿投井死，協領榮慶以下殉難者百數十員，兵民逾萬。攝迪化州孔昭恒托故先逃。伊犁援兵二千至，聞城陷，遽奔還，死傷積半。

瑪納斯漢回反，綏來縣令段桂齡死之。

西路自鞏甯既失，上游已無完區。而南路喀什噶爾回目金相印亦糾徒衆，勾結布魯特叛回思的克同叛，連陷葉爾羌、和闐各城。葉爾羌參贊大臣覺羅奎棟⑤、中營游擊德祥、左營游擊常順等十三員，回官十有六，和闐領隊大臣慶英⑥、回務主事都林布等七員，回官二十有一，同時殉難。番戍弁兵更無噍類矣。

---

① 榮慶，生平未詳，待考。
② 八月癸未，即八月十五日（1864年9月15日）。
③ 甲午，即八月二十六日（1864年9月26日）。
④ 九月辛丑，即九月初三日（1864年10月3日）。
⑤ 覺羅奎棟（？—1864），滿洲鑲黃旗人。咸豐初，選刑部員外郎，充通政使司參議。六年（1856），升二等侍衛。同年，補喀喇沙爾辦事大臣。十年（1860），授古城領隊大臣。十一年（1861），晋頭等侍衛。同年，調補阿克蘇辦事大臣。同治元年（1862），加副都統銜。同年，擢塔爾巴哈台參贊大臣。二年（1863），署葉爾羌參贊大臣。三年（1864），城陷殉難。
⑥ 慶英（？—1864），蒙古正藍旗人。道光二十四年（1844），選正白旗副參領，旋補正白旗參領。咸豐二年（1852），加副都統銜。同年，遷哈密幫辦大臣。五年（1855），升和闐辦事大臣。六年（1856），晋提督銜。同年，調補葉爾羌參贊大臣。八年（1858），署理烏魯木齊都統。九年（1859），選内閣學士兼禮部侍郎銜。十年（1860），授鑲紅旗蒙古副都統，署右翼總兵。同年，擢兵部右侍郎。十一年（1861），補授兵部左侍郎，署正藍旗滿洲副都統。同年，因案革職，發往伊犁效力贖罪。同治元年（1862），署和闐辦事大臣。三年（1864），城陷殉難。

東路哈密爲新疆南北門户，而巴里坤則北路咽喉也。哈密回思亂已久，至是焚毁厢關，戕把總高萬清，城幾不守。扎薩克郡王伯錫爾率纏回奮擊，賊始西竄。丁巳①，巴里坤游擊何琯②搜殺首逆馬天保，駢戮者千餘人。琯於是設城防，練民勇，城内肅然。會逆目馬陞率大股東下，古城戒嚴。領隊大臣保恒③檄蒙古兵四千來援，奏調惠慶爲統帶。慶至，而濟木薩破，縣丞陶玥弃印逃，有旨與裕厚、孔昭恒，均嚴拏正法。

　　新疆局勢以伊犂爲總匯，事權統於將軍。將軍駐惠遠城北關，地廣人稠，爲容奸藪。十月戊寅④，惠甯回亂，惠遠繼之。旗丁根老八，博徒也，糾痞黨千餘斬關出，乘勢剽掠，所在蜂起應之，悉赴惠甯，纏回、漢回聯爲一氣。辛巳⑤，領隊佗某戰死，賊竄甯遠。乙未⑥，察哈爾領隊錫某赴援，敗績，我兵死傷千餘人。

---

① 丁巳，即九月十九日（1864年10月19日）。
② 何琯（？—1886），甘肅張掖人，咸豐初，以軍功委甘肅提標把總。六年（1856），升陝西撫標左營守備，旋保安營都司。十年（1860），升補巴里坤鎮左營游擊。十一年（1861），護理巴里坤鎮總兵篆務。同治四年（1865），實授巴里坤鎮總兵，加果勇巴圖魯名號，賞换花翎，以提督記名簡放。光緒元年（1875），經前陝甘總督左宗棠奏參，勒令休致。十二年（1886），舊傷復發，在籍病故。
③ 保恒（1795—1864），字艾峰，滿洲正藍旗人，博爾濟吉特氏。嘉慶七年（1802），承襲一等輕車都尉加一雲騎尉。二十一年（1816），充本旗旗員。道光八年（1828），選印務章京。十三年（1833），升副參領。十六年（1836），保陝甘揀發參將，歷署甘肅慶陽營參將、陝西西安城守營參將、陝西潼關協副將。二十三年（1843），補甘肅靈州營參將。二十五年（1845），署理甘肅提標中軍參將、陝西西安協副將。二十六年（1846），升甘肅中衛協副將。同年，署陝西延綏鎮總兵。二十七年（1847），授甘肅洮岷協副將。二十八年（1848），署理甘肅寧夏鎮總兵。三十年（1850），遷直隸大名鎮總兵。同年，調補安徽壽春鎮總兵，轉江南徐州鎮總兵，再調直隸通永鎮總兵。咸豐二年（1852），署直隸提督。四年（1854），加頭等侍衛，補授塔爾巴哈台參贊大臣。同年，調補烏什辦事大臣。十一年（1861），加副都統銜，授烏魯木齊領隊大臣。同治二年（1863），署古城領隊大臣。三年（1864），調哈密辦事大臣，調署烏魯木齊都統。同年，卒於任。諡桓靖。
④ 十月戊寅，即十月十一日（1864年11月9日）。
⑤ 辛巳，即十月十四日（1864年11月12日）。
⑥ 乙未，即十月二十八日（1864年11月26日）。

十一月，明緒①代常清②爲將軍。癸丑③，賊陷古城漢城，游擊以下俱戰歿，復圍攻滿城。保恒病篤，惠慶代領其隊，誓死守。時上授文祺爲烏魯木齊提督，督辦西路軍務，以扎克當阿爲哈密辦事大臣，伯錫爾爲幫辦。文祺奏派文麟④赴奇臺籌餉，奇屬兵民五千餘人亦以麟統之。自率官兵、纏回二百餘人從哈密西上，是月中旬卒於巴里坤。巴城領隊色普詩新代理提督印務。甲午⑤，參贊榮某、領隊額某同援甯遠，復敗於告車臺，陣亡二千有奇。

塔爾巴哈臺地在伊犁東北，即土爾扈特及輝特原治之雅爾，準部滅後，駐滿、漢防兵各千人。咸豐四年，以餉絀各裁三百。塔城游擊護副將回逆米慶與阿渾伊瑪木等陰圖倡亂。參贊大臣錫霖⑥、領隊博爾果蘇心知其謀，推誠

---

① 明緒（？—1866），滿洲鑲紅旗人，諾洛氏，翻譯生員。道光中葉，捐筆帖式。二十一年（1841），充刑部筆帖式。二十七年（1847），補刑部主事。二十九年（1849），升員外郎。咸豐元年（1851），晉郎中。二年（1852），簡張家口監督。四年（1854），放江西撫州府知府，補授直隸永平府知府。同年，遷甘肅西寧道。五年（1855），遷甘肅按察使。同年，署理甘肅布政使。八年（1858），署理陝西按察使。九年（1859），授塔爾巴哈台參贊大臣。十年（1860），加副都統銜。同年，補授鑲藍旗漢軍副都統。同治元年（1862），調補伊犁參贊大臣。三年（1864），選內閣學士兼禮部侍郎銜。同年，擢伊犁將軍。四年（1865），授正白旗蒙古都統。五年（1866），卒於任。謚忠節。
② 常清（1801—1866），號靖亭，滿洲鑲藍旗人，愛新覺羅氏。道光九年（1829），充三等侍衛。十七年（1837），升二等侍衛。二十一年（1841），晉頭等侍衛。二十三年（1843），授庫車辦事大臣。二十四年（1844），補正白旗蒙古副都統，旋署喀喇沙爾辦事大臣。二十七年（1847），補烏什辦大臣。咸豐三年（1853），調補喀什噶爾辦事大臣。四年（1854），遷葉爾羌參贊大臣。六年（1856），擢伊犁將軍、鑲白旗蒙古都統。八年（1858），調熱河都統。十年（1860），轉烏魯木齊都統。同年，授正白旗漢軍都統。同治四年（1865），加雲騎尉，授恩騎尉。五年（1866），卒於任。謚勤毅。
③ 癸丑，即十一月十六日（1864年12月14日）。
④ 文麟（？—1876），字瑞圖，滿洲正藍旗人，兀扎拉氏，監生。二十二年（1842），考取內閣中書。二十三年（1843），充國史館收掌官。三十年（1850），選實錄館收掌官。咸豐三年（1853），補內閣中書。七年（1857），升內閣侍讀、實錄館提調官。八年（1858），簡放甘肅蘭州道。同治元年（1862），署甘肅按察使。同年，署甘肅布政使。三年（1864），調補甘肅鎮迪道。四年（1865），補藍翎侍衛。同年，授哈密辦事大臣。五年（1866），署哈密辦事大臣。七年（1868），晉頭等侍衛。同年，遷哈密辦事大臣。十二年（1873），加副都統銜。光緒二年（1876），卒於任。
⑤ 甲午，即十二月二十七日（1865年1月24日）。
⑥ 錫霖（？—1865），滿洲正藍旗人，博爾濟吉特氏，貢生出身。道光九年（1829），充兵部學習行走。十六年（1836），捐兵部筆帖式。二十年（1840），補兵部主事。二十六年（1846），升員外郎。二十九年（1849），遷兵部郎中。三十年（1850），補授光祿寺少卿。咸豐元年（1851），授

開導，不能止。

四年春正月丁酉朔①，匪黨二百餘乘我不備，蜂擁入城。錫霖等急麾兵拒出，失軍器大半。回目有以受撫之說進者，參贊、領隊慨然率從官往。庚子②，與米慶議事於城外之禮拜寺。窗隙一矛刺入，博爾果蘇手格之，矛折。米慶失色。博爾果蘇知事變，持半矛，瞠目大罵連刺，慶洞胸，殪。回衆大噪。錫霖、博爾果蘇、理事通判音登額、主事富勒斐圖暨弁兵、僕御俱殉難寺中。時新授參贊武隆額③聞變閉關，賊攻之不下，四散殺掠。二道橋商民千餘，悉屠戮無遺。塔屬礦總劉姓、鄉約滕姓集五金廠夫役數百人馳解城圍，至三工地遇趙把總，爲所遮留。詰旦，回逆偵知，要道阻繫。夫役無紀律，又少兵械，傷潰者大半。庚戌④，伊犁城陷，惠甯闔城殉難二萬人，領隊穆克發額死之。

古城被圍日久，賊數發地雷轟城。惠慶悉力拒守，勢岌岌危甚。色普詩新本任古城協領，眷屬在圍城中，急於應援，自巴里坤率滿漢兵二百，並護解軍火。辛酉⑤，抵富家塲，遇賊千餘，敗之，遂安營。鎮標把總高吉官，將家子，頗知兵策，大股必至，謂我軍宜乘勝造城下，賊不測多少，圍可解也，否必危。繼以泣諫，不聽。壬戌⑥天曙，賊大至。力戰五六時，槍、炮筒皆熱，子藥垂盡。文麟練軍千五百騎，距戰地二十里，不敢逼，皆作壁

口外賜奠大臣。四年（1854），選內閣侍讀學士。九年（1859），授頭等侍衛。同年，補科布多幫辦大臣。十年（1860），擢科布多參贊大臣。十一年（1861），加副都統銜。同治元年（1862），調補塔爾巴哈台參贊大臣。四年（1865），卒於軍。諡武烈。追封騎都尉世職。

① 四年春正月丁酉朔，即正月初一日（1865年1月27日）。
② 庚子，即正月初四日（1865年1月30日）。
③ 武隆額（1817—1866），蒙古正黃旗人，齊普綽特氏。道光十六年（1836），充藍翎長。十七年（1837），選護軍校。二十二年（1842），授三等侍衛。二十七年（1847），兼侍衛什長。二十八年（1848），升二等侍衛。二十九年（1849），授山東濟南城守營參將。咸豐二年（1852），調補中軍參將。三年（1853），護理曹州鎮總兵。同年，遷膠州營副將。四年（1854），升授四川建昌鎮總兵。五年（1855），擢湖南提督。七年（1857），補藍翎侍衛。同年，授塔爾巴哈台領隊大臣。十年（1860），調補葉爾羌幫辦大臣。同治三年（1864），加副都統銜，兼喀拉沙爾領隊大臣。同年，授葉爾羌參贊大臣。四年（1865），補授塔爾巴哈台參贊大臣。五年（1866），卒於軍。諡威毅，贈都統銜。
④ 庚戌，即正月十四日（1865年2月9日）。
⑤ 辛酉，即正月二十五日（1865年2月20日）。
⑥ 壬戌，即正月二十六日（1865年2月21日）。

上觀。賊前隊忽蛇行呼乞降，高吉官叱不顧。滿兵稍懈，賊乘隙入。色普詩新、高吉官、佐領惠斌、協領功訥布悉戰死。官兵脫者不及十人。賊亦陣斃千餘，其畏憚巴里坤兵威，實自此戰始。

二月乙亥①，陷滿城，惠慶以下死者七千餘人。是日，賊聞迪化勇目徐學功率團練急攻烏垣，即悉衆回救。議者謂：古城緩須臾無陷，則一城全矣。豈非天乎？

馬陞之東竄也，妥逆署爲僞翼長。至是，與馬泰、馬仲、馬明、馬官皆晉爲大元帥，餘妄竊名號者不可勝數。馬陞等旋尊妥得璘爲清真王，專制西南路。金相印等復勾安集延酋怕夏，竄西四城。

安集延者，敖罕八城之一，與喀什噶爾鄰。俄羅斯滅敖罕，踞其塔什干都城，安集延獨免。其酋阿古柏狡黠能用衆，收諸部餘燼，自稱和碩伯克，吐魯番、闢展以西土回皆應之，號爲怕夏。怕夏者，伯克轉語也。部衆既盛，復購西洋槍炮，遂保安集延而王。三月辛亥②，怕夏陷英吉沙爾，領隊大臣托克托布，回務章京穆圖善、伊明阿，城守都司常順，筆帖式文秀均死之。

四月，塔屬鐵廠復集夫役千餘人，赴城防守。回迎戰，未能下，又賄哈薩克逆衆助攻，官兵擊退之。未幾，棍噶扎拉參呼圖克圖③率喇嘛僧衆及十蘇木蒙古兵共二千餘人援塔，戰少利。詰旦，賊大至，恃勝輕敵，各弛鞍下馬，徒步而前。我軍靜伏以待，相距數武，麾衆突起。棍噶扎拉參首先陷陣，殲悍賊數名。蒙古兵繼進，武隆額出隊夾攻，賊遂披靡。哈逆跨馬先

---

① 二月乙亥，即二月初九日（1865年3月6日）。
② 三月辛亥，即三月十六日（1865年4月11日）。
③ 棍噶扎拉參（1835—1895），又譯棍噶札勒參，藏語意爲"皆喜勝幢"，又名嘉穆巴圖多普，法號察罕恪根，轉世喇嘛，甘肅鞏昌府洮州廳卓尼楊氏土司所轄曲華相（又譯齊白西、車巴溝、垂弼勝）相康村人。自幼披剃爲僧，性多智慧。同治元年（1862），應新疆庫爾喀拉烏蘇烏訥恩素珠克圖等延請出關，在庫爾喀喇烏蘇、塔爾巴哈臺等處傳授經典。四年（1865），以塔爾巴哈臺回族、哈薩克族起事，率衛拉特兵鎮壓，賞加"呼圖克圖"名號。七年（1868），受命統轄流移於阿爾泰山之索倫營、塔城厄魯特人衆，妥辦安插事宜。八年（1869），赴阿勒泰創修千佛廟，賜名"承化寺"。十一年（1872），率所部索倫、厄魯特兵駐塔城，加強塔爾巴哈臺防務。光緒二年（1876），率衆迎擊沙俄侵塔寧騎兵，將其逐出。光緒七年（1881），離開新疆，前往西藏熬茶布施。十三年（1887），進京陛見。二十年（1894），由八英溝赴臨洮誦經。二十一年（1895），圓寂。清廷賞銀五百兩，准其轉世爲八音溝承化寺呼圖克圖，並於塔爾巴哈臺建祠致祭。

逃，斬獲無算。餘敗入禮拜寺。棍噶扎拉參請即合兵犁其巢，武隆額不從，賊旋深溝高壘，攻之不克，衆咸咎其失機。伊犁派索倫領隊和布德、錫伯領隊圖庫爾率營赴援，途爲賊困，至塔已是殘軍。武隆額攻二道橋不克，陣亡營官穆隆阿、筆帖式哈蘇和繃額等。棍噶扎拉參屢戰不勝，移駐南湖。

四月壬申①，伊犁賊來攻惠遠，盡焚北關祠屋。五月丙午②，攻綏定急。領隊塔某、游擊沈某馳援，殺賊數百。閏五月己卯③，西六城兵合惠遠，大兵進剿惠甯，復敗於地窩堡，亡三千餘人，塔某死之。

是時，伊塔一隅已成鼎沸，而烏垣賊復東犯哈密，分竄奇臺。自古城既陷，賊悉歸巢，文麟駐守奇臺猶勉爲撐拄。適巴里坤領隊訥爾濟④帶解文麟軍餉五萬從草地抵奇，與賊遇。麟遣練勇拒敵，自與訥爾濟委弃輜重飛奔巴里坤，遂失奇臺，户民隨逃者二萬人，巴城官兵拒不納。文麟令户民棲止郭外，買羊爲食，而自輕騎入城，旋聞哈密台吉怕他諾什煽誘纏回首先從賊衆萬餘，已攻陷漢城，扎克當阿陣亡。巴里坤糧運斷絕。文麟率官兵數百並練勇進屯松樹塘，爲規復計。

六月戊申⑤，哈密大股迎戰，詐敗，我兵中伏，駭散。文麟退走巴城之三塘湖。前隊官兵苦戰竟日，亦傷十之七。癸丑⑥，賊長驅至城東之大泉。何瑄率衆登陴，拒甚力。乙卯⑦，賊進逼城南山坡，戈戟如林，城人皆栗。瑄誓衆爲背城計，衆壯之。向晚，賊中炊烟遍起。瑄突出精騎千餘人奮擊。賊蜂擁而來，槍炮對舉，馬賊數千亦向南馳撲南城，放大炮，兩及之。賊改驅城東，意在夾攻。適滿營協領伊勒屯、驍騎校金連福等出，大炮連轟皆中，賊遂大奔。城上歡呼，悉出城助勢，有不及由城門者縋而下，乘勢追逐，勇氣

---

① 四月壬申，即四月初八日（1865年5月2日）。
② 五月丙午，即五月十二日（1865年6月5日）。
③ 閏五月己卯，即五月十六日（1865年7月8日）。
④ 訥爾濟，生卒年未詳。道光三十年（1850），以筆帖氏選實錄館總校官。咸豐元年（1851），補翰林院侍講。二年（1852），升翰林院侍講學士、日講起居注官。同年，授國子監祭酒。三年（1853），遷翰林院侍讀學士。同年，充滿洲翻譯會試副考官。五年（1855），擢光祿寺卿。同年，補通政使司通政使。六年（1856），補授都察院左副都御史。同年，調補盛京兵部侍郎。同治三年（1864），授巴里坤領隊大臣，加藍翎侍衛。
⑤ 六月戊申，即六月十五日（1865年8月6日）。
⑥ 癸丑，即六月二十日（1865年8月11日）。
⑦ 乙卯，即六月二十二日（1865年8月13日）。

百倍，掩獲軍械、糧畜無數。訥爾濟、瑁飛章奏聞，出力員弁俱得旨優獎。惟文麟以規避故，不與，並劾鎸五級。亡何，鎮標千總傅國相帶隊赴阜康練營保護糧運，為賊所襲潰。國相突圍得出，官兵存者無幾，西路益危。

南路惟喀什噶爾漢城困守年餘，援兵不至。七月甲戌①，怕夏攻陷之。辦事大臣奎英②，妾王氏，子育俊，孫靈景；幫辦大臣福珠凌阿③，妻鈕氏，子英俊、英敏、英志，三女一媳，均赴火自焚。旗員十有七，回官十有三，並死難。

八月乙未④，哈密賊萬餘人復竄三十里堡，圍攻巴城。丙申黎明，何瑁分三路應敵，自辰至午，俘斬無數，追奔九十里，賊仍遁哈密。奏入，得旨獎叙。

是月，已革知縣恒頤率奇臺勇目張和赴阜康，與孔才會剿。妥得璘令馬陞迎敵。九月戊寅⑤，兵敗。恒頤弃營逃⑥，張和奔巴里坤，請於訥爾濟收集户民壯丁二千人以救奇臺，許之。時妥逆在烏垣城外築城建王府，復晋馬陞為統兵總元帥。索焕章首謀背叛，自為僞元帥。其母屢責詈之，趣反正。賊覺，降焕章為散目，令守吐魯番，旋病死，免刑誅。衆皆惜之。

五年春正月壬午⑦，伊犁賊陷惠遠城，明緒闔門殉，兵民死者數萬，前將軍常清被虜，旋死。

二月，棍噶扎拉參軍大疫，自南湖退駐頭臺。武隆額派兵夜送公文，為賊獲，盡知我虛實。戊申⑧，賊攻破南湖營。棍噶扎拉參退至青格爾河。戊

---

① 七月甲戌，即七月十二日（1865年9月1日）。
② 奎英（？—1865），蒙古正藍旗人。道光末，選內閣侍讀學士。咸豐三年（1853），補頭等侍衛。同年，授烏魯木齊領隊大臣。九年（1859），調補喀什噶爾辦事大臣。十一年（1861），辦理俄人通商事宜。同治四年（1865），城陷自盡。
③ 福珠凌阿（？—1865），異名福珠隆阿。道光十八年（1838），以功累官至游擊。咸豐三年（1853），升濟木薩參將，遷瑪納斯協副將。同年，署理巴里坤總兵。九年（1859），遷喀什噶爾換防總兵。十一年（1861），授喀什噶爾幫辦大臣。同治元年（1862），戴花翎。四年（1865），城陷自盡。
④ 八月乙未，即八月初三日（1865年9月22日）。
⑤ 九月戊寅，即九月十六日（1865年11月4日）。
⑥ 逃，刊本誤作"跳"，茲改正。
⑦ 五年春正月壬午，即正月二十二日（1866年3月8日）。
⑧ 戊申，即二月十八日（1866年4月3日）。

午①，賊陷綏靖城，武隆額率存兵百餘巷戰，手刃數賊，力竭死之。領隊郭勒那，佐領斐音當阿、蒙庫拜，防禦德克吉布、達三泰，驍騎校瑪克塔春，筆帖式吉勒圖堪、智麟、查隆泰、懷塔布、柯什巴圖、柯們布，綠營把總趙榮悉殉難，千總甘湧不屈，賊釘其手足於門，數日乃死，妻女皆仰藥殉。博爾果蘇之妻及其長子驍騎校蒙庫那遜、次子騎都尉察克都爾扎普與兵民百餘同日遇害。額魯特蒙衆陸續逃入布隆托海，棍噶扎拉參領至阿勒泰山，借科屬烏梁海地安插游牧約萬餘人，漢民逃往者亦七八十户。是日，伊犁綏定、廣仁、瞻德、塔爾奇四城相繼降於賊，惟拱宸堅守。四月，糧盡而陷，兵民被屠。自是伊犁轄境無一寸乾净土矣。

五月乙未朔②，哈密賊竄踞巴城東六十里之三鄉湖，焚掠民莊。辛酉③，徑來攻城。訥爾濟、三音布、何琯擊却之。癸亥④，天未曙，賊列隊滿城迤東數里，往來窺伺。訥爾濟飭放大炮，斃賊數十，始退，旋移居高家湖，分掠東路。丙寅⑤四鼓，馬賊萬餘復列陣五里外，直撲滿城，勢張甚。東南角樓飛丸雨注，防禦阿里屯胸右中槍，幸不死；訥爾濟被擊中帽，炮彈摩頂過，仍督兵奮擊。旋調何琯督綠營兵勇，合滿兵兩路攻剿，追擊四十餘里，復斃賊數百，餘悉東奔。賊雖受創，然城中飢甚，晝夜苦戰，人給糧僅半斤，皆出自有食家。至宰牛馬，供食亦盡，適伯錫爾有供糧合剿之請，衆始欣然。

先是，四月中，東山纏回蘇拉滿赴坤，稱郡王願協力征討賊之圍城也，復有纏回齊伯錫爾公文縋城入，以賊中消息告。至是，復派伯克夏斯林請兵，稱郡王已飭部衆並北山槍手，準備助戰，爲巴城開道通糧，官兵東來，途中先給軍食。何琯即飭游擊凌祥將馬隊千二百，千總芮林將步隊八百，裹四日糧。

六月己丑⑥，由坤啓行，次松樹塘，忽大雪，糧垂罄，又接濟之，旋得

---

① 戊午，即二月二十八日（1866年4月13日）。
② 五月乙未朔，刊本誤作"五月己未朔"，兹改正，即五月初一日（1866年6月13日）。
③ 辛酉，即五月初三日（1866年6月15日）。
④ 癸亥，即五月初五日（1866年6月17日）。
⑤ 丙寅，即五月初八日（1866年6月20日）。
⑥ 六月己丑，即六月初二日（1866年7月13日）。

伯錫爾以青稞、羊隻犒師，益信請兵非詐。凌祥率馬隊先進。丙申①，抵南山口，偵知馬賊四千餘在南河沿列陣，即麾衆馳擊，賊大敗，殲斃八十餘，奪器械駝馬無算。丁酉②，追至哈密迤西二十里，連大捷，殺賊數百人，毀營五，衆益奮，隨會夏斯林進攻回城，又搜斬數百。漢城賊望風逃逸，立復哈密兩城。何琯馳奏，凌祥擢副將，賞捷勇巴圖魯，旋署哈密協。琯又為伯錫爾陳請免罪。兵勇駐哈，伯錫爾月給餉糧，復饋數千石濟巴里坤飢軍。未幾，上授文麟為哈密辦事大臣。時麟寓凉州募勇，琯請敕與烏魯木齊提督成祿③迅速出關，併力剿辦。

　　初，孔才、張和收撫木壘河民勇萬餘，圖恢復。訥爾濟派佐領百喜率官兵五十人入營教練。陶玥思立功贖罪，亦集民勇復濟木薩，就辦軍糧。才等從奇臺進屯阜康，戰屢勝，賊憚其威。是月，烏垣馬步賊七八千竄至，與孔才議和，而陰於密林設伏。丙辰④，賊挑戰，孔才為所中，軍遂覆，百喜兵亦亡其半。賊欲甘心孔才，追過濟木薩。才以善騎得脫。先是，陶玥啓商百喜，請暫攝奇臺縣事，期呼應靈通，至此，濟城兵潰，不知存亡。爾濟奏："玥帶印逃，應仍照前旨拏獲正法；百喜擅自委署兼失律敗奔，應革職留營效力；陣亡驍騎校都訥恩、委前鋒校喜成暨民勇馬步，懇一併賜恤。"均如所請。

　　冬十月，西路回謀大舉東犯。時哈密駐兵及新調安敦玉兵千餘，均歸凌祥節制。伯錫爾請祥急進瞭墩，以扼要害，祥未即行。

　　十一月己未⑤，賊首馬陞、蘇皮蓋率烏垣、吐魯番回騎六七千，徑入五堡。凌祥倉猝出師，伯錫爾亦撥纏回馬步數千助剿。辛酉⑥，至三堡，戰小勝，凌祥意頗自矜。次日，被誘至柳樹泉，伏賊四起，纏回及安敦玉兵皆

---

① 丙申，即六月初九日（1866年7月20日）。
② 丁酉，即六月初十日（1866年7月21日）。
③ 成祿，生卒年未詳，滿洲鑲白旗人。咸豐三年（1853），充火器營鳥槍護軍。七年（1857），保候補參領。十一年（1861），加總兵銜。同治元年（1862），補陝西陝安鎮總兵，尋晉提督銜。四年（1865），擢烏魯木齊提督。
④ 丙辰，即六月二十九日（1866年8月9日）。
⑤ 十一月己未，即十一月初四日（1866年12月10日）。
⑥ 辛酉，即十一月初六日（1866年12月12日）。

潰，凌祥逃①巴里坤，兵勇九百餘鏖戰二日夜，力竭亦覆。都司趙英傑從間道遁巴城。是日，伯錫爾聞前敵失利，謂福晉邁哩巴鈕曰："嫡子買哈賣提②足疾不能去，可飭眾伯克保護侄孫帕仔爾台吉，賫金銀、印信速往巴里坤請兵。我年近八旬，死亦何懼？"即親率纏回二千赴援，遇賊頭堡，陣亡七百餘。伯錫爾被執，帕仔爾亦為虜。事聞，凌祥、趙英傑均革職拏問。上喜伯錫爾好義急公，臨敵忠奮，令何琯查明具奏。

巴里坤、哈密本唇齒相連，哈密復陷，巴城兵食並乏，危如壘卵。琯數請成祿、文麟迅赴哈密，塔爾巴哈臺參贊李雲麟③速統蒙古兵援坤，迄不應，遂飛檄召孔才、張和備調遣。未幾，張和率數十騎至。孔才有眾三千，雲麟復調以自益，挑留精壯五百，餘悉罷遣，眾無所隸，遂屯博里岡隨在劫掠。雲麟遽奏孔才反，有旨嚴拏正法。才畏罪，不敢投坤。

十二月乙巳④，馬賊二千餘自哈密攻漢城，琯以大炮轟退。丙午⑤繼至，琯飭游擊陳升恆、芮林，勇目張和、趙璞分率兵民東西迫擊，伊勒屯率滿兵為後應，至二道河，與賊交綏三時許，賊始敗竄。眾以枵腹不能追。詰早偵之，悉東遁矣。訥爾濟病目，不能視師，奏請以伊勒屯攝領隊。詔許之。

六年春正月，伊勒屯奏："巴城產糧素少，全賴安敦、哈密救濟。自哈密再失，東道不通，巴素難民殘食人肉。計自去冬至今，滿營兵丁男婦餓斃三百餘，傷心慘目。然去臘賊來，猶攘臂奮呼，擊退劇寇，同仇之志，至死不衰。若不急救，過此數月，闔城皆為餓殍。即賊不攻城，城亦危矣。李雲麟所部定西民勇，合棍噶扎拉參蒙兵數千，共十二營，力能赴援，而徘徊

---

① 逃，刊本誤作"跳"，茲改正。
② 買哈賣提，下文作"邁哈默特"。
③ 李雲麟（？—1897），字雨蒼，又字同安，漢軍正白旗人。咸豐間，以諸生從曾國藩鎮壓太平軍，以功保郎中。同治元年（1862），賞戴花翎。二年（1863），保四品京堂候補。同年，辦理進攻陝西漢中事宜。三年（1864），辦理陝西漢南軍務。四年（1865），授庫爾喀喇烏蘇領隊大臣。五年（1866），署塔爾巴哈台參贊大臣。同年，署伊犁將軍。六年（1867），調補布倫托海辦事大臣，加副都統銜，兼理塔爾巴哈台事務。同治七年（1868），革職查辦，留甘肅軍營差委。次年，遣發黑龍江當差。十二年（1873），進京。光緒二年（1876），開復原官職銜。三年（1877），辦理印拏俄屬哈薩克一案。四年（1878），因病回旗調理。二十三年（1897），病卒。著有《曠游偶筆》《挽回西北全局奏》《西陲紀行》等行世。
④ 十二月乙巳，即十二月二十日（1867年1月25日）。
⑤ 丙午，即十二月二十一日（1867年1月26日）。

不至，萬一巴城失守，新疆大局尚可問乎？前得李雲麟函稱：'欲與棍噶扎拉參進兵古城，規復烏垣，哈密漢回自當西竄，不救巴而巴圍自解。'不知漢回西竄之言亦屬臆度，即西竄而纏回之踞哈密自若也，雲麟又何術以制之？近聞奇臺難民散漫，以人食人，有軍無糧，何以濟事？不急合巴城兵力共克哈密，與成祿聯爲一氣，而必進無兵無糧之古城，未見其得計也。況進兵古城言難必踐，即如其言，以爲烏合之蒙兵、民勇攻烏垣深根固蒂之強寇，孤軍深入，後無援兵，其勢必敗，請飭李雲麟、棍噶扎拉參先赴巴城攻哈密西，成祿分兵數千攻哈密東，東西夾攻，可一鼓而下，再圖規復烏垣不難矣。"得旨嚴催，而雲麟咨稱："烏、科兩城蒙兵散盡，棍噶扎拉參兵雖較得力，烏、科倚爲屏障，宜先顧北路完區。昨至烏籠蓋河迤西，見土爾扈特數十旗方爲賊逼，哈薩克十餘萬勢將內犯。若北兵援巴，賊犯烏、科，何以能禦？"於是伊勒屯、瑄復奏："雲麟自前年六月招集蒙兵，志圖規復烏垣，遠近聞之，以爲柱石之臣，新疆有賴。乃一聞奇臺、古城民勇潰散，逗留蒙地，畏葸不前，始定八、九月，繼定十一月進兵，皆成虛語。既而哈密復陷，巴城受困，謂雲麟必星夜席捲赴援，而愈不敢動。迨蒙民半潰，藉口有辭，又以哈薩克內犯爲恫喝之言。若然棍噶扎拉參駐兵塔城，豈能毫無聞見？何以前後公牘並未言及且有來援之意？可見雲麟非固守完區，直坐視不救耳。己既不救，復把持棍噶扎拉參，俾不得獨前。揆其居心，無非藉招集蒙兵、規復烏垣爲名，藉以虛糜餉項而已。"上諭："倘巴城有失，惟李雲麟是問！"而延宕如故。

初，賊執伯錫爾，監禁之。伯克阿布都、巴海斯底克均爲所殺。是月丙子①，賊鞫伯錫爾："何以赴坤請兵？"伯錫爾大罵曰："吾七世受國恩，豈從逆者？請兵欲盡滅狗黨耳！"即手奪長矛，刺斃二賊，隨被害。其妾回女也，亦罵賊死，馬踐尸骨如泥。復割夏斯林耳鼻，數日始殺之，碎骨颺風。何瑄查悉以告。上追封伯錫爾親王爵，照扎薩克親王例賜恤，賜一等祭品，於哈密建立專祠，阿布都拉、巴海斯底克、夏斯林一併入祀，王之福晉飭

---

① 是月丙子，即正月二十一日（1867年2月25日）。

地方官隨時撫恤，王妾照例旌表。嗣附近呈請以長子邁哈默特承襲親王爵，得旨允行。

賊踞哈密，時窺巴城。何瑄飭芮林與千總趙萬海往剿。二月己酉①，復哈城，餘逆竄屯五堡，追破之，令張和率勇駐扎以杜賊踪。奏入，上嘉何瑄調度有方，以提督記名簡放。回逆馬萬倍與纏逆蘇爾坦有隙，暗招烏垣賊助攻之，被纏回殺斃三千餘，蘇爾坦遂雄長伊犁。

三月，孔才率衆自首，何瑄爲奏，准帶罪自效，飭移駐哈密三堡，與張和犄角。

七年春二月，西路回復犯哈密，張和死之。何瑄、伊勒屯飛飭革弁趙英傑，勇目田樹青、趙璞馳往會剿。癸卯②，戰於城迤西五里，適孔方率馬隊至，橫衝賊陣，大敗之。甲辰③復至，協領達三布、副將芮林、游擊趙萬海、孔才合擊，賊敗去。文麟飭守備魏忠義率兩營先進塔爾納沁城，攝理都司，兼辦屯墾。沁城地荒城圮，民鮮安居。忠義至，次第整理，稍稍完集。前此潰勇二營悉歸孔才統帶。

七月，文麟自敦煌進駐哈密，東路防軍始有起色。是時，妥逆雖僭僞號，事皆決於馬陞。妥逆忌其專，嗾綏來僞元帥馬官縛陞至，砍斃之，並殺其黨及僞翼長十餘，賊勢漸衰。

十一月，成祿委都司梅振清、守備莊義慶、陳兆魁偕回目蘇海林至西路招撫，至吐魯番，爲賊所得。文麟復委烏仁泰、田福、柴福往，賊逮入烏垣，皆不知所終。

---

① 二月己酉，即二月二十五日（1867 年 3 月 30 日）。
② 癸卯，即二月二十五日（1868 年 3 月 18 日）。
③ 甲辰，即二月二十六日（1868 年 3 月 19 日）。

八年秋八月，哈密幫辦大臣景廉①抵任。甲寅②，西路回數百騎竄至五堡。文麟飛檄孔才與營官張炘、蔣富山率馬步五營馳赴之，斃賊百餘，擒匪首科有衝。乙卯③，騎賊三四千復來撲營。孔才等分頭迎擊，賊敗退。

九月甲戌④，賊來攻二堡。乙亥⑤，孔才督李琦、李生元、姚鳳林率馬步三營出東門，張炘、蔣富山分督諸將出南北門，三面夾擊，斃賊甚眾，猶相持不下。適文麟委員恒麟、楊澄瀾會魏忠義等以六營押糧至，設伏草湖，仍分隊助戰。孔才率敢死士八百，大呼突陣，殺賊三百餘。伏兵起，又聚殲之，賊大敗潰去。是夜，復合眾襲營，不克而退。忠義以賊不得逞，知必再至。丁巳⑥，密派馬隊兩營、炮隊百人南北分伏。未幾，賊至。忠義等督馬步八營，令張炘、趙萬海率炮隊左右轟擊。戰酣，伏兵齊出，賊狼狽奔竄，會風雨暴作，群賊自相踐踏，死者不可勝計。我軍亦亡營官姚鳳林、弁勇數

---

① 景廉（1823—1885），字儉卿、季泉，號秋坪、樸孫、隅齋，滿洲正黃旗人，顏札氏。咸豐元年（1851），鄉試中舉。二年（1852），中式進士，改庶吉士。三年（1853），授翰林院編修，選侍講，兼國史館協修、文淵閣校理。四年（1854），任日講起居注官，授翰林院侍講學士，兼文淵閣直閣事。五年（1855），升咸安宮總裁、管道大臣、內閣學士兼禮部侍郎銜。同年，充福建鄉試正考官。六年（1856），授會試覆勘閱卷大臣、散館閱卷大臣、武會試磨勘試卷大臣、殿試讀卷大臣、朝考閱卷大臣、玉牒館副總裁。同年，補鑲白旗蒙古副都統。七年（1857），擢工部右侍郎，兼管錢法堂事務。同年，充考試漢御史閱卷大臣、考試漢教習閱卷大臣，管火藥局、鑲白旗蒙古新舊營房事務。八年（1858），授考試試差閱卷大臣。同年，改鑲紅旗滿洲副都統，署正藍旗滿洲副都統，署正紅旗滿洲副都統。九年（1859），補刑部右侍郎，兼吏部右侍郎。同年，調補伊犁參贊大臣。同治元年（1862），改葉爾羌參贊大臣。五年（1866），補哈密幫辦大臣，加頭等侍衛。十年（1871），擢烏魯木齊都統。光緒元年（1875），調補正白旗漢軍都統。同年，充覆勘各省鄉試閱卷、翻譯覆試閱卷大臣、武鄉試監射大臣、小考宗室翎緞大臣、武鄉試專司稽查大臣、點驗軍器大臣、驗放大臣，同年，署步軍統領、正白旗蒙古都統。二年（1876），授會試覆試閱卷大臣、補行大考閱卷大臣、文會試監射大臣、兼軍機大臣上學習行走、教習庶吉士、崇文門副監督。同年，署工部尚書，補正紅旗滿洲都統，授總理各國事務大臣。三年（1877），遷工部尚書，拜軍機大臣，兼管內閣書房、火藥局事務。同年，署正藍旗蒙古都統，兼署鑲紅旗漢軍都統。四年（1878），調戶部尚書，署工部尚書，兼管新舊營房、戶部三庫事務。同年，授國史館正總裁。五年（1879），署吏部尚書。同年，充會試正考官。六年（1880），管理左翼幼官學事務，補經筵講官。七年（1881），任前引大臣。九年（1883），授內閣學士、吏部左侍郎兼禮部侍郎。同年，調兵部尚書。十一年（1885），卒於任。有《奏疏》《冰嶺紀程》《古近體詩》等行世。

② 甲寅，即八月十五日（1869年9月20日）。
③ 乙卯，即八月十六日（1869年9月21日）。
④ 九月甲戌，即九月初六日（1869年10月10日）。
⑤ 乙亥，即九月初七日（1869年10月11日）。
⑥ 丁巳，即十月十九日（1869年11月22日）。

十。戊午①，忠義等進搗賊巢，抵柳樹泉，斃賊六百餘。壬戌②，賊來斂屍，復敗之。賊犯哈密數矣，而痛鉅創深蓋未有此之甚者。

九年春二月，賊大股西竄，奇臺一帶時有賊踪。勇目鄧生玉、馬進福、張著均集有民勇駐防，賊不敢逼。

三月，妥逆令僞元帥馬仲、馬泰、趙生才南擊安集延，至阿爾城界，爲怕夏所敗，追入吐魯番，圍攻其城。是月，俄羅斯有盜馬逸匿伊犁者，追問不獲，遣兵與纏逆戰，敗去。五月，復益兵來戰，遂破拱宸城，纏逆敗績。戊寅③，破瞻德。己卯④，降綏定。庚辰⑤，惠遠亦降。於是各城靡然爲俄人占踞矣。

其時，西路惟徐學功民勇屯迪化之南山。學功者，少喜技擊，勇略冠一時，值寇起，結健兒衛鄉里，掠回莊貲以自贍，遇漢民則保護之，有衆五千人，雖怕夏亦畏其强，嘗伺便擊賊，殺逆目馬環、古里牙及馬伏成、奴爾馬等。何琯旋奏給軍功。

十月，馬衆舉吐魯番降怕夏。怕夏即令導纏回安逆來取烏垣，土回多被殺戮，執馬泰送南疆，逆不能敵，亦舉城降。怕夏即削妥逆僞號，銷僞印，以馬仲爲阿奇木，總管各事，使回漢皆剃辮易服，光頂圓領，效其所爲。

閏十月乙亥⑥，馬進福率定西中營截剿竄回，戰四晝夜，死。文麟即以其弟進有接帶，張著爲幫辦。時綏來縣民趙興體團練殺賊有功，科布多參贊大臣奎昌⑦疏陳其事，特賞花翎守備銜。

十年夏四月，徐學功至迪化，擒馬仲，斬之。

俄人既踞伊犁，復聲言欲代收烏垣，意圖蠶食。上念伊犁已陷，若再收烏垣則更難措手，勒景廉即率兵規復，旋授爲烏魯木齊都統，進駐巴里坤。

---

① 戊午，即十月二十日（1869年11月23日）。
② 壬戌，即十月二十四日（1869年11月27日）。
③ 戊寅，即五月十三日（1870年6月11日）。
④ 己卯，即五月十四日（1870年6月12日）。
⑤ 庚辰，即五月十五日（1870年6月13日）。
⑥ 閏十月乙亥，即閏十月十三日（1870年12月5日）。
⑦ 奎昌，生卒年未詳，滿洲鑲紅旗人。道光十六年（1836），中式翻譯進士。咸豐三年（1853），補右中允，充日講起居注官。九年（1859），升左庶子。十年（1860），升太僕寺卿。同治五年（1866），授科布多參贊大臣，加副都統銜。十年（1871），署烏里雅蘇台將軍。十二年（1873），署察哈爾副都統。同年，署察哈爾都統。光緒二年（1876），擢察哈爾副都統。

初，馬仲子與妥逆積不相能，馬陞子亦以父仇思復。冬十月，遂導怕夏圍攻僞王城，妥逆夜遁。怕夏貪而殘，土回不堪其虐，爭迎徐學功。十一年春正月，學功進駐烏魯木齊漢城，以圖怕夏。時妥逆既遁，怕夏即據其巢，學功攻之未下，會怕夏亦調大股至達坂城。五月丙戌①，馬金貴拒怕夏於達坂，學功助之不利，金貴敗死。學功弟學第驍勇善戰，怕夏深憚之。丁亥②，戰南城外，中炮陣亡。回逆懼，有欲縛獻學功以乞和者。學功覺，己丑③夜與綏來勇目沈廷秀拔赴沙山子駐扎。怕夏入烏垣，大殺回漢居民，而遷其餘於南疆，諸回多逃出自歸。

馬明率其黨踞古縣，與怕夏相持。先是，馬明兄馬元爲怕夏所殺，明銜之，遂與景廉委員桂洪元深相結，大出芻糧供軍，共圖怕夏。古城統領張玉春率二百餘騎先進，學功兵未即至。六月壬申④，玉春戰敗，營官唐漢雲、馬興業、沈廷秀等皆死，玉春亦重傷，馬明救之，得返。景廉旋遣使持諭招撫馬明，明方困於安逆，請官兵赴救。時孔才駐兵濟城，欲令送家屬爲質，乃援之，遂不果降。

八月，哈密幫辦大臣錫綸至巴里坤，言於景廉曰："烏垣賊勢，非兩路夾攻使腹背受敵，未易得手也。西路團勇無大員董率，難萃易渙；榮全⑤遠在塔城，兵力既單，軍火亦缺，刻難進兵。布隆托海難民甚多，半皆棍噶扎拉參遣撤兵勇，若招集成旅，佐以官兵會合沙山子民兵扼駐，既可夾擊烏垣，亦杜俄人東犯。"景廉偉其言，即商令擇要駐軍，且屯且戰；復請塔城參贊大臣富和派撥蒙古兵千人隨錫綸進。妥逆聞，佯致書馬明以間之，又差

---

① 五月丙戌，即五月初三日（1872年6月8日）。
② 丁亥，即五月初四日（1872年6月9日）。
③ 己丑，即五月初六日（1872年6月11日）。
④ 六月壬申，即六月十九日（1872年7月24日）。
⑤ 榮全（？—1880），滿洲正黄旗人，瓜爾佳氏。咸豐元年（1851），承襲一等威勇侯。二年（1852），補二等侍衛充大門上行走。四年（1854），晉頭等侍衛。六年（1856），補乾清門侍衛。七年（1857），任侍衛副班長。九年（1859），署尚茶正。十一年（1861），授塔爾巴哈臺額魯特領隊大臣，加副都統銜。同治三年（1864），調補喀拉沙爾辦事大臣，同年，轉伊犁額魯特領隊大臣。四年（1865），遷伊犁參贊大臣。五年（1866），兼署鑲紅旗蒙古副都統、伊犁將軍。六年（1867），擢烏里雅蘇臺參贊大臣。光緒四年（1878），補鑲白旗蒙古副都統，兼鑲白旗護軍統領、右翼監督。五年（1879），授右翼前鋒統領，管理健銳營事務。同年，授三旗虎槍領。六年（1880），卒於任。

悍逆馬進才入關召援，俱爲我軍搜殺。安逆旋斷古牧地汲道，襲破其城，徙馬明南路，以他回目及僞官駐之。定西營幫辦孔兆華偵知烏垣回逆欲乘機襲古城，新渠孔才亦以回民留古濟者多奸宄，恐爲變。十一月庚子[1]，孔才殺回商二百餘人，復帶馬隊探訪紫泥泉，擒斬烏垣及古牧地、瑪納斯各賊目，奪戰馬百餘，哨弁徐有被俘。

十二年春二月，景廉奏："關外全局以先復烏垣爲要圖。新任烏垣領隊錫倫至布隆托海，調集蒙古喇嘛及布魯特官兵，與趙興體團勇聯駐沙山子。榮全所部吉林索倫兵宜與錫倫併取瑪納斯，漸分賊勢，俟後路大兵雲集，夾攻烏垣。惟各路徵兵到者無幾，成祿一軍曾奉敕先撥李天和三營，而迄無出關之意。"祿自簡授烏垣提督，連年賊窺巴、哈，何琯、訥爾濟、伊勒屯前後疏請馳援無慮十數上，廷旨嚴催，相望於道，卒逗遛高臺、肅州，飾詞規避，至是，傳旨拏問，被逮入都。

夏四月，景廉進軍古城，各扼要分布，旋調徐學功面詢西路賊勢。學功輕騎往，留十餘日遣歸。而安逆乘間襲之，屠其家，輜重並盡。學功告急於古城，景廉飛派黑龍江營總伊勒和布、定西營統領田錫禮各率勁騎三百赴援，力戰數月，斬獲過當，怕夏遁還吐魯番。

是月，陝逆白彥虎率大股自西甯出竄，圍攻玉門、安西、敦煌。副都統明春[2]督健銳軍剿辦，三州縣解嚴。

閏六月辛丑[3]，彥虎竄哈密、沁城，劫掠各屯，旋踞大泉、黃蘆岡。七月辛亥[4]，傾巢來犯。魏忠義率各營禦之大橋迤西，中伏。營官劉珍、郭天保、王復興、田樹青陣亡，忠義與張炘、李琦、李生元皆不知所在，哈密瀕危。

景廉派吉爾洪額、沙克都林札布、孔才分督援兵二千自古城馳往。八

---

[1] 十一月庚子，即十一月十九日（1872年12月19日）。
[2] 明春（？—1887），蒙古正紅旗人，巴禹特氏，博奇巴圖魯。同治三年（1864），充前鋒參領。四年（1865），委辦前敵營務處兼事宜，兼統健銳提標前營。同年，補副都統。十二年（1873），授哈密幫辦大臣。光緒二年（1876），升哈密辦事大臣。十一年（1885），署理塔爾巴哈臺參贊大臣。十三年（1887），卒於任。
[3] 閏六月辛丑，即閏六月二十五日（1873年8月17日）。
[4] 七月辛亥，即七月初五日（1873年8月27日）。

月乙未①，行近哈密，整旅而前。文麟亦出兵迎剿。鏖戰移時，殲賊四五百。是夜，賊陷回城，俘福晉去。辛丑②，我軍由城西攻入，賊棄城奔南湖。乙巳③，大破賊營。白彥虎竄西山，繞道而北，分股向吐魯番。奏入，文麟賞副都統銜，餘皆獎敘。明春旋擢哈密幫辦大臣，率健銳九營駐守。

未幾，賊騎數千犯沙山子。伊勒和布、徐學功馳擊於沙棗園，斃百餘而遁。十月，陝逆竄三道廠。學功誘攻之。亡何，白彥虎復勾烏垣回竄入瑪納斯，並紛擾坤屬紅柳峽，古城戒嚴。景廉馳奏。詔錫綸會屯沙灣，與副都統孝順痛殲醜類，毋任蔓延。

十三年二月④，濟木薩三臺回逆分股滋擾。景廉令統領孔才、興禄往剿。辛卯⑤，遇騎賊於紫泥泉。壬辰⑥，抵西泉，擒斬逆目蘇保沅、馬得和、馬兆魯、李遠、王元，皆白逆悍黨也。

三月，正白旗漢軍都統金順⑦、涼州副都統額爾慶額⑧及桂錫楨各率馬步隊前後出關。廣東陸路提督張曜⑨率馬步十四營進屯哈密，大興水利，墾荒

---

① 八月乙未，即八月十九日（1873 年 10 月 10 日）。
② 辛丑，即八月二十五日（1873 年 10 月 16 日）。
③ 乙巳，即八月二十九日（1873 年 10 月 20 日）。
④ 十三年二月，刊本誤作"十二年二月"，茲改正。
⑤ 辛卯，即二月十八日（1874 年 4 月 4 日）。
⑥ 壬辰，即二月十九日（1874 年 4 月 5 日）。
⑦ 金順（1831—1886），字和甫，伊爾根覺羅氏，世居吉林，隸滿洲鑲藍旗，圖爾格齊巴圖魯。咸豐四年（1854），充領催。六年（1856），補吉林驍騎校。八年（1858），升吉林防禦。十年（1860），授協領，加副都統銜。同治三年（1864），補鑲黃旗漢軍副都統。同年，調補西安左翼副都統。五年（1866），遷寧夏副都統。同年，署寧夏將軍。九年（1870），率軍下金積堡，平寧夏。十年（1871），擢烏里雅蘇臺將軍。十二年（1873），授正白旗漢軍都統。十三年（1874），充幫辦新疆軍務大臣。光緒元年（1875），調補烏魯木齊都統。二年（1876），授伊犁將軍，封雲騎尉。十二年（1886），回京述職，卒於途。贈太子太保，諡忠介。
⑧ 額爾慶額（1838—1893），字藹堂，格何恩氏，隸滿洲鑲白旗，墨爾根城駐防，出身披甲。咸豐九年（1859），充驍騎校，旋賞戴花翎，補委領。同治四年（1865），保以協領即補。五年（1866），加法福靈阿巴圖魯勇號。七年（1868），晉副都統銜。九年（1870），補授佐領，兼營總。十年（1871），授黑龍江副總管。同年，調補涼州副都統。光緒三年（1877），補古城領隊大臣。六年（1880），兼署科布多參贊大臣、幫辦大臣。七年（1881），授科布多幫辦大臣。十年（1884），兼署科布多參贊大臣。十二年（1886），擢伊犁副都統。十四年（1888），授塔爾巴哈臺參贊大臣。十九年（1893），卒於任。
⑨ 張曜（1832—1891），字亮臣，號朗齋，直隸大興人，原籍錢塘。咸豐初，以縣丞留河南補用。四年（1854），請假回籍。五年（1855），保知縣，加同知銜。六年（1856），署固始縣知縣。七年（1857），保直隸州知州，賞換花翎，加霍欽巴圖魯名號。八年（1858），保知府，加道銜。九

地二萬畝，歲獲粟數千石以濟軍。

五月，賊竄西湖。辛亥①，徐學功截剿於綏來縣境。癸亥②，賊劫馬橋商貨。營官焦生有追及，奪還。

六月庚辰③，西路賊犯三臺二工河。孔才率五百騎伏擊，頗有斬獲。賊復以四千餘人夜犯城關，我軍堵禦，黎明而退。景廉聞警，飭興祿、金永清、倪敬修分率馬步二千往援。壬午④，抵二工河，遇賊，擊走之。癸未⑤，賊復麇至。孔才會田錫禮、倪敬修率馬步爲兩翼左右包抄，興祿、金永清率步隊居中策應，游朝勝以馬隊繞道靜伏。各營列陣柳樹河，鏖戰至午，殺賊五百有奇，我軍失營總常明。甲申⑥，回逆百餘向沙山北竄。焦生有伏馬隊林中，令哨弁白彥存誘戰，殲其大半。哨弁李萬隆力戰死。逆目于小虎在綏屬甘溝設臺輓糧。己亥⑦，營官徐讓馳往，攻斃回酋拜林，陣斬五十餘級。

七月丙午⑧，呼圖里克賊騎東竄。哨弁羅讓、陳正基以馬隊伏敗垣。賊過，衝出，擒斬逆目金尚保。乙未⑨，昌吉回騎竄踞芨芨槽。營官姚百福飭哨弁陳秀、高彥才率隊追剿，斬馘亦多。逆目黑寶才中炮傷，遁。

八月，授景廉爲欽差大臣，督辦新疆軍務。

九月，關內肅清。詔金順迅赴古城，會景廉，規復烏魯木齊。穆圖善⑩

年（1859），署光州直隸州知州。十年（1860），丁母憂，保道員，晉按察使銜。同年，丁父憂。十一年（1861），遷河南布政使。同治元年（1862），改保總兵。二年（1863），晉提督銜。四年（1865），乞假葬親。六年（1867），保提督，加騎都尉。九年（1870），擢廣東陸路提督，加騎都尉兼一雲騎尉，賞雙眼花翎。光緒二年（1876），隨左宗棠入疆，收復伊犁。三年（1877），晉一等輕車都尉兼一雲騎尉。六年（1880），署幫辦新疆軍務。十年（1884），加巡撫銜、頭品頂戴。十一年（1885），補廣西巡撫，晉兵部尚書銜。十二年（1886），調補山東巡撫。十五年（1889），晉太子少保。十七年（1891），卒於任。贈太子太保，諡勤果。前被劾，後致力學業，工詩善書，兼通六法，有《河聲岳色樓集》行世。

① 辛亥，即五月初十日（1874 年 6 月 23 日）。
② 癸亥，即五月二十二日（1874 年 7 月 5 日）。
③ 六月庚辰，即六月初九日（1874 年 7 月 22 日）。
④ 壬午，即六月十一日（1874 年 7 月 24 日）。
⑤ 癸未，即六月十二日（1874 年 7 月 25 日）。
⑥ 甲申，即六月十三日（1874 年 7 月 26 日）。
⑦ 己亥，即六月二十八日（1874 年 8 月 10 日）。
⑧ 七月丙午，即七月初六日（1874 年 8 月 17 日）。
⑨ 乙未，刊本誤作"己未"，茲改正，即七月十九日（1874 年 8 月 30 日）。
⑩ 穆圖善（1828—1886），字春岩，滿洲鑲黃旗人，那拉搭氏。道光二十六年（1846），充驍騎

自涇州赴安敦玉，以壯聲援。張曜、宋慶①馳赴哈密，會文麟、明春勦賊。各軍糧餉，左宗棠②源源接濟，勿任缺乏。十月，順至玉門四道溝，進巴里坤。時景廉擬三路規取烏垣，自與金順由古城趨古牧地，張曜由天山趨吐魯番，錫倫由河山直薄瑪納斯，同時並舉，使賊不及互援。其籌議如此。

校。咸豐三年（1853），補委參領。五年（1855），賞戴藍翎。六年（1856），賞換花翎。七年（1857），升防禦。八年（1858），授佐領。九年（1859），遷協領。十年（1860），加副都統銜。十一年（1861），加西林巴圖魯勇號。同治元年（1862），補西安左翼副都統，晉都統銜。三年（1864），署欽差大臣，督辦關隴軍務。同年，擢荊州將軍。四年（1865），補授寧夏將軍。六年（1867），兼署陝甘總督。十二年（1873），授雲騎尉。光緒元年（1875），署正白旗漢軍都統、吉林將軍。三年（1877），補青州副都統。是年，補授察哈爾都統。五年（1879），調補福州將軍。十一年（1885），授欽差大臣，會辦東三省練兵事。十二年（1886），卒於軍。諡果勇。

① 宋慶（1820—1902），字祝三，山東萊州人。咸豐三年（1853），充亳州練長。六年（1856），保守備。八年（1858），補千總，戴藍翎。同年，保參將，賞戴花翎。同治元年（1862），保總兵，加毅勇巴圖魯名號。四年（1865），授河南南陽鎮總兵。七年（1868），擢湖南提督，賞格洪額巴圖魯，封二等輕車都尉。十三年（1874），調補四川提督。光緒六年（1880），會辦奉天防務。十六年（1890），加太子少保。二十年（1894），晉尚書銜，幫辦北洋軍務。二十四年（1898），總統毅軍、武衛左軍。二十八年（1902），卒於任。諡忠勤，晉三等男爵。

② 左宗棠（1812—1885），字季高，一字樸存，號湘上農人。道光十二年（1832），中式舉人。十七年（1837），任教湖南醴陵淥江書院。咸豐元年（1851），入湘撫張亮基、駱秉章幕。咸豐六年（1856），升兵部郎中。十一年（1861），補太常寺卿。同治元年（1862），擢浙江巡撫，二年（1863），授閩浙總督。三年（1864），加太子少保，封一等恪靖伯。五年（1866），創辦福州馬尾船廠、求是堂藝局。同年，創蘭州製造局。六年（1867），補授陝甘總督、欽差大臣，督辦新疆軍務。七年（1868），晉太子太保。九年（1870），賞騎都尉。十二年（1873），拜協辦大學士，加一等輕車都尉。十三年（1874），授東閣大學士。光緒元年（1875），拜欽差大臣陝甘總督，督辦新疆軍務。四年（1878），晉二等恪靖侯。七年（1881），入直軍機，管理兵部事務。同年，改授兩江總督。十年（1884），授軍機大臣，管理神機營事務。是年，充欽差大臣，督辦閩海軍務。十一年（1885），卒於福州，追贈太傅，諡文襄。著有《左文襄公全集》行世。

卷二　武功記二

　　光緒元年春二月，欽差大臣、大學士、陝甘總督左宗棠奉密旨垂詢西域情形並及用兵調度。是時朝議紛紛，謂西域不能久守，宜飭各統帥駐守現有邊界，移西餉以助海防；或又謂不復烏魯木齊，俄人必浸淫蠶食，泰西各國亦且視我強弱以爲進退，且關外藩籬一撤，回氛復熾，雖欲閉關自守勢有不能①。上命宗棠籌議以聞。

---

① 此案《上諭檔》載曰：

　　軍機大臣密寄欽差大臣大學士陝甘總督一等恪靖伯左，光緒元年二月初三日奉上諭：

　　有人奏，新疆各城北鄰俄羅斯，西界土耳其、天方、波斯各回國，南近英屬之印度，即勉圖恢復，將來斷不能久守。近聞喀什噶爾回酋新受土耳其回部之封，並與俄英兩國立約通商，不獨伊犁久踞。中國目前力量不及專顧西域，可否飭西路統帥但嚴守現有邊界，不必急圖進取。此議果定，則已經出塞及尚未出塞各軍可撤則撤，可停則停。其停撤之餉即勻作海防之餉。又有人奏，海疆之患，不能因而至。其視成敗以爲動靜者，則惟西陲軍務。俄人攘我伊犁，勢將久假不歸。今雖大軍出關，而艱於饋運，深入爲難。我師日遲，俄人日進，事機之急莫此爲甚，宜以全力注重西征，但使俄人不能得志於西北，則各國必不致搆釁於東南，各等語。

　　刻下情形如何？暫緩西征節餉以備海防，原於財用不無裨益。惟中國不圖規復烏魯木齊，則俄人得步進步。西北兩路已屬堪虞，且關外一撤藩籬，難保回匪不復嘯聚肆擾近關一帶。關外賊氛既熾，雖欲閉關自守，勢有未能。現在通籌全局究應如何辦理之處，著該大臣酌度機宜，妥籌具奏。至關外現在統帥及現有兵力能否剿滅此賊，抑或尚未有協之處，應如何調度始能奏效；或必須有人遙制，俾關外諸軍作爲前敵，專任剿賊，方能有所憑承，並著通盤籌畫，詳細密陳。

　　肅州克復後，疊次諭令該大臣將所部各營設法裁併遣撤，原冀撙節餉項以備出關之需，上年十月間，並據左宗棠奏，亟擬次第裁併爲節餉整軍計等語。現在能否續行裁撤，以期勻出餉需，該大臣諒必隨時經畫，並著一併奏聞。西路用兵不能不以肅州一帶爲後路糧臺，朝廷不另簡派戶部堂官辦理，疊諭左宗棠駐扎肅州，專司其事，亦以糧運事宜經本省大吏督辦，呼應較靈，又恐該大臣公務紛繁，不遑兼顧，並以袁保恒前辦西征糧臺，數年以來，尚無與左宗棠不能和衷痕迹，故特授袁保恒以戶部侍郎，並作爲幫辦，以爲該大臣指臂之助。乃近來彼此齟齬，殊失協和之道！左宗棠閱歷之深、居心之正、辦事之精細結實，原迥非袁保恒所能及；而該大臣平日亦間有意存畛域、氣量近褊之處。袁保恒既不能與左宗棠平心商搉，深恐貽誤事機，朝廷實深廑慮！且遇事各存意見，則兩人同辦轉不如一人獨辦可免掣肘之虞。左宗棠老成謀國，素著公忠，關外宗棠奏言："泰西諸國，其志專在通商取利，非必別有奸謀。緣其國用取給於徵商，故所歷各國壹以占埠頭、爭海口爲事，而不利土地人民。自通商定議，埠頭、口岸已成，各國久以爲利，知敗約必防國用也；商賈計日求贏，知敗約必礙生計也。非甚不得已，何敢輒發難端？論者乃欲撤出塞之兵以益海防之餉，臣且就海防應籌之餉言之，始事所需，如購造輪船、購造槍炮、購造守具、修建炮臺是也。經常之費，如水陸標營、練兵增餉及養船之費是也。閩局造船漸有頭緒，由此推廣精進，成船漸多，購船之費可省，其僱船之費可改爲養船之費。此始事所需與經常所需無待別籌者也。海防之應籌者，水陸練軍最爲急務。沿海各口風氣剛勁，商、漁、水手取才非難。陸路則各省就精兵處募補，如粵之廣、惠、潮、嘉，閩之泉、漳、興、永，浙之台、處、甯波，兩江之淮、徐、鳳、泗、潁、亳諸處，皆可訓練成軍，較之召募勇丁，費節而可以持久。現在浙江辦法，餉不外增，兵有實用。臺防議起，浙之開銷獨少，似非一無可恃者比也。海防應籌止此。

"論者擬停撤出關兵餉，無論烏魯木齊未復，無撤兵之理，即烏魯木齊已復，定議畫地而守，以徵兵作戍兵，爲固圉計，而乘障防秋，星羅棋布，地可縮而兵不能減，兵既增而餉不能缺，非合東南財賦通融挹注，何以重邊鎮而嚴內外之防？此塞防因時制宜，而兵餉仍難遽言裁減也。今若畫地自守，不規復烏垣，則無總要可扼，即烏垣速復，駐守有地，而烏垣南之巴里坤、哈密，北之塔爾巴哈臺各路，均應增置重兵以張犄角；精選良將，興辦兵屯、民屯，招客、土以實邊塞，然後兵漸停撤，而餉可議節矣。彼時戶部按其實需經費，酌撥各省協餉，嚴立程限，一復道光年間舊制，則關內外或可相庇以安。若此時即擬停兵節餉，自撤藩籬，則我退守而寇進尺，不獨隴

　　糧餉轉運事宜應如何辦理自必籌之至熟。而鎮西、迪化各廳州皆該督所轄，尤應獨任其難。左宗棠前曾有不駐肅州亦可隨時料量之奏。如該大臣可以兼顧，抑或一人不能兼顧，而袁保恒實難勝幫辦之任，該大臣意中或另有得力之員可以分任其事，亦不妨據實直陳，均著妥籌密奏。俟奏到後，再降旨將袁保恒撤回。朝廷用人，毫無成見，但求於事有濟，該大臣當諒此苦衷也。
　　本日據錢鼎銘奏，中原如無大軍鎮撫，萬一事機猝發，遂成坐困，擬將宋慶所統全部調回潼關扼扎，不但西可顧秦隴，北可蔽晉燕，豫省亦有所恃，且可省一軍之芻粟，以供出關諸軍之飽騰，等語。宋慶所部應否留扎內地，如不令該軍西征，關外兵力是否足敷剿辦？著左宗棠體察情形，迅速具奏。將此由六百里密諭知之。欽此。遵旨寄信前來。(《光緒朝上諭檔》，第1冊，第42—44頁。又，《德宗景皇帝實錄（一）》，卷四，光緒元年二月，第124—125頁。)

右堪虞，即北路科布多、烏里雅蘇臺等處，恐亦未能晏然。是停兵節餉於海防未必有益，於邊塞則大有所妨。利害攸分，亟宜熟思審處者也。

"論者又以海疆各國視西陲之成敗以爲動靜，宜以全力注重西征，俄人不能逞志於西北，各國必不至搆釁於東南。其於海防情勢言之甚明，而邊塞情勢則容有未審者。俄人之竊踞伊犁，乘我兵勢紛繁，未遑遠略，因藉口代守，圖攫其財利以自肥。其肇事伊犁，亦艷其土沃泉甘、川原平衍、物產豐饒、夙號腴區，又距其國南界稍近，伸縮得以自如也。自肅回盡殲，安西州縣收復，官軍疊進哈密、巴里坤、濟木薩，關內外聲息漸通，中間僅烏魯木齊爲逸賊白彥虎所踞，尚稽天討。黑子着面，何足重輕？俄羅斯北方名邦，非如尋常無敎之國，謂將越烏垣挾逆回與我爲難，冒不韙而爭此不可必得之瘠壤，揆之情事，必不其然。至土耳其即都魯機，國於五印度之西，距伊犁、喀什噶爾萬數千里而遙。印度爲古佛國，在唐稱身毒、痕度，音轉而訛，不知何時奉天方回敎，遂忘其舊。地奧而腴，廣產鴉片，英人據其東南孟邁、孟加喇爲利藪轉市中國。道光間，東印度盡淪於英吉利，厥後俄人又侵其北境、西境。土耳其國勢分崩離析，非夫寰宇中央之舊矣。喀什噶爾回酋之叛附土耳其，與俄、英國通商，聞海口已刊入新聞紙，此間尚無聞見。果如新聞紙所言，喀什噶爾附其同敎之土耳其，與俄、英通商，我既兼顧不遑，無從問及，則將來恢復後能否久守，原可姑置勿論。但就守局而言，亦須俟烏魯木齊克復，察看情形，詳爲籌畫，始能定議。若此時先將已經出塞及未出塞各軍概議停撤，則實無此辦法也。

"諭旨謂關外一撤藩籬難保回匪不復嘯聚劫擾近關一帶，關外賊氛既熾，雖欲閉關自守勢有不能，於邊塞情形瞭如指掌，臣本毋庸再贅一詞，特以事關時務大局，又身在事中，不備細陳明必貽後悔。至規復烏魯木齊，非剿撫兼施不可，非糧運兼籌不可。按陝逆白彥虎由西甯、大通竄遁關外時，除老弱婦女外，能戰之賊至多不過數千，人所共見。即被裹出關各回由安玉、哈密逃歸就撫者其說不同，前敵所報或多或少未足爲憑，其言賊勢或旺或衰亦非確論。據實而言，白逆悍鷙不如陝回諸目，而狡詐過之。計白逆自陝至甘未嘗占據城池，每遇勁軍未嘗戀戰，往往紿諸目斷後，自挈黨夥先逃，所犯之處未嘗久留，觀其過肅城不赴馬四之招，現踞紅廟子不踞烏垣，亦可概見。賊智長於用伏，官軍計畫稍疏，輒爲所陷。臣前接關外諸軍械牘言賊可取狀，曾告以'勿論賊勢強弱，且問官軍真強與否，賊之以弱示形，須防其嬴師誘我。此賊如敗必乘機竄逸，要須陣前殱斃乃爲了局'。此爲言剿者策也。

"南路闢展、吐魯番至哈克蘇，地狹民貧，土回暗弱，近爲敖罕屬部安集延所制。安集延踞吐魯番之頭人怕夏，能以詐力制伏回衆，與白逆通，善持兩端，此時跧伏未動，且貌爲馴順，以示無他。如遽加以兵，則減後勁之軍，增前路之賊，非計之得也。漢趙充國之討羌，急先零而釋罕開，厥後先零平而罕開自服，效猶可觀。現之屯軍哈密，修水利，興屯田，一爲鳩集哈回，以固藩衛；一爲置子中央，杜賊勾結。而取芻糧、節輓輸，猶其小者。此爲言撫者策也。"

三月，宗棠復密陳："景廉方正有學，承平迴翔臺閣，足式群僚。惟泥古太過，任用非人。其奏請仿古徙民實邊，欲調取關內戶口赴古、濟耕墾，爲寓兵於農起見。不料其經歷有年，若不知農之不可爲兵，游勇之不足恃也。金順爲人和平寬緩，然平時粥粥無能，臨陣尚能奮勉。臣於景廉而知古所稱殷浩、房琯，終不失爲清流；於金順而知古所稱宮之奇、董安于，終不失爲智士也。若以金順所任京秩改畀景廉，而以景廉之任畀金順，令得節制各城辦事、領隊大臣，似於前敵事宜較易措手。關外兵力本不爲薄，惟勝兵少而冗食多，以致曠日稽時，難觀成效，非嚴加汰遣不可。臣前在肅州與金順定議，先將舊部挑汰資遣足成十二營外，挑留明春所帶成祿舊部併成三營，合爲十五營。金順又請調臣部馮桂增馬隊一營、炮隊一旗，以勇丁五百、夫二百爲一營計算，已近萬人。金順又廣收投效將弁勇丁，遂至營數漸增，多至二十營有奇。如果一律精實，則此二十營已足敷攻剿之用，不須續調矣。

"自嘉峪至哈密，臣已漸有布置，並擬辦理巴里坤事宜。惟該營鎮迪道例歸督臣統轄，而烏魯木齊都統久視爲專屬，不樂其別有稟承，以致關外事體不相聞問，應請飭下烏魯木齊都統仍遵舊例，凡鎮迪道所有公事，隨時稟報督臣，遇事盡心贊畫，或可稍資裨助，否則閫閾之內畛域攸分，督臣無從過問，何能借箸代籌？"

疏上，有詔：景廉補授正白旗漢軍都統，與侍郎袁保恒回京供職；左宗棠以欽差大臣督辦軍務，金順爲烏魯木齊都統副之；陝西巡撫譚鍾麟①督西征餉事，布政使裕寬②、陝西道沈應奎③兼綰糈臺。

四月，左宗棠奏起前署陝西巡撫劉典④赴蘭州。詔：劉典以三品京堂候補，幫辦陝甘軍務。

時景廉頓兵古、濟，銳意屯墾，飭孔才等六營墾種三臺，營官李發桂以三十騎馳驗渠道。二月甲申⑤，賊突出圍攻，相持至暮。發桂右脅中槍，猶麾

---

① 譚鍾麟（1822—1905），字文卿、雲覲，原名二監，湖南省茶陵州人，出身舉人。咸豐六年（1856），中式進士，改庶吉士。九年（1859），授翰林院編修。十年（1860），充會試同考官。同治元年（1862），充湖北鄉試副考官。二年（1863），補江南道監察御史。五年（1866），放杭州府知府。六年（1867），加道銜。同年，署杭嘉湖道。七年（1868），升河南按察使。八年（1869），丁母憂，回籍終制。十年（1871），遷陝西布政使。十二年（1873），護理陝西巡撫。光緒元年（1875），擢陝西巡撫，晉頭品頂戴。五年（1879），調補浙江巡撫。七年（1881），補授陝甘總督。十四年（1888），告病辭職。十七年（1891），補吏部左侍郎，兼署戶部左侍郎，管理三庫事務。十八年（1892），署理工部尚書。同年，補授閩浙總督，兼福建船政大臣。二十年（1894），加太子少保，兼署福州將軍。同年，調補四川總督。二十一年（1895），補授兩廣總督，兼署廣州將軍。二十五年（1899），兼署廣東巡撫，旋以病歸。三十一年（1905），卒於長沙。謚文勤。有《譚文勤公奏稿》等行世。
② 裕寬（？—1902），滿洲正白旗官學生，廩生。同治四年（1865），補員外郎。十一年（1872），升補福建鹽法道。十二年（1873），升陝西按察使。光緒元年（1875），署理陝西按察使。四年（1878），補授河南布政使。同年，擢福建巡撫。五年（1879），調補廣東巡撫。八年（1882），署理兩廣總督，兼署辦理通商事務大臣。十六年（1890），補授河南巡撫，兼署河南學政。十八年（1892），署理河東河道總督。二十八年（1902），卒。
③ 沈應奎（1821—1895），字小筠，號吉田，附貢生，初遵例捐納歸安訓導，後升溫州府泰順教諭。咸豐間，選爲雲南恩安待銓知縣。同治五年（1866），保同知，加知府銜。同年，代理泉州府知府。八年（1869），改留陝西。十年（1871），保道員，辦理陝西軍需局事務。十三年（1874），署陝安道。光緒元年（1875），署陝西鹽法道。五年（1879），辦理糧臺駐陝局事務。六年（1880），升陝西按察使。七年（1881），遷貴州布政使。十年（1884），被參革職。十三年（1887），赴臺灣辦理軍需事務。同年，經劉銘傳奏請開復原官。旋署臺灣藩司。十五年（1889），署臺灣藩司。十七年（1891），補授臺灣布政使，護理臺灣巡撫。同年，進京陛見，卒於途。
④ 劉典（1819—1878），字伯敬，號克庵，湖南寧鄉人，縣學附生。咸豐十年（1860），保候補四品京堂，選知縣，加同知銜。十一年（1861），補直隸州知州，戴花翎。同治元年（1862），升知府，加道銜。同年，授浙江按察使。二年（1863），加阿爾剛阿巴圖魯勇號，晉布政使銜。三年（1864），幫辦江皖軍務。同年，晉二品頂戴，幫辦福建軍務。四年（1865），封雲騎尉。五年（1866），補甘肅按察使，幫辦陝甘軍務。七年（1868），督辦陝西軍務。同年，署陝西巡撫。光緒元年（1875），幫辦陝甘軍務。二年（1876），擢太僕寺卿。三年（1877），晉頭品頂戴。四年（1878），授通政使司通政使。五年（1879），卒於軍。謚果敏。有《劉果敏公遺書》存世。
⑤ 二月甲申，即二月十六日（1875年3月23日）。

士卒搏戰。孔才馳救，乃退。發桂旋以傷殞。事聞，優恤如例。

金順進軍巴里坤，慮糧運難繼，派副將方春發步隊兩營先赴奇臺就食，自率馬步八營抵古城，以濟木薩僅屯有提督劉宏發禮字等營，兵力尚單，即督軍進扎。而奇臺縣屬西集爾近南山，賊易出沒，留馬步數營分駐防剿。復與景廉會奏：烏魯木齊為逆回老巢，古牧地、昌吉、呼圖壁、瑪納斯等城均為賊黨分屯。南路吐魯番則有安夷盤踞，伺釁而動，與回逆時合時離，情形叵測。大兵進剿，勢必互援，或由南路捷徑窺我後路以圖牽制，請檄調烏里雅蘇臺駐防黑龍江馬隊西扎沙孜蓋臺，並徙蒙古游牧內地以避其鋒。上飭宗棠、金順會商機宜，妥籌調度。宗棠旋疏陳兩事，一廣籌軍糧，語在"糧餉篇"；一整理兵事，曰：

"西事久無成效，由冗食多而戰事少耳。旗、綠諸營久不足額，就近各省無勁兵應調。於是取土著兵民及各處就食兵民授地耕墾，一備軍食，一備戰守，無事則驅其盡力隴畝，有事則調其效命鋒鏑。謂之且耕且戰，事非不勞；謂之即兵即農，名非不美。然調赴期會則彼此觀望，數日不能取齊；麾令前驅則勇怯雜糅，氣勢不能完整，其何以戰？且既挂名伍籍又令其從事耕耘，譬猶左畫圓右畫方，兩者相兼必致一無所就，是且戰之民不能戰，且耕之民不暇耕也。茲畫兵農為二：擇其精壯有膽者為兵，宜馬者馬，宜步者步，束以營制一如內地軍營，其曾著戰績如徐學功輩用為管帶、督帶，其才能辦事如孔才輩用為幫辦，凡督帶、管帶以及所部哨官、什長酌給薪水，散人給餉與糧按照客軍營制減給；其愿弱不任戰者罷為農，指餘荒地畝令其承墾，酌給籽種、農器、耕牛，收獲後繳本歸倉，不取息，其所獲糧石由官照時價收買。庶簡其精壯，營伍可得而實；散其愿弱，屯墾可得而增，兩利之道也。關外各城所駐大臣有辦事、領隊、幫辦之分，所駐之兵有錫伯、索倫、達呼爾、察哈爾、蒙古、厄魯特、沙畢納及綠營攜眷兵、換防番戍兵之分。亂後，舊制不可復按，而辦事、幫辦、領隊大臣於本營存兵外兼帶馬步各營，各請專餉。所稱馬隊、步隊既罕能戰之兵，而辦事、幫辦、領隊各員又非盡知之選，徒糜餉糧，無濟實用。都統及各大臣因慮產糧未極其豐，增竈更形其絀，力主畫地自守、閉關謝客之議，以護官私屯糧，不顧兵事利鈍。金順進駐古城、張曜進屯哈密遲回不前，而後隊尚迤邐原防者以此。現巴里坤、古城已辦采運，哈密已開營屯，金順、張曜兩軍留後之隊應即陸續開拔。兵力既增，則屯丁可減。竊惟此時必分別兵農，責兵以戰，課農以耕，而後餉事可節兵事可精也。

"哈密、巴里坤、古城所駐各大臣，就現在所存旗營核定糧餉。如缺額過多，准照舊額馬步就地挑募丁壯補數，但責其保守城隘，不必責以戰事。脫屯丁伍藉散之歸農，則盡力隴畝，民樂耕其野；而官屯、私屯地畝收穫餘糧准照時價發糶，民益得其饒。不但分駐各軍可資接濟，即調發續進馬步沿途就地采購，毋須裹糧以趨，於兵事更覺順利，較之現在辦法兵農兩荒，不猶愈乎？應請飭下金順、文麟遵照辦理，庶於時局有裨。"得旨嘉獎，如所議行。

七月乙未朔①，景廉回京，移交馬步②三十七營，人數參差，復多冗弱。金順挑留精壯併為馬勇十營、步隊九營，各營屯卒亦汰弱留強以資防護。時新糧將登，關內轉運漸集。飭後路副都統托雲布率留安肅各營，分起前進。

秋八月，左宗棠奏："三品卿銜署西甯道劉錦棠③英銳果敏，才氣無雙，近察其志慮忠純，尤堪重任，令率其所部老湘全軍從征，並委總理行營事務。"

---

① 七月乙未朔，即七月初一日（1875年8月1日）。
② 原文作"馬部"，疑誤。茲據校改。
③ 劉錦棠（1844—1894），字毅齋，湖南湘鄉人。其父劉厚榮戰歿於岳州，以報其父仇，隨其叔父劉松山轉戰於江西、安徽、陝西等地。同治三年（1864），幫辦老湘軍營務，遵例報捐縣丞。四年（1865），以軍功賞戴藍翎，擢知縣，加同知銜，旋賞換花翎。五年（1866），以同知直隸州遇缺即選。六年（1867），保知府遇缺即選，旋以道員遇缺儘先即選，加按察使、布政使銜，加法福靈阿巴圖魯勇號。九年（1870），經陝甘總督左宗棠舉薦，加三品卿銜，總統劉松山舊部。十年（1871），破金積堡，捕殺馬化龍，賞穿黃馬褂、雲騎尉世職。十三年（1874），署甘肅西寧兵備道。光緒元年（1875），升補甘肅甘涼道員。同年，調甘肅西寧道。二年（1876），率部攻克烏魯木齊，鎮壓天山北路的妥明等部，封騎都尉世職。三年（1877），攻占達阪、托克遜等城，迫使阿古柏畏罪自殺。隨後追剿阿古柏殘部，攻克庫車、拜城、喀什噶爾等地，賞雙眼花翎，以三品京堂候補。四年（1878），晉二等男爵，擢太常寺卿。同年，授通政使司通政使。六年（1880），幫辦新疆軍務，旋以左宗棠奉詔晉京，飭署欽差大臣督辦新疆軍務，統哈密及鎮迪道所屬文武地方官。七年（1881），擢欽差大臣督辦新疆軍務。八年（1882），收復伊犁，議定建省方略。九年（1883），補授兵部右侍郎。十年（1884），清廷允准新疆建省，授首任新疆巡撫，加尚書銜，仍以欽差大臣督辦新疆事宜。其任巡撫期間，於興修水利、獎勵農桑、改革軍事及田賦制度、修治驛道和城池等，不遺餘力。十三年（1887），署伊犁將軍。十五年（1889），回籍侍養，加太子少保銜。十六年（1890），晉太子太保。二十年（1894），晉一等男。同年，卒於里。贈太子太傅，諡襄勤。有《劉襄勤公（毅齋）奏稿》存世。

時賊以大兵未齊，乘機竄掠。九月丁酉①，賊三百餘人夜犯小橋屯莊掠牲畜。統領杜生萬率諸將追擊。戊戌②，及之於石窑，四面圍攻，斬獲甚衆，盡復所掠牛羊。

金順以濟木薩西起沙山子，而紫泥泉爲赴沙山子要徑，飭孔才以定西馬隊五營、健鋭一營進駐之。副將王洪順以靖邊步隊三營自三臺進駐二道河。方春發以英字三營會同總兵桂錫楨，扼守三臺。

九月辛酉③，烏垣、昌綏逆回合安集延大股徑犯沙棗園，下六户地。營官趙文斌、沈廷輝迎擊，徐學讓繼之，張文英先伏步隊於旁，三路奮擊。營官馮魁亦委參領壽凌、副將和振興分率馬隊助戰。自辰至午，趙文斌手刺回酋武觀，擒之，並殺回酋武犁兒。賊衆敗潰。武觀傷重，斃。是時，烏垣以西賊騎四出。瑪納斯上游奎屯河、烏蘭烏蘇、庫爾喀拉烏蘇被擾尤甚，西路官軍時時截擊之，未能大懲艾也。

署伊犁將軍榮全進駐塔城，往時伊犁官兵陷賊者陸續投出。上飭榮全督飭孝順等確探賊踪，乘機兜剿，與金順等聯絡聲勢。

十月至十一月，托雲布、薩凌阿先後到濟，提督馬玉崑④亦抵巴里坤，以隆冬不能築壘未即進。而馬橋、沙山子居瑪納斯，迤北⑤人民析處，逼近賊巢，迤西沙灣地方徑通布倫托海，上年白逆分股石瀧塔即由此竄入。檄總兵馮桂增統西征捷勇三營駐沙灣，與額爾慶額、徐學功等相首尾。

---

① 九月丁酉，即九月初四日（1875年10月2日）。
② 戊戌，即九月初五日（1875年10月3日）。
③ 九月辛酉，即九月二十八日（1875年10月26日）。
④ 馬玉崑（1838—1908），字景山，安徽蒙城縣人，武童出身。同治元年（1862），辦理本籍團練，獎給六品功牌。三年（1864），投臨勝營效力，調赴河南直隸鎮捻。四年（1865），經總統毅軍宋慶咨給五品軍功獎札，保千總。五年（1866），戴藍翎。七年（1868），賞給振勇巴圖魯名號。同年，遞保都司、副將、總兵，賞換花翎。八年（1869），管帶毅字親兵營，封從一品封典。九年（1870），隨左宗棠出關，收復烏魯木齊、昌吉、瑪納斯等城。同年，晉提督銜。十年（1871），辦理毅軍全營營務處。同年，保提督，換博奇巴圖魯名號。光緒二年（1876），賞雲騎尉世職。十五年（1889），請假離營。十六年（1890），委辦毅軍總理營務處，統領毅後軍。二十年（1894），補山西太原鎮總兵，攻大平山等處倭寇。二十五年（1899），總統武衛左軍，同年，擢浙江提督。二十六年（1900），調補直隸提督，總統武衛左軍，馳往津沽督戰。二十八年（1902），加太子少保銜。二十九年（1903），出兵古北口至朝陽一帶，隨辦中立防守。三十四年（1908），卒於任。贈太子太保，諡忠武。
⑤ 原文作"迄北"，疑誤，兹據校正。

二年春二月，幫辦陝甘軍務三品京堂劉典至蘭州，宗棠以善後事悉付之。癸未①，禡旗啓行，飭前部二十四營會於肅州，其前路進止機宜悉委總統湘軍劉錦棠相機酌度。巴里坤有數徑可達安西，不復盡由哈密，飭提督徐占彪②帶馬步四營駐之。又飭張曜率馬步十二營，宋慶留勇八百人，扼守哈密，遏吐魯番踞逆東犯之路。

宗棠奏言："烏城之賊，土回居多。白彥虎復挈陝甘悍回，分踞紅廟、古牧、瑪納斯與相聯，而皆南與安酋怕夏通。自怕夏踞喀什噶爾各城，吐魯番、闢展以西土回皆附之。怕夏能以詐力制其衆，又從印度多購西洋槍炮，勢益猖獗，土回、纏頭皆倚之爲重，然不敢顯與俄人較，俄人亦頗言其狡悍異諸賊。今官軍出塞，自宜先剿北路烏垣等處而後加兵南路。當北路進兵時，安集延或悉其醜類與白彥虎合勢死拒，當有數大惡戰。如天之福，事機順利，白逆殲除，安集延悍賊亦多就戮，由此而下兵南路，其勢較易。是致力於北而收功於南也。若賊情專圖自固，但作守局以老我師，則曠日持久亦在意中。外間議論或以爲事可緩圖，或以爲功可速就，或主撤兵節餉，或言難得易失，皆因裨益洋務起見，豈真由衷之言哉？

"臣一介書生，高位顯爵，爲平生夢想所不到。豈思立功邊城觀望恩施？況年已六十有五，日暮途長，乃不自忖量，妄引邊荒艱鉅爲己任，雖至愚亦不出此，而事固有萬不容已者。烏魯木齊各城不克，無總要可以安兵。今伊犁爲俄人所踞，喀什噶爾爲安集延所踞，若此時置之不問，後患環生，必有日蹙百里之勢。此區區愚忱不能不盡者也。"其後攻北路，而南路遂平，竟如所策。

三月乙巳③，宗棠次肅州，劉錦棠先率軍駐城北。肅州至哈密中隔戈壁，

---

① 癸未，即二月二十一日（1876年3月16日）。
② 徐占彪（1840—1890），名承安，字昆山，四川西充人，堅勇巴圖魯，晉清字哈西巴圖魯名號。咸豐十年（1860），投效果勇營。因功拔千總，同治五年（1866），升守備。同年，保都司，加游擊銜。十二年（1873），封雲騎尉。光緒二年（1876），奉調率部出關。三年（1877），進軍南疆，收復吐魯番等地。八年（1882），補授巴里坤鎭總兵，賞黃馬褂，戴雙眼花翎。十五年（1889），因病開缺。十六年（1890），卒於籍。
③ 三月乙巳，即三月十三日（1876年4月7日）。

水泉不能供千人。宗棠令諸軍抵西安後分起遞進。漢中鎮譚上連^①領所部先進，甯夏鎮譚拔萃^②繼之，陝安鎮余虎恩^③又繼之。四月，錦棠親率大軍啓行，分命諸軍前駐哈密，俟古城糧運畢集，即長驅大進，直搗賊巢。

先是，統領吉江馬隊額爾慶額聞白逆將糾瑪納斯南、北兩城踞回竄擾糧運，因與馮桂增會商徐學功，約以正月丁卯^④合攻瑪納斯城。丙寅^⑤，額、馮兩軍抵大河廠，待徐軍未至，遂先進。夜半，徑薄北城，桂增改騎爲步由西北逾城入，殺守者，開門納官軍。城賊驚起拒敵。桂增率所部巷戰，額爾慶額麾軍繼進，斃賊數百，並陣斬翟老四、嘎一兩逆目，餘賊退伏東隅。黎明，賊麇至，連施大炮。官軍却，爲賊所擠。桂增縱橫蕩决，得出圍，復

---

① 譚上連（？—1890），湖南衡陽縣人。咸豐八年（1858），投效湘軍，轉戰湖北、安徽、江南等省，迭克名城，以驍勇聞，累保花翎副將。同治六年（1867），隨廣東陸路提督劉松山入陝，鎮壓回、捻，委帶壽字後營馬隊，洊保總兵，以提督記名。八年（1869），委統領楚軍副、中馬步等營，兼帶老湘十旗馬隊，駐扎肅州。光緒二年（1876），補授陝甘漢中鎮總兵。旋因傷發，請假赴湖北就醫。五年（1879），復調出關，歷統馬步等軍。九年（1883），調補甘肅西寧鎮總兵，以防務喫緊，奏署烏魯木齊提督，旋移駐喀什噶爾。十五年（1889），補授喀什噶爾提督。十六年（1890），因病出缺。

② 譚拔萃（？—1884），字冠英，湖南湘潭縣人。咸豐初投身湘軍，隨同劉松山輾轉大江南北及陝甘地區，與太平軍、捻軍、陝甘回軍作戰。歷擢哨長、參將、總兵加提督銜。史稱"松山部將，推拔萃爲首"。同治九年（1870），經左宗棠保奏，署寧夏鎮總兵，賞穿黃馬褂。光緒元年（1875），補授寧夏鎮總兵。光緒二年（1876），丁母艱，仍留營統前軍赴敵。北疆平定後，揮師越天山南下。三年（1877），會同各軍連下達阪、吐魯番、托克遜三城，打開南疆大門。同年，取喀喇沙爾，收復庫車、阿克蘇、烏什等地。四年（1878），克和田，收復新疆。五年（1879），返回軍營。六年（1880），統安遠軍駐庫車，旋移屯喀喇沙爾、古城子。十年（1884），卒於軍。追封一等輕車都尉。

③ 余虎恩（1836—1905），湖南平江縣人。咸豐四年（1854），投效曾國藩軍營，隨同鎮壓鄂省，旋改投平江老湘各營，轉戰江西、福建、安徽、廣西、廣東等省，積功保副將。同治四年（1865），經劉松山派充先鋒，由臨淮鎮壓徐州，赴援山東。六年（1867），破張總愚部，鎮壓岐山等處。七年（1868），經左宗棠檄調赴直，以功保提督，賞頭品頂戴，加奇車博巴圖魯名號。八年（1869），鎮壓金積堡。九年（1870），賞三代正一品封典。十年（1871），請假回籍，奉調募勇，解西寧之圍，賞穿黃馬褂。十二年（1873），攻克大通、肅州。十三年（1874），補授陝西陝安鎮總兵。同年，經左宗棠奏調赴甘，委統壽字、恪靖馬隊。光緒二年（1876），督師出關，拔黃田，克古牧地，收復輯懷、烏魯木齊等城，賞雲騎尉、騎都尉世職。四年（1878），改騎都尉爲一等輕車都尉。七年（1881），交卸營務，到陝安鎮任。十一年（1885），因舊傷復發開缺。十七年（1891），統帶湖南振字營。二十年（1894），調補廣東高州鎮總兵。旋調赴山海關，移扎河西遺撤。同年，請假回籍，請將各雲騎尉併爲二等男。二十六年（1900），擢喀什噶爾提督。同年，開缺請假回籍。三十一年（1905），因傷復發病故。

④ 正月丁卯，即正月十一日（1877年2月23日）。

⑤ 丙寅，即正月初十日（1877年2月22日）。

裹創尋額爾慶額，再入再出，力竭被擒，罵賊死。兩軍陣亡弁勇二百餘。徐學功未至城，聞敗却回。宗棠奏："襲攻堅城本難得手，馬隊黑夜撲城尤爲希見。額、馮冒險貪功咎由自取，徐學功不即麾軍馳救咎亦難辭。惟原約丁卯會攻並未明定時刻，兩營先進非學功所能預知，經金順先摘頂翎，免其再議。"額爾慶額旋左遷古城領隊，馮桂增交部議恤。

瑪納斯賊復欲赴草地掠駝馬，並擾布倫托海。金順飭孔才會徐學功嚴扼沙山子東西。賊知歸路被截，回竄古城，東北紅柳峽已復，由北路小紅柳峽竄出。統領唐得勝、伊勒和布剿之。賊乃越嶺逃歸烏垣老巢。金順飭唐得勝、彭桂清、興祿等與伊勒和布分駐木壘河、三角泉、大石頭上下護運巡防。時俄國解送古城軍糧二百餘馱，行抵布倫托海迤西疊崙山被劫。榮全派隊扼霍博克河迎護之，咨金順撥營接替，順奏："自瑪納斯迤北沙山子之西，由沙灣入草地必先至烏魯木湖。烏魯木湖東北爲布倫托海，西北則塔爾巴哈臺。由布倫托海而東經烏梁海軍臺至科布多迤南之沙札蓋臺，東西千餘里，南爲沙山，北爲阿勒泰山，其中別無歧路。由沙札蓋臺北達科布多，東接烏里雅蘇臺，所屬部落東南可通巴里坤紅柳峽等處僻徑，南達古城，皆以沙札蓋爲分道之所。烏魯木湖爲塔城轄境，沙札蓋爲科布多轄境，由沙札蓋而東則接烏里雅蘇臺邊界。今塔城有索倫兵、額魯特兵，科布多有大同兵、蒙古兵，烏里雅蘇臺有黑龍江、察哈爾各兵。若塔城以索倫兵扼烏魯木湖，科布多以蒙古兵扼布倫托海或烏梁海適中地，烏里雅蘇臺以黑龍江兵扼沙札蓋，一轉移間，防剿均有裨益。"上勒榮全、額勒和布[①]、車林多爾濟、杜噶爾、

---

① 額勒和布（1826—1900），字筱山，號筱齋，覺爾察氏，滿洲鑲藍旗人。道光二十九年（1849），中式翻譯舉人。咸豐二年（1852），中式翻譯進士，改庶吉士。四年（1854），選户部主事。六年（1856），補户部員外郎。十年（1860），遷理藩院侍郎。十一年（1861），授翰林院侍讀。同治元年（1862），補日講起居注官，升侍講學士。同年，充翻譯童生閱卷大臣、福建等省駐防翻譯鄉試閱卷大臣。同年，遷内閣學士兼禮部侍郎銜。二年（1863），補理藩院右侍郎。同年，調工部右侍郎兼管錢法堂事務，授國史館副總裁。三年（1864），署鑲黄旗漢軍副都統，補正白旗蒙古副都統、正黄旗滿洲副都統。同年，補授盛京户部侍郎，兼奉天府府尹。四年（1865），調補鑲白旗滿洲副都統，署正白旗漢軍都統、右翼前鋒統領。七年（1868），署盛京將軍。十年（1871），調察哈爾都統。新疆用兵，經紀糧運。十三年（1874），擢烏里雅蘇臺將軍。光緒三年（1877），因病乞休。六年（1880），補鑲白旗漢軍都統。同年，署備察壇廟大臣。七年（1881），署鑲黄旗蒙古都統，充赴朝鮮國正使。同年，授熱河都統。九年（1883），拜理藩院尚書，調補户部尚書。同年，授正白旗漢軍都統、總管内務府大臣、經筵講官。十年（1884），入直軍機，

托倫布①、保英②、英廉③酌度情形分撥扼扎。倘各城兵勇無多兼顧爲難，著左宗棠、金順著撥勁旅以杜分竄。榮全旋奏："烏梁海等處關係糧路，所部官軍以前敵緊要未能分布後路，仍須額勒和布等派隊前赴察庫爾泰等處扼扎。"額勒和布等亦奏："烏城存兵現祇察哈爾及吉林、黑龍江馬隊共一千五百餘名，僅敷分布城防，難勻撥他處。"上令金順懍遵前旨，即與左宗棠會商，迅速派隊扼扎。宗棠覆奏："前奉諭旨揀派勁旅扼扎北路要地，已行知金順、劉錦棠熟察地形妥爲布置，一面咨委烏魯木齊領隊大臣錫綸赴沙山一帶豫籌截剿，飭總兵桂錫楨、都司馮以和所部，並咨金順派撥吉林、黑龍江馬隊，合成千騎，均歸統帶。又調徐學功馬隊三營、步隊一營歸錫綸調遣。復飭劉

拜協辦大學士，管理户部事務，同年，授國史館正總裁，補正紅旗滿洲都統。十一年（1885），擢體仁閣大學士，轉武英殿大學士，管理兵部事務。十二年（1886），授會典館正總裁。同年，充考試閱卷大臣。十三年（1887），授崇文門正監督、内大臣。十四年（1888），補方略館總裁。十五年（1889），加太子太保。同年，充考試閱卷大臣。十六年（1890），署正紅旗蒙古都統。十七年（1891），充朝考讀卷大臣。十八年（1892），任殿試閱卷官、閱卷大臣。二十年（1894），免直軍機。二十二年（1896），致仕。二十六年（1900），卒於里，諡文恭。

① 托倫布（？—1898），黑龍江齊齊哈爾鑲黄旗漢軍。咸豐九年（1859），充乾清門四等侍衛。十一年（1861），升二等侍衛。同治元年（1862），晋頭等侍衛。二年（1863），加綳僧額巴圖魯勇號。四年（1865），遷京都鑲黄旗漢軍副都統。五年（1866），補佐領。八年（1869），署理正藍旗漢軍副都統。十一年（1872），署科布多參贊大臣。十三年（1874），授科布多參贊大臣。光緒四年（1878），選虎槍營管領。同年，授正紅旗蒙古都統。五年（1879），署理正藍旗蒙古副都統、鑲白旗滿洲副都統、鑲藍旗漢軍副都統。同年，充值年、查年大臣。六年（1880），擢鑲藍旗護軍統領。七年（1881），授保和殿試大臣。九年（1883），充左翼監督。十年（1884），補鑲白旗滿洲副都統，兼專操大臣、右翼前鋒統領。同年，充御前侍衛行走。十二年（1886），補授察哈爾都統。十六年（1890），補正藍旗蒙古副都統。二十四年（1898），卒於任。

② 保英，生卒年未詳，滿洲鑲黄旗人。咸豐三年（1853），赴懷慶府鎮壓太平軍，署山東沙溝營都司。七年（1857），補直隸游擊，賞戴花翎，加綳僧額巴圖魯名號。九年（1859），革職留營，發往新疆效力贖罪。十一年（1861），保游擊。同治二年（1863），保記名總兵。八年（1869），保滿洲鑲白旗記名副都統。同年，赴提督張曜軍營，委派統帶兩翼前鋒八旗護軍營馬隊。十年（1871），派赴新疆幫辦署伊犁將軍榮全行營事件。同年，授科布多幫辦大臣。光緒二年（1876），遷科布多參贊大臣。四年（1878），因病乞休。

③ 英廉（？—1900），蒙古正藍旗人。咸豐三年（1853），充筆帖式。六年（1856），補護軍校。同治元年（1862），委護軍參領。三年（1864），保參領，賞戴花翎。同治四年（1865），補正藍旗蒙古護軍參領。五年（1866），保副將。六年（1867），管帶八旗漢軍排槍隊。七年（1868），保副都統。十年（1871），擢伊犁幫辦大臣。十二年（1873），加副都統銜。同年，調補塔爾巴哈臺參贊大臣。光緒三年（1877），加頭品頂戴。八年（1882），調神機營全營翼長。同年，補鑲白旗護軍統領。九年（1883），補授正藍旗漢軍副都統，署馬蘭鎮總兵。同年，任總管内務府大臣。十年（1884），授馬蘭鎮總兵，兼總管内務府大臣。二十年（1894），授鑲紅旗漢軍副都統、八旗漢軍炮隊專操大臣。二十六年（1900），卒於任。

锦棠选将领率步队佐之。锡纶兵力已不单薄。锡纶生长边陲，熟悉蒙部情形，能通蒙文蒙语，闻其为人亦甚倜傥。近时俄粮续由沙山一带运送百万余斤即系锡纶迎护。兹令防剿窜匪，更为得宜。

"至金顺所请将塔尔巴哈台、索伦等队扼乌鲁木湖，蒙古、科布多等队扼布伦托海或乌梁海适中之地，乌里雅苏台、黑龙江等队扼沙札盖，原因贼骑飙忽，北路平沙广漠，防不胜防，虑难一处聚歼，故为此节节邀截之计。陕甘逆回被白彦虎迫胁出关者非尽属其死党，若白逆等复劫其各弃眷属北窜遐荒似非所愿。至关外土回，狡悍嗜乱者无多。白逆纵纠其北窜，亦必无应之者。如大军进逼环攻，谕以剿抚兼施，释胁从而急渠魁，解散必众。逆贼如从阜康境内窜出，刘锦棠、金顺所部截之；如从玛纳斯窜出，近则孔才各营，稍远则锡纶新统各营截之，均有余力。而塔尔巴哈台后路又阻其前，英廉所部虽单，荣全应挑拨劲旅归其调遣，或扼之乌鲁木湖，或就近择要截击，皆可确操胜算。科、乌两城旧为边城要地，如虑兵力单薄，粮运惟艰，则谕调精兵于科、乌择要扼防，或即由两城领兵大员就近添调防兵，遏奔冲，固封守，给以薪水、口分，俾其壹意布置，务保无虞。恳申谕荣全等实力筹维，共襄兹举。"

孔才既扼沙山之冲，贼旋旁犯马桥及六户地。才令参将杜生万拒战，纵马队左右抄击，毙贼数十，追至距玛纳斯三十里。五月甲寅①，孔才与统领黑龙江马队协领克希克图进扎距玛纳斯城四十里之四佛庙。夜四鼓，杜生万率精兵二百趋城下，孔才、克希克图以大队继之。乙巳②黎明，南城突出贼骑数百直犯我军。孔才等迎击，杀获甚众。丁未③，副将和振兴、把总冯魁由六户来会，进扎玛纳斯城西北十里墩，凭险筑垒。贼日出挑战，我兵不应。癸丑④，才、克希克图伏步卒于西路草湖，骑兵于城北树林，殷绍禄、边生有列阵大队口诱之。贼大至，伏兵四起围击。孔才等横冲入阵，短兵接，轰毙执旗贼酋一，阵斩数十百人，余溃走。

是月，谭上连暂屯巴里坤，有马贼由布伦托海窜出红柳峡，过古城。上

---

① 五月甲寅，即五月二十四日（1876年6月15日）。
② 乙巳，即五月十五日（1876年6月6日）。
③ 丁未，即五月十七日（1876年6月8日）。
④ 癸丑，即五月二十三日（1876年6月14日）。

連急追之，賊騎二百餘已由南山向吐魯番遁，即分部扼扎芨芨臺、色畢口、大石頭、三角泉等處護運，自率兩營前進。錦棠旋亦抵巴里坤，飭繼進各軍就哈密取糧，短運逾天山赴坤，再由坤遞運古城，限閏五月取齊，候進止。

時土回安夷結壘古牧地，烏魯木齊在其西南。宗棠奏："官軍必先攻古牧地，撤烏垣紅廟之藩籬，乃可犁巢搗穴。濟木薩距賊尚遠，不能扼賊吭。劉錦棠會師進剿，必先據要地，儲糧屯師。阜康地當賊衝，從前馬賊之犯科布多聞即由此駛出，錦棠注意於此。一爲進攻古牧地，一爲遏賊奔衝也。"閏五月庚午①，錦棠進屯古城，輕騎覘形勢。閏五月辛酉②，與金順由濟木薩拔隊而西。壬戌③，抵紫泥泉，積潦縱橫，飛橋以渡。丁卯④，抵阜康。阜康失陷十餘年，榛莽叢雜，命諸軍芟薙以利炮車。城西距古牧地九十里，出城濟河即戈壁，直上黑溝山，無寸草，古牧地在其西，悍賊悉屯於此，層築棚壘以拒官軍。金順派總兵胡飛鵬助孔才等屯瑪納斯，約東西齊舉，使賊不得互救。錦棠進駐九營街。

白彥虎聞官軍大出，自紅廟子移踞古牧地，糾土回迎敵，安集延亦遣纏回助戰。時屯地乏水，軍渴甚。錦棠詢土人，知黑溝驛上黃田有積泉，賊嚴守以困我。己酉⑤，錦棠、金順令軍士赴戈壁，佯掘窨井以懈賊。庚戌⑥，潛師夜起，進襲黃田。黎明至，賊驚覺。錦棠督所部由左，金順右，俱進。左路余虎恩、黃萬鵬⑦將騎，譚拔萃等步隊繼之。右路薩凌阿、沙克都林札布將

---

① 閏五月庚午，即閏五月初十日（1876年7月1日）。
② 閏五月辛酉，刊本誤作"六月辛酉"，茲改正，即閏五月初一日（1876年6月22日）。
③ 壬戌，即閏五月初二日（1876年6月23日）。
④ 丁卯，即閏五月初七日（1876年6月28日）。
⑤ 己酉，即六月二十日（1876年8月9日）。
⑥ 庚戌，即六月二十一日（1876年8月10日）。
⑦ 黃萬鵬（1831—1898），字摶九，湖南寧鄉縣人。初以武童從曾國荃入江西、安徽，鎮壓太平軍。咸豐六年（1856），充哨長，加六品頂戴。七年（1857），保外委。十一年（1861），保千總，戴藍翎。同治元年（1862），保升守備，換花翎。同年，再保都司，晉游擊銜。二年（1863），保參將。三年（1864），保總兵，加力勇巴圖魯勇號。六年（1867），保以提督記名簡放。十年（1871），署漢中鎮總兵。十三年（1874），賞伯奇巴圖魯。光緒二年（1876），賞黃馬褂。三年（1877），封雲騎尉、騎都尉、二等輕車都尉。六年（1880），赴新疆統帶揚威等營。十年（1884），晉頭品頂戴。十二年（1886），統帶定邊、定遠等營。十五年（1889），署喀什回城協副將。十六年（1890），署阿蘇鎮總兵。同年，遷阿克蘇鎮總兵。二十年（1894），署新疆提督。同年，統帶西四城馬步各軍。二十一年（1895），署巴里坤鎮總兵。二十三年（1897），封二等男。二十四年（1898），晉京，卒於途。

騎，劉宏發等步隊繼之。譚和義等擁開花大炮而前，軍容甚整。賊望之，始懼。錦棠、金順先踞山崗，余虎恩、黃萬鵬等自山馳下。賊迎戰而敗，旋合步賊來拒。我軍箕張而進，夾擊之。譚拔萃、譚上連、董福祥[①]以步隊衝其中堅，賊不能支，遂大潰。卡賊亦弃輜重相與狂奔。兩軍窮追，徑抵古牧地。賊欲入城不及，繞城走。官軍方奪門入，城内突出大股迎拒。劉宏發等乘鋭擊之，賊敗入城。錦棠、金順遂收駐黃田。是日斬獲無算。訊擒賊言：白逆先派古牧地回酋馬明，因踞黃田後疑其與官軍通，逮回南路，以王治、金中萬率衆萬餘代之。其黃衣騎賊則安集延及南路各纏回也。壬子[②]，錦棠、金順進圍古牧，錦棠部東北，金順部東南。癸丑[③]，怕夏遣夷目阿托愛將騎數千來援。錦棠令余虎恩率馬隊赴山前嚴陣以待，分遣步兵攻南關及山壘，异開花大炮迭轟之，城堞多圮。譚上連以親兵徑搗山壘前，馬隊繞出其後，立奪其壘。我軍勇氣百倍，冒槍炮徑進，遂拔城關，諸軍進據之。金順所部薩凌阿等擊斬黃衣賊酋一。阿托愛徒縱遁，官軍奪其馬，追至卡子溝，平毀賊堡十餘。錦棠、金順視古牧守備嚴築壘守之，增建炮臺，高出城堞丈餘。乙卯[④]，北城、西城圮。丙辰[⑤]，東城圮。均各四五丈，城内拒守，不得入。錦棠、金順部分諸將譚拔萃、劉長發等囊土填濠，自缺口進攻。余虎恩陣於山崗，張春發陣於平川，堵截竄賊，仍調集諸火器環轟勿斷。丁巳[⑥]，南城復大圮，賊洶洶欲潰。錦棠所部自東南，金順自西北，同擁入城，盡殲賊黨。陝回頭目馬十娃爲禹中海舊識，擒斬之，並斬王治、金中萬及安夷賊帥堋塞奇、玉只巴什，夷兵三百亦盡。白逆本踞紅廟，時往來卡子溝，以未入城幸免。

---

① 董福祥（1839—1908），字星五，甘肅平涼府固原州人。同治元年（1862），率衆抗清，爲劉松山所敗，隨投清，所部改編爲董字三營，先後從劉松山等鎮壓西北民變，以功保提督。光緒元年（1875），進兵新疆，以收復烏魯木齊等地及平定南疆功，加雲騎尉、騎都尉世職，授阿爾杭阿巴圖魯勇號。十二年（1886），經劉錦棠奏請，補阿克蘇總兵。十六年（1890），擢喀什噶爾提督。二十年（1894），晋尚書銜。二十二年（1896），調補甘肅提督，賞太子少保銜。二十六年（1900），授隨扈大臣。三十四年（1908），卒於甘肅。
② 壬子，即六月二十三日（1876年8月12日）。
③ 癸丑，即六月二十四日（1876年8月13日）。
④ 乙卯，即六月二十六日（1876年8月15日）。
⑤ 丙辰，即六月二十七日（1876年8月16日）。
⑥ 丁巳，即六月二十八日（1876年8月17日）。

锦棠入城，見存火藥硝磺尚數千斤，拾回、漢文各一通，則烏城逆首阿奇木答王治書也。書言烏城精壯已悉數遣來，三城防守乏人，南疆兵不速至。阿奇木者，怕夏僞官甘回馬人得也，管轄古牧地、烏垣、紅廟子、瑪納斯及僞王城。回兵所稱三城，蓋指烏魯木齊、迪化州及妥得璘所築之王城。南疆則指安集延也。錦棠知烏垣空虛，戊午①復進，金順繼之，賊黨紛竄，沿路不絕。抵迪化州城北，見賊千餘已出城里許，南向奔逸。錦棠飭余虎恩、譚拔萃、黄萬鵬、譚上連追擊之。譚慎典、湯秀齋、張俊②自北城入，誅悍賊百餘，未持械者釋勿誅。復分隊入僞王城及烏魯木齊，金順所部入鞏甯城，同時克復。

初，馬人得與白彦虎議，先遣婦女輜重南竄，留精壯駐守。嗣見官軍驟至，遂相率同奔。兩軍追十餘里，賊回拒，復擊破之。拔出城中難民及避匿山谷者均設法安撫。檄袁堯齡③暫攝迪化州事。宗棠咨商金順、錫綸布置各城堡要隘籌辦善後，並咨調張曜、徐占彪會師進規南路。時北路各城踞逆先後南竄，怕夏遣援四五千騎亦至達坂而返。

怕夏之降妥逆也，掠其資並括漢回金帛，輸南路實其窟穴，驅丁壯守烏垣各城以爲屏蔽。白彦虎自陝回竄，自知勢力不敵，倚爲聲援，凡怕夏所欲不敢違也，故怕夏日富而土回益貧。及聞大軍來，白逆亦剃髮易服竊附於安集延，給死黨與土回堅拒官軍，自觀成敗，伺間脫逃。

宗棠謂："不得烏魯木齊無駐軍之所，賊如分竄無以制之，不僅陝甘之憂，即燕晋、内外蒙古將無息肩之日。若停軍巴、古以東瘠區，兵少無以扼

---

① 戊午，即六月二十九日（1876年8月18日）。
② 張俊（1840—1900），字杰三，倭欣巴圖魯，甘肅寧夏府靈州人。同治九年（1870），報捐都司。十二年（1873），署理西寧永安營游擊。同年，升參將。十三年（1874），遷副將，加總兵銜。光緒元年（1875），補西寧北川營都司。二年（1876），晉提督銜。三年（1877），授定遠軍統領。五年（1879），署阿克蘇鎮烏什協副將。十五年（1889），補甘肅西寧鎮總兵。同年，調伊犁鎮總兵。二十一年（1895），擢喀什噶爾提督。二十三年（1897），調署甘肅提督。二十五年（1899），授武衛全軍翼長。次年，卒於任，諡壯勤。
③ 袁堯齡（1835—1889），安徽泗州人，由文童投效湘軍。同治三年（1864），以軍功保知縣。五年（1866），經湖北巡撫曾國荃飭調赴鄂，辦理軍務。十年（1871），赴甘肅佐劉錦棠營務，升同知。後飭赴新疆，攻剿阿古柏，克烏魯木齊等城，保知府，加鹽運使銜。光緒十二年（1886），補阿克蘇道。十四年（1888），調補喀什噶爾道。十五年（1889），調署新疆藩司，未及赴任，因病出缺。

奔衝，兵多徒以耗軍餉，無論非時局所堪，即四海晏安，軍儲贍裕，亦斷難為持久之計。茲幸旬日間連下堅城，固非始願所及。"奏入，詔賞錦棠騎都尉世職，譚拔萃、譚上連、余虎恩、譚和義、席大成均賞雲騎尉世職，黃萬鵬、蕭元亨均賞穿黃馬褂；其餘各將士以次進秩，陣亡各員弁陳百順、富全、凌萬準等優恤如例。

七月己未朔①，金順師至昌吉城外，見竄賊如梭，搜殺無數。餘匪西竄呼圖壁。庚申②，劉宏發、方春發追至蘆草溝，賊奔東南山谷，金順追及。賊騎千餘，車駝絡繹。令沙克都林扎布繞出賊前，穆通阿、龍得勝躡其後，王寬、薩凌阿分兩旁抄之。賊分股拒戰。沙克都林扎布等槍矢齊發，順喜突前奮擊，諸軍繼之，斬馘數百，賊酋馬元馳逃，穆通阿以洋槍追，洞其馬腹而墮，驍騎校雙喜擒之。龍得勝、錢鳳鳴、銀亮、薩克新圖追至頭屯河，賊爭渡踐溺，聚而殲之，盡得其車駝器械。佐領永林沒於陣。辛酉③，劉宏發距呼圖壁十里而軍。壬戌④，賊酋楊大成出其輜重眷屬潛遁南山，自率馬步千餘拒敵。宏發揮軍前進，陣斃百餘，不少却。復以馬隊潛出賊後，始繞城逃。追奔二十餘里，立復景化城。錦棠下令搜山。

七月甲子⑤，譚和義、陶生林自七道灣赴東山，黃萬鵬、余虎恩、譚拔萃、譚上連經大小鹽池墩東南至柴窩堡，各有斬獲。擒賊供：賊眷、輜重悉已南徙，壯丁麇集達坂城。白彥虎等踞南山小東溝口，嗾各賊赴大小西溝、板房溝一帶收禾稼備行糧。俟官軍向南路進攻，即繞出古牧地、阜康擾我後路。錦棠飛檄東路防營嚴備之。余虎恩、譚拔萃仍扼鹽池、柴窩堡防賊橫竄。戊辰⑥，錦棠急趨小東溝口，追斬四十餘騎。賊家屬先一日徙金口轄，官軍速進，惟見老弱奔逃，白逆已率黨竄投托克遜安夷賊巢矣。遂令各營收獲遺糧畢，仍返駐烏垣。

先是，榮全所部廣州副都統福珠哩自六月進兵薄瑪納斯城，與孔才、徐

---

① 七月己未朔，即七月初一日（1876年8月19日）。
② 庚申，即七月初二日（1876年8月20日）。
③ 辛酉，即七月初三日（1876年8月21日）。
④ 壬戌，即七月初四日（1876年8月22日）。
⑤ 七月甲子，即七月初六日（1876年8月24日）。
⑥ 戊辰，即七月初十日（1876年8月28日）。

學功連營扼扎，久不下。是月丁巳①，福珠哩築炮臺於北關，以開花大炮轟城，賊汹懼。壬午②夜，北城逆首于小虎護衆眷潛開東門南遁。七月己未朔③，南城逆目黑寶才亦南向竄。遂克瑪納斯城。福珠哩追于逆不及，俘其婦幼。孔才進駐北城西，土爾扈特郡王貝子亦派蒙古兵來助。癸酉④，金順進攻南城，以後膛大炮轟圮東城。諸軍蟻附而上，賊乘高抗拒，炮石如雨。總兵李大洪、熊佑林，參將陸輝光中槍殞。方春發繼進，亦傷。八月庚寅⑤，馬玉崑潛自西北樓登殺守賊十餘。賊覺，不得前。明日復上，迭退迭進，斃賊甚多。適樓儲火藥爲炮火引發，木石橫飛，士卒多死，玉崑亦傷。劉宏發亟搶築三卡，高出城表以陵之，而賊守愈嚴。城上築柴灌油，夜明如晝，蘆席裹土填缺口，沿城屋頂築女牆，排油槍，爲死守計。官軍亦憤怒迭攻。賊漸不支，己丑⑥，有竄逸者，諸將截擊，斬獲數十。劉宏發中槍，斷一指。馬玉崑繼進，與諸將肉薄環攻，顛而復上，卒不克。游擊胡耀群，營官張大發、杜生萬、司世道、邵芝、楊占魁均死城下。乙巳⑦，劉錦棠遣羅長祐⑧、譚拔萃、董福祥等率步騎來會，與金軍分掘長塹。甲寅⑨成。

九月戊午朔⑩，方春發爲地道轟城，城圮。僞元帥韓刑臕督衆堵禦，不得上。我軍以大炮殪之。己巳⑪，地道復發。羅長祐、馬玉崑等自南北缺呼噪而入，大風起，咫尺不相見。提督楊必耀中槍殞。賊旋乘夜越濠。湘軍營官湯秀齋先於濠外備鈎索伺之，掌斬甚衆。獲墮濠三賊，訊之言："海宴代韓

---

① 是月丁巳，即六月二十八日（1876年8月17日）。
② 壬午，即七月二十四日（1876年9月11日）。
③ 七月己未朔，即七月初一日（1876年8月19日）。
④ 癸酉，即七月十五日（1876年9月2日）。
⑤ 八月庚寅，即八月初二日（1876年9月19日）。
⑥ 己丑，即八月初一日（1876年9月18日）。
⑦ 乙巳，即八月十七日（1876年10月4日）。
⑧ 羅長祐（？—1884），湖南湘鄉縣人，幼時讀書，過目成誦，師事原任陝西撫臣劉蓉。年二十，仗劍游浙，繼度隴，襄辦大學士左宗棠營務，肅清關隴，累功由通判保升花翎知府。光緒元年（1875），隨劉錦棠進規新疆，綜理營務。四年（1878），委署理阿克蘇道，仍統湘軍，旋實斯缺。十年（1884），因病出缺。
⑨ 甲寅，即八月二十六日（1876年10月13日）。
⑩ 九月戊午朔，即九月初一日（1876年10月17日）。
⑪ 己巳，即九月十二日（1876年10月28日）。

刑膿，城守糧盡，令我探虛實。"丙子①夜，海晏赴徐學功營乞撫。金順諭繳馬械、獻逆目。戊寅②，賊於西門出三千餘人，婦幼居中，左右夾護。金順知其詐，飭諸軍嚴陣以待，徐學功往受降。忽槍炮驟發，徐學功策馬急進，擒僞元帥何碌，於陣斬之。諸軍四面蹂躪，悉殲其衆。僞元帥黑峻以洋槍自轟死。錦棠、金順入城，搜捕餘孽，湯秀齋生擒僞元帥馬有才，金順所部亦擒海晏、王奇玉、馬受以獻，皆磔之。戮韓刑膿、黑峻、妥得璘屍於市。

是時，怕夏踞托克遜三城，白彥虎、于小虎以敗往，待之甚倨，令率其衆傍三城而居。宗棠檄張曜嵩武軍道七克騰木向闢展，徐占彪蜀軍出木壘河，與張曜夾攻吐魯番；撥副將武朝聘馬隊一營益張曜，秦玉盛一營益占彪；增調總兵章洪勝、方友升、桂錫楨等歸錦棠調遣。張曜、徐占彪防所距吐魯番遠近險夷不一，令各計程途爲啓行先後。張曜西行後，以總兵劉鳳清豫軍八百移駐七克騰木護運道，占彪防所以總兵徐萬福三營、提督范銘一營代之。錦棠自烏魯木齊進師，以錫綸各營代守後路。是時大雪封山，諸軍不能逾嶺而南，期來歲春融大舉規復南路。南路自乾隆二十四年平定後，建城凡八，曰喀什噶爾、曰英吉沙爾、曰葉爾羌、曰和闐、曰阿克蘇、曰烏什、曰庫車、曰喀喇沙爾，世呼爲南八城。而吐魯番別爲一部，不在八城之列，以其城在南山之南，爲南八城門戶，官吏、兵民、商賈赴回疆者必取道於此，故志西域者附列之。

進剿之師，錦棠自北而南，張曜、徐占彪自東而西。宗棠念大軍前進，攻克城堡，駐守不可無軍。師行日遠，防軍日增，戰兵日減，勢有固然。昔張格爾之變，僅踞南路西四城，其時張清先扼阿克蘇擊退逆衆，然後東四城無敢蠢動，長齡、楊遇春乃得據無賊之地以擊賊，餉豐運速，卒成底定之功。此次兵由烏魯木齊進局勢依然，而吐魯番、達坂城、托克遜皆爲賊踞，其致力難易固已判然，因奏調記名提督金運昌③皖軍馬步五千，由包頭西行，歸錦棠調遣。

---

① 丙子，即九月十九日（1876年11月4日）。
② 戊寅，即九月二十一日（1876年11月6日）。
③ 金運昌（？—1886），字景亭，安徽盱眙（今江蘇盱眙縣）人，少孤貧，爲總兵郭寶昌之母撫養，從姓郭。從寶昌鎮捻，積功洊升游擊，遷總兵，擢提督，復姓金。同治八年（1869），代郭寶昌率卓勝營，鎮壓西北民變。九年（1870），攻金積堡。光緒三年（1877），抵烏魯木齊。同年，擢烏魯木齊提督。十一年（1885），病歸。十二年（1886），卒於里。

卷三　武功記三

三年春，宗棠令諸軍三道並進。

三月丁巳朔①，劉錦棠由烏魯木齊逾嶺趨達坂，徐占彪由穆家地溝，張曜由哈密，並趨吐魯番，錦棠亦分軍會之。曜飭孫金彪以五營先進，與占彪會鹽池。七克騰木者，吐魯番門戶也，賊築壘拒守，議先攻之。壬戌②，占彪飭何玉超、宋賢群、黃祖福率馬步三營夜抵張家卡，去七克騰木二十里，賊方酣眠，步勇逾北壘入，內外齊發，賊驚逃，邀殺甚夥。癸亥③，何玉超等進攻七克騰木。甲子④，占彪、金彪軍皆會，四面凌城。賊奪門出，占彪所部槍斃紅衣賊目一。群賊奔闢展，追斬百餘。乙丑⑤，乘勝攻闢展，賊望風遁，兩軍追之。金彪擒斬安集延賊目才米牙斯等。

安逆聞敗，招集闢展一帶賊眾踞魯克沁、勝金臺諸處，欲併吐魯番守賊致死一戰。戊辰⑥，占彪進軍魯克沁，賊黨迎戰，擊敗之。金彪至連沁臺壘，賊分竄。躡追至勝金臺，悍賊數百出土城抗拒。金彪縱兵奮擊，擒斬安集延賊二十三。兩軍會哈拉和卓城東，守賊亦倉皇遁。己巳⑦，師至吐魯番城外十餘里，賊列陣拒守。占彪、金彪張兩翼大呼突陣，賊殊死鬥，乃麾馬隊抄襲，賊潰竄。追至吐魯番城下，賊傾巢出鬥，敗賊亦回戈抗拒。適劉錦棠遣

---

① 三月丁巳朔，即三月初一日（1877年4月14日）。
② 壬戌，即三月初六日（1877年4月19日）。
③ 癸亥，即三月初七日（1877年4月20日）。
④ 甲子，即三月初八日（1877年4月21日）。
⑤ 乙丑，即三月初九日（1877年4月22日）。
⑥ 戊辰，即三月十二日（1877年4月25日）。
⑦ 己巳，即三月十三日（1877年4月26日）。

羅長祐、譚拔萃領湘軍自北路至，合攻之。斃賊無算，餘黨西奔，怕夏僞官阿奇木馬人得乞降。遂會克滿漢兩城，釋本城纏回萬餘，令復業。

先是，科布多差員松秀解官駝赴金順軍，行抵札哈沁額隆布拉克臺，騎賊百餘持槍劫之去，並掠臺馬。參贊大臣保英奏之，詔問：此股賊匪究由何處竄出？宗棠附奏："天山自烏魯木齊盤折起伏，至古城、巴里坤、哈密一帶，山左爲回部，右爲準部，沿山一千數百里徑路紛雜，零騎伏伺山梁，其乘間劫掠，實有防不勝防者。雖分營扼布，護運道則不能兼顧營壘，顧營壘則不能兼護運道，官商車馱因而失事者有之。嗣增調捷中捷左兩旗步隊、新練精騎兩起馬隊屯巴古之交，劉錦棠派馬步各營分駐古城迤西，然後運道漸暢。按，賊竄北路，以南路之達坂、托克遜爲總要；賊竄東路，以西路之闢展、七克騰木、鹽池爲總要。張曜前以東西兩鹽池有營扼扎，則巴古中間防務漸可解嚴，先飭孫金彪帶馬步四營駐之。劉錦棠、張曜、徐占彪三路進規南疆均排搜而前，原爲斷賊來徑，現復飭提督鄒今柄率捷中旗、總兵陳國珍率捷左旗，提督范銘率白馬營三步隊，提督丁桂智、副將王玉林率精騎兩馬隊，防護巴古運道。古城迤西至烏魯木齊，飭金運昌率卓勝全軍分撥延扎。似此防剿並籌，布置益密，回逆、游勇之患當可無虞，前敵各軍亦無憂後顧矣。"

三月己未①，錦棠率諸軍抵柴窩鋪，留營守之。是夜，銜枚疾趨達坂，期五鼓，會城下，立合鎖圍，杜賊竄逸。中途遇賊諜皆斬之。近城十里，擒兩賊，言達坂城賊謂官軍猶屯紅廟也。城外草湖淤泥，深及馬腹，蓋賊所引欲以阻陷官軍。余虎恩、陶生林、夏辛酉率馬隊掠過深淖，列城左山岡。譚上連、譚和義、戴宏勝、陳廣發率步隊列城後山阿。黃萬鵬、崔偉、畢大才、馬正國、禹中海等各以馬隊環聯兩軍而陣。天明，賊瞥見官軍環列，則擎洋槍指擊，並發開花大炮。我軍傷亡十餘人，屹立如故。自卯至午，城中槍不絕。錦棠策馬巡城壕誘賊出擊，所至子下如雨，從騎有傷者，錦棠所乘馬亦斃，易馬而前，飭各營築壘掘濠以斷援賊。辛酉②，譚拔萃以開花大炮至，相

---

① 三月己未，即三月初三日（1877年4月16日）。
② 辛酉，即三月初五日（1877年4月18日）。

地築臺，山後有賊五六百騎來援，即飭馬隊迎剿。賊殊死鬥。余虎恩令長矛攢刺，賊應手而倒。陶生林、夏辛酉復率隊夾擊之，賊潰逃。道遇騎賊千餘，告以敗狀，因合股奔竄。時怕夏次子海古拉守托克遜，前後援騎皆所遣也。錦棠以援兵既敗，賊必突圍求出，誡諸軍嚴備之。列燧通宵，照曜如晝。壬戌①，炮臺成，侯名貴、莊偉以大炮三，環轟不斷，城中炮臺傾圮，城身及月城亦缺數口，最後轟入城中子藥房，屋瓦磚石皆飛。風起焰張，延燒賊儲藥彈及開花子，砰訇震撼，賊中人馬碎裂。群回奪門走，官軍遏之，不得出。錦棠使人傳呼"縛獻異裝者有賞"，大小頭目悉致麾下，無一脫漏，遂克達坂城。

　　是役炮斃賊二千餘，俘獲亦相當，並禽其大通哈愛伊德爾呼里。大通哈者，猶華言大總管也。胖色提六：一愛什邁特，一宜牙子邁特，一毛刺阿邁特，一他亦爾呼羅，一愛里邁特，一邁買地里。胖色提者，猶華言營官也。安集延玉子巴什三十六，南八城玉子巴什二十二。玉子巴什，猶華言哨官也。其餘夷職尚多，則華稱管理、執事、什長之類。於是大通哈及諸胖色提同聲代怕夏乞款，願縛送白彥虎繳回南八城以贖死。錦棠聽其致書，招怕夏，羈大通哈等隨軍，釋安集延、南八城纏頭及土爾扈特種人勿誅，悉給衣糧縱歸。前此潛逃烏垣求撫土回三百餘，給牛種，令就達坂舊城耕墾復業，夷回大歡。

　　丁卯②，錦棠自達坂西南進搗托克遜。戊辰③，抵小草湖。纏回報：安酋聞達坂已失，驚懼圖竄；白彥虎嗾死黨四出，劫掠人畜，焚燒村堡，脅眾隨奔。錦棠飭馬隊先發，步隊繼之。未至城，見火光四起，隱隱聞槍炮聲。知賊正圍攻莊堡，黃萬鵬率馬隊急進，賊大隊自路旁空莊突出，四面環攻，勢張甚，黃萬鵬、崔偉、畢大才、禹益長、禹中海、李金良左右碭突。適錦棠以大隊至，與諸將三路長驅而進，將抵城，鳴鼓噪呼，賊眾驚潰，自焚存糧、火藥棄城走。諸軍追擊。黃萬鵬等復自後乘之，賊屍枕藉。天明，遙見餘賊千騎西向而逃。錦棠飭譚上連、董福祥率馬步窮追，遂復托克遜城。纏

---

① 壬戌，即三月初六日（1877年4月19日）。
② 丁卯，即三月十一日（1877年4月24日）。
③ 戊辰，即三月十二日（1877年4月25日）。

頭及吐魯番、哈密、迪化、陝甘各回被裹脅者約二萬餘乞降，錦棠受之，令繳馬械，聽候安插。

初，怕夏聞北路已平，知官軍必下南路，與白逆移達坂新城於兩山間，堅厚倍常，以大通哈守之，又以次子海古拉據守托克遜扼南路總隘，亦築兩城相犄角，而自居喀喇沙爾左右策應，以拒官軍。吐魯番舊有滿漢兩城，尚完固，海古拉又日役萬夫堅築王府，固自謂有恃無恐也。乃官軍一鼓而下達坂，乘勝進攻，自度不支，白彥虎即弃吐魯番，海古拉即弃托克遜，蒼黃西遁，莫敢支吾。

宗棠以南八城門戶洞開，應即振旆長征，符"緩進急戰"之議："怕夏如知去逆效順，縛白彥虎，獻南八城，固可不重煩兵力。否則深溝高壘，先據形勢圖老我師，則官軍分道長驅，集糧轉餽，事不容已。飭錦棠速謀進取，咨張曜同赴前行；令孫金彪、徐占彪留吐魯番，加意拊循。吐魯番同知、巡檢各官，均刊木質鈐印，遴員攝理。"奏入，得旨允行。宗棠、金順復會奏："張曜、徐占彪兩軍與劉錦棠別部同時會克吐魯番滿漢兩城，以戰事言，似未若達坂、托克遜之神奇，而破敵之果、赴機之速，非將士踴躍用命，其效固不臻此。"詔劉錦棠賞戴雙眼花翎，張曜賞一等輕車都尉，仍兼雲騎尉世職；徐占彪、孫金彪均賞頭品頂戴，餘獎賚有差。陣亡總兵譚聲俊等四十二員均予優恤。

夏五月，上諭："關外軍情順利，吐魯番等處收復，南八城門戶洞開，自當乘勝底定新疆，殲除醜類，以竟全功。惟計貴出於萬全，事必要諸可久。吐魯番固為南路要隘，此外各城如阿克蘇等處尚有可據之形勢否？回酋報知怕夏縛獻白彥虎繳回南八城之說，是否可恃？喀什噶爾逆首依附彼族，尤易枝節橫生，伊犁變亂多年，前此未遑兼顧，此時如能通盤籌畫、一氣呵成，於大局方為有裨。該大臣親總師干，自以滅此朝食為念，而如何進取、如何布置，諒早胸有成竹。為朝廷紓西顧之憂，其即統籌全局，直抒所見，密速奏聞。"

宗棠復陳："伊古以來，中國邊患，西北恒劇於東南。蓋東南以大海為界，形格勢禁，尚易為功。西北則廣莫無垠，專恃兵力為強弱，兵少固啟戎心，兵多又耗國用。以言防，無天險可限戎馬之足；以言戰，無舟楫可省轉饋之煩。非若東南之險阻可憑、集事較易也。周秦至今，惟漢唐爲得中策，及其衰也，舉邊要而捐之，國勢遂益以不振。往代陳迹可覆按矣。

"顧祖禹[①]地理最稱淹貫，其論方輿形勢，視列朝建都之地爲重輕。我朝定鼎燕都，蒙部環衛北方，百數十年無烽燧之警。由科布多、烏里雅蘇臺以達張家口皆分屯列戍、斥堠遥通，而後畿甸晏然，蓋開新疆立軍府之留貽也，是故重新疆所以保蒙古，保蒙古所以衛京師。西北指臂相連，形勢完整，外患自無隙可乘。若新疆不固則蒙古不安，匪特陝甘、山西各邊時虞侵軼，防不勝防，即直北關山亦將無晏眠之日，而況今昔攸殊，俄人拓境日廣，由西而東萬餘里，與我北境相連，僅有蒙部爲之遮閡。徙薪宜遠，曲突宜先，尤不可不預爲綢繆。

"高宗平定新疆，拓地周二萬里，一時帷幄。諸臣不無耗中事西之疑，聖意堅定不搖者，擴舊戍之瘠土，置新定之腴區，邊軍仍舊，餉不外加，疆宇益增鞏固，可謂長久計耳。方今北路已復烏魯木齊全境，祇伊犁尚未收回；南路已復吐魯番全境，祇白彦虎率其餘黨偷息開都河西岸；喀什噶爾尚有叛弁逃軍，終煩兵力。此外，各城則方去虎口而投慈母之懷，自無更抗顏行者。新秋采運，足供餘糧栖畝，鼓行而西，宣布朝廷威德，且剿且撫，無難速復舊疆。此外，如安集延、布魯特諸部落，則等諸邱索之外，聽其翔泳故區可矣。

"英人爲安集延說者，慮俄之鯨食其地於英有所不利。俄方爭土耳其，與英相持。我收復舊疆，兵以義動，彼將何以難之？設有意外爭辯，枝節橫生，在我仗義執言，亦決無所撓屈。

"至新疆全境，向稱水草豐饒、牲畜充牣者，北路除伊犁外，奇臺、古城、濟木薩至烏魯木齊、昌吉、綏來等處，回亂以來，漢回死喪流亡，地皆

---

① 顧祖禹（1631—1692），字復初、瑞五，號景范，江蘇無錫人，中國清初沿革地理學家，畢生專攻史地，以沿革地理和軍事地理之研究爲精深。自順治十六年（1659）起，歷時三十餘年，編成《讀史方輿紀要》，以明末清初的行政區劃，分述各省、府、州、縣疆域沿革、山川形勢、城市集鎮、關塞險隘、津梁道路等，有全國總圖、各省分圖、邊疆分圖以及黃河、海運、漕運分圖，着重考訂古今郡、縣之變遷，推論山川關隘戰守之利害，爲中國沿革地理最具代表性之著作，是研究中國歷史地理和軍事地理之重要文獻。晚年，曾參與編纂《大清一統志》。康熙三十一年（1692），卒於家。

荒蕪。近惟奇臺、古城、濟木薩商民、散勇、土著民人聚集開墾收獲甚饒，官軍高價收取足省運費。自餘地方必須經理得宜，始有復元之望。南路各處以吐魯番爲腴區，八城除喀喇沙爾所屬地多磽瘠，餘雖廣衍不及北路，而饒沃或過之。官軍已復烏魯木齊、吐魯番，雖有駐軍之所，而所得腴地尚不及三分之一。若全境收復，經畫得人，軍食可就地采運，餉需可就近取資，不至如前此之拮据憂煩張皇靡措也。區區愚忱，實因地不可弃、兵不可停而餉事匱絕，計非速復腴疆無從著手。局勢所迫，未敢玩愒相將。"奏入，稱旨。

是月戊辰①，哈密回目和木牙斯等至托克遜行營訴稱："哈密回王邁哈默特之母前被回逆裹脅南行，曾三赴南路，一入吐魯番境訪尋，均被怕夏監押。上年聞官軍破古牧地、紅廟子，今年破達坂城，逆衆震懼天威，釋放纏頭九百餘，怕夏復殺數十人，餘多羈押各城，纏回愈不受其約束，怕夏憂懼，已服毒死。其子海古拉沉尸於水三日，裹以香牛皮，嗾其死黨舁行，庫車纏回又擒海古拉去，殺之半途。"張曜得吐魯番纏回報，亦同。

按，怕夏自稱畢調勒特汗，有子六人，長哎哥即伯克胡里，非所愛也。次哎都魯股魯，急呼則海古拉。次引上胡里，次邁底胡里。第五子曾充阿克蘇伯克，與第六子均不知名。海古拉既誅，伯克胡里仍自王南境。回夷推白彥虎守庫爾勒，彥虎自蹐開都河西岸，覬入俄羅斯，留其黨何某統兵三千守喀什噶爾。何某者本中國叛弁，以其女改名色哩瑪罕妻怕夏，故得任用。此外，有安集延兵數千、漢人五六千、纏回萬餘，均薙辮回裝以自別。安集延在浩罕各部中最爲强悍，怕夏以凶狡之性，憑險遠之資，久踞南疆，狡焉思啓，不僅夜郎自大已也。

自大軍之西，紀律嚴明。逃賊而來及被賊裹脅者，錦棠、張曜盡心撫恤，前後送歸烏魯木齊者二千七八百口，送歸哈密者二千五六百口，皆給以牛種，俾各安業。宗棠具以奏聞，得旨："逆酋怕夏逼脅回衆，占踞南路各城，肆其荼毒，罪惡貫盈，今既窮蹙自斃，餘衆勢必渙散。惟白彥虎尚踞開都河西岸，該逆稔惡已久，罪不容誅。喀什噶爾爲叛弁何姓所踞，自應乘此

————————
① 是月戊辰，即五月十四日（1877年6月24日）。

聲威，速籌殄滅。左宗棠擬俟新秋采運足供，鼓行而西。刻下已屆秋令，著即檄飭各軍剋日進兵，節節掃蕩。各城回衆素受逆酋脅制，非盡甘心從逆，此時大軍西行，咸知效順，自當分別良莠，剿撫兼施，以安衆心。白彥虎素稱狡猾，務當設法就地擒斬，毋任再行遠竄。怕夏之子除海古拉外，尚有數人，現在竄匿何處？並著查明具奏。"

宗棠以白彥虎一股偸息開都河西岸，一聞官軍進逼，自必鼠竄："其竄路凡三：一、西竄庫車、阿克蘇一帶；一、迤西而北竄伊犁；一、東南竄羅布淖爾，取道吐魯番界，東竄敦煌，以就海藏之路。就三路而言，如西竄庫車、阿克蘇，是官軍追賊必出之途，無庸別籌布置；如旁竄羅布淖爾，地僻人稀，逆衆盤旋山澤間難冀兔脫，狡謀或不出此。惟翻山而竄伊犁邊界以出昌吉、綏來，則地勢平衍，道路紛歧，非預爲堵剿不可。密飭錦棠、張曜就近攔截，遏賊奔衝，免分兵力。如其回竄而南，張曜所部及留後各營當相機截擊，巴里坤、哈密、安西等處防營節節布置，尚可無虞。所宜預籌者北竄一著，請敕北路各大臣一體嚴防，以昭周密。"上諭："金順、英翰、榮全、額勒和布、車林多爾濟、杜嘎爾、保英、英廉督飭各營勤探嚴防，實力堵剿，毋任竄逸。"

秋八月，金順自瑪納斯接任伊犁將軍，派步隊八營、馬隊一營，分扎庫爾喀喇烏蘇及八十四湖一帶，餘仍留屯瑪納斯、石河子、沙灣等處備白逆北竄。而北科屬上冬曾被賊擾。本年正月，鄂隆布拉克臺復有騎賊殺傷差員，劫掠軍裝、駝馬之事。上仍飭宗棠、金順迅即認真搜剿，務盡根株。金順旋奏："科布多境內鄂隆布拉克臺因距古城窵遠，中隔數百里戈壁，沙磧無垠，匪踪飄忽，朝夕靡定。聞信追繳往往後時，派隊扼守又苦水草艱缺。上年四月，曾請科布多派兵扼扎沙札蓋杜賊北竄之路，後以托倫布奏稱科城兵少而止。請將吉爾洪額帶赴科屬博通齊河之黑龍江馬隊二百餘名，撥歸保英調遣。"由是科境漸安。

錦棠既克托克遜，即進規南城。時方溽暑，駐兵須凉，忽使臣郭嵩燾①

---

① 郭嵩燾（1818—1891），字伯琛，號筠仙、雲仙、玉池老人，湖南湘陰縣人。道光十五年（1835），取秀才。十七年（1837），中舉人。二十七年（1847），中式進士，改庶吉士。咸豐三年（1853），授翰林院編修。七年（1857），加道銜。八年（1858），充南書房行走。同治元年

自英吉利奏英人照會調處喀什噶爾事宜。詔宗棠體察情形，尌酌核辦。宗棠奏言："自陝回肇亂，甘回繼起，關內外遍地賊氛，而新疆遂因之瓦解。亂北路者，妥、索兩逆賊黨，均陝甘客回也。亂南路者，浩罕所部之安集延酋，怕夏賊黨皆其部人。南八城、吐魯番纏回及舊土爾扈特等種人，概為怕夏所劫，不特回疆之民望風而靡，即換防弁兵亦叛附之。迨北路賊首妥得璘為其所敗，降於安集延，於是怕夏闌入北路，而新疆幾成異域。安集延本浩罕四部之一，浩罕為俄人所併，安集延遂諂附英人，怕夏侵占回部十餘年，英人陰庇之亦十餘年。明知為國家必討之賊，從無一語及之者，蓋坐觀成敗，陰持兩端之故智也。上年官軍克復北路數城，英人乃為居間請許其降。而於繳回各城、縛獻叛逆緊要節目一字不及，經總理衙門向其辯斥乃止。茲德爾比威妥瑪復以此絮聒於郭嵩燾，彼意以護持安集延為詞，以保護立國為義，其隱情則恐安集延之為俄人所有。臣維安集延，係我喀什噶爾境外部落。英、俄均我與國，英人護安集延以拒俄，我不必預聞也；英人欲護安集延而駐兵於安集延境，我亦可不預聞。至保護立國，雖是西洋通法，然安集延非無立足之處，何待英人別為立國？即欲別為立國，則割英地與之，或即割印度與之可也，何乃索我腴地以市私恩？茲雖奉中國以建置小國之權，實則侵占中國為蠶食之計。且喀什噶爾即古之疏勒國，漢代已隸中華，固我舊土也。喀什譯義為各色，噶爾譯義為磚房，因其地富庶多磚房，故名為喀什噶爾。南八城之富庶素以喀什噶爾與和闐、葉爾羌為最，此固中外所共知者。英人以保護安集延為詞，圖占我邊方名城，直以喀什噶爾為怕夏固有之地，其意何居？從前恃其船炮橫行海上，猶謂祇索埠頭不取土地，今則並索及疆土矣。彼陰圖為印度增一屏幛，竟公然向我商議欲於回疆撤一屏幛，此何可許！臣奉職邊方，才疏德薄，致啟遠人輕視之心，無所逃罪。惟以局勢

（1862），放蘇松糧儲道。二年（1863），升兩淮鹽運使，是年，署廣東巡撫。光緒元年（1875），晉福建按察使。同年，充總理各國事務衙門行走，署兵部左侍郎。二年（1876），署禮部左侍郎。同年，授出使英法兩國大臣。三年（1877），遷兵部左侍郎。四年（1878），充出使法國欽差大臣。旋乞休歸，主講城南書院。十七年（1891），卒於籍。著有《禮記質疑》《大學中庸質疑》《周易釋例》《毛詩餘義》《訂正朱子家禮》《湘陰縣圖志》《綏邊徵實》《讀書記》《會合聯吟集》《家譜》《官書》《郭侍郎奏疏》《玉池老人自敘》《史記札記》《養知書屋遺集》《使西紀程》等行世。

言之，我愈示弱，彼愈逞強，勢將伊於胡底！亦惟有勉竭駑鈍，不顧目前成敗利鈍圖之而已。現在南路之師，劉錦棠所部三十二營八月中旬分起西進，張曜擬九月初旬繼發，臣前調徐占彪所部蜀軍移駐巴、古之間。茲委記名提督前安徽壽春鎮總兵易開俊率馬步數營進駐吐魯番以資賑撫。與郭嵩燾片奏'乘阿古柏冥殛之時席捲掃蕩'一語尚無不合。前聞英人有遣淑性赴安集延之説，已馳告劉錦棠、張曜善爲看待。如諭及回疆事，則以我奉命討侵占疆宇之賊以復我舊土爲事，他非所聞。如欲議論別事，請赴肅州大營。彼來，臣自有以折之。"上嘉其奏，如所議行。

是時，錦棠已於七月派提督湯仁和進駐蘇巴什阿哈布拉。八月癸未朔①，復飭董福祥、張俊由阿哈布拉進屯曲惠，張春發由伊拉湖小道與張俊會兵，均負草浚泉，接程以俟大隊。癸卯②，錦棠分各步隊由大路進，自率馬隊由小路進。戊申③，師次曲惠。己酉④，飭余虎恩、黄萬鵬等率馬步十四營取道烏沙塔拉，傍博斯騰淖爾西行，出庫爾勒之背爲奇兵。辛亥⑤，錦棠率隊由大路向開都河進爲正兵。開都河源自天山之麓，匯而南趨，貫庫爾勒、喀喇沙爾之中，下注博斯騰淖爾，古所謂泑澤也。白逆過開都河西岸，即壅河水阻官軍，瀰漫百餘里，深者滅頂，淺及馬背。我軍循鹼地斜行六七十里，一溪前横，深可丈餘。令將士泅水而渡，造浮橋，修車道。

九月癸丑朔⑥，錦棠收復喀喇沙爾。城中水深數尺，官署、民舍蕩然無存，纏回均被白逆脅隨，存者匿山谷不敢出。諭和碩特台吉札布德勒克遷蒙民百户實之。甲寅⑦，輕騎亂流而渡。乙卯⑧，逾哈爾噶阿滿溝。騎賊百餘斜掠而過，追斬十餘級，生擒兩賊，皆安夷裝束。訊之，則陝回也。斬之而進。是日，余虎恩等亦從間道馳至，同收復庫爾勒，城空無人。食盡，掘得窖粟

---

① 八月癸未朔，即八月初一日（1877年9月7日）。
② 癸卯，即八月二十一日（1877年9月27日）。
③ 戊申，即八月二十六日（1877年10月2日）。
④ 己酉，即八月二十七日（1877年10月3日）。
⑤ 辛亥，即八月二十九日（1877年10月5日）。
⑥ 九月癸丑朔，即九月初一日（1877年10月7日）。
⑦ 甲寅，即九月初二日（1877年10月8日）。
⑧ 乙卯，即九月初三日（1877年10月9日）。

数千石濟軍。錦棠偵白逆方脅纏回走布告爾，乃揀健卒千五百、精騎千親率以行，疾馳四百里。壬戌①，至洋薩爾，見村堡被焚，火光猶熾，知賊去未遠，令後隊救火，前鋒及之。布告爾賊騎可千餘，黃萬鵬、譚拔萃與戰，破走之。甲子②，追四十里，復及賊，瞭望回衆尚數萬，持槍矛者僅千人，餘皆難民被脅。錦棠令曰：持械者斬，餘勿問。亟進軍迫之，賊委難民狂奔，悉遣歸復業，仍以精騎追賊。乙丑③，至脫和，奈白逆已竄庫車，纏回萬餘伏地號呼，復慰遣之。夜四鼓，行近庫車，聞槍炮聲，蓋白逆驅纏回西走，纏回不從，方以火器嚇之也。黃萬鵬、章洪勝分道馳擊，羅長祐以馬隊橫躍入陣，轟傷賊目馬由布幾，擒之。賊大潰，追奔四十里，僵尸相望，遂復庫車。纏回言："賊動止必以回衆隨行者，一使官軍無所資藉，難以窮追；一欲至喀什噶爾，獻之伯克胡里，爲結納計也。"丙寅④，錦棠抵和色爾，仍亟進拜城，以指阿克蘇，窮賊所往。宗棠奏："此次擒斬悍賊雖不過千數百名，而自庫爾勒啓行，躡踪奮擊六日夜，馳九百里，收復哈拉沙爾、庫車兩城，其餘城堡、回莊無數，拔出被裹回衆以十萬計。將士踴躍前驅，不辭艱瘁。"奉旨存記彙獎，陣亡提督王慶福等十一員均照官階議恤。

九月丁卯⑤，錦棠進至拜城，城門閉，通事告以官軍至，乃縋數人出，言白逆昨經此，與安集延酋脅纏回俱竄，頭目阿克奈木匣不從見殺，城回懼，閉城自守，白逆攻未下，已率黨西竄矣。錦棠諭以威德，頭目買賣提托呼達乃開城乞撫。錦棠令諸將蓐食急進，時霜凍凝積，人馬趲行，手足皸瘃。戊辰⑥，抵銅廠，賊方擁眷口渡河，以騎賊數百監押纏回約二萬餘，麇集河岸。官軍薄之，見騎賊即殺，屍壅河流，被裹纏回悉散，遣復業。時賊勢窮蹙，顧官軍追之急，念不一死鬥不足以固衆心。於是白逆由左，安逆右，迎拒於上銅廠，槍炮環轟，連珠不絶。官軍亦張兩翼包之。有貂衣賊乘駿馬左右指揮，夏辛酉突入擒之，賊衆駭愕，諸將並力夾擊，斃賊無算。提訊貂衣

---

① 壬戌，即九月初十日（1877 年 10 月 16 日）。
② 甲子，即九月十二日（1877 年 10 月 18 日）。
③ 乙丑，即九月十三日（1877 年 10 月 19 日）。
④ 丙寅，即九月十四日（1877 年 10 月 20 日）。
⑤ 九月丁卯，即九月十五日（1877 年 10 月 21 日）。
⑥ 戊辰，即九月十六日（1877 年 10 月 22 日）。

賊，乃安集延分踞阿克蘇胖色提要路打什也。庚午①，我軍至阿克蘇，城頭槍矛林立，西南飛塵蔽天。諜報城內頭目阿布都勒滿謀率衆投誠，被各胖色提縛之西去，白逆亦率黨同遁。城內纏回十餘萬，賊皆守待官軍者。錦棠召回目至，皆膜拜乞撫，遂復阿克蘇。復遣譚慎典等敗逃竄之衆於胡瑪納克河，拔出哈密纏回男婦數百，邁哈默特之母在焉，以歸哈密。賊眷二千餘送庫車安插。

時白逆自竄烏什，嗾安夷竄葉爾羌，冀分兵力以緩死也。錦棠乃舍安夷勿追而專討白逆，令黃萬鵬、張俊趨烏什，譚慎典、夏辛酉出正西會之。辛未②，踐冰渡胡瑪納克河，擒斬賊目馬有才等。壬申③，抵烏什城東二十里，前有賊屯，諸將擊破之，皆潰走，遂復烏什。癸酉④，至阿他伯什，彌望戈壁，杳無人踪。土回言：此徼外荒地，不隸版圖，間有黑利黑斯插帳游牧於此。黑利黑斯者，布魯特種人，類生番，與新疆不通聲息。白逆竄此蓋無從踪迹云。錦棠深以大憝漏逸爲己咎，乞免甄錄。宗棠謂連復東四城實錦棠及所部將士之力，仍奏請獎叙。陣亡總兵朱成其等十二員，均從優議恤。並奉詔以白彥虎現經西竄，必須設法擒拏，毋任釜底游魂再行漏網，並乘此兵威將西四城次第攻克，以竟全功。

初，官軍克達坂城，獲庫車逃南沙雅爾回目麻木爾，釋歸故巢。麻木爾曾充安集延玉子巴什，既歸，復煽誘土、客回叛附安集延所設庫車胖色提，爲之用。官軍克庫車，麻木爾挈黨數百潛竄哈番。哈番在阿克蘇城南迤西四百四十里。

十月丙戌⑤，有竄匪六七百與麻木爾合謀襲官軍。錦棠回師剿捕。庚寅⑥，抵甯河滑蹄。辛卯⑦，抵巴河。賊已竄哈番西五十里之屈烏克拱拜，河流深闊，船筏盡爲賊匿。錦棠飭纏回迂迴探淺，策馬先進，諸軍亂流而渡。麻木

---

① 庚午，即九月十八日（1877年10月24日）。
② 辛未，即九月十九日（1877年10月25日）。
③ 壬申，即九月二十日（1877年10月26日）。
④ 癸酉，即九月二十一日（1877年10月27日）。
⑤ 十月丙戌，即十月初五日（1877年11月9日）。
⑥ 庚寅，即十月初九日（1877年11月13日）。
⑦ 辛卯，即十月初十日（1877年11月14日）。

爾嗾衆麋鬥，槍炮環施。譚慎典、席大成、戴宏勝、潘長清等直前奮擊，賊不能支。軍士有舊識麻木爾者，測準開槍，中面頰，子穿耳出，其黨挾之以竄，遂大潰。追斬三百餘級，老幼、婦女、牲畜散匿林中。壬辰①，捕獲眷口五百餘，令回目帶歸沙雅爾。

當是時，伯克胡里猶保西三城，而和闐受撫回目呢牙斯聞官軍西進，率衆進圍葉爾羌，遙與官軍相應。伯克胡里聞之，留頭目阿里達什守喀什噶爾，身率五千騎擊呢牙斯，敗之。呢牙斯走歸於我，伯克胡里遂併踞和闐。適前喀什噶爾守備何步雲率滿漢弁兵陷賊中者數百人共據漢城，遣使迎官軍。阿里達什保回城以攻漢城，且約白彥虎助攻。伯克胡里乃棄和闐，走英吉沙爾，併入回城。錦棠計西四城用兵應先取葉爾羌，惟喀什噶爾兵民反正，已據漢城，機未可失，遂飭余虎恩、桂錫楨由阿克蘇，黃萬鵬由烏什，分道並進，期十一月乙丑②同抵喀什噶爾。兩軍均受節制于虎恩。錦棠進駐巴爾楚克、瑪納巴什，扼和闐、葉爾羌之衝，據形勢備策應。

十一月壬子③，錦棠至阿郎格爾，遇安集延騎賊百餘，斬之。甲寅④，抵葉爾羌，賊已先遁。錦棠入居安夷新城，飭羅長祐、譚拔萃搜除餘逆，安撫纏回。適余虎恩馳報，甲子⑤夜已復喀什噶爾。辛未⑥，錦棠飭董福祥徇和闐，自率馬步倍道向英吉沙爾。比至，賊已隨伯克胡里竄喀城，惟纏回二千餘戶乞降。撫之而進。癸酉⑦，抵喀城，虎恩亦至。

方兩路之分馳也，黃萬鵬以甲子次喀城北，虎恩次城東，相距六十里，以賊攻漢城急，議馳救之，未至，賊候騎馳歸，呼曰："大軍至矣！"纏回皆駭潰，伯克胡里、白彥虎不能禁，則分路竄逸，留其黨守回城以綴我軍。夜三鼓，兩軍抵城下。城回縱火燒廬舍，以騎賊拒戰。虎恩身率諸軍如牆而進，賊畏其整也，棄壘而逸。白逆所署副元帥王元林率千餘騎自固，獨

---

① 壬辰，即十月十一日（1877年11月15日）。
② 十一月乙丑，即十一月十四日（1877年12月18日）。
③ 十一月壬子，即十一月初一日（1877年12月5日）。
④ 甲寅，即十一月初三日（1877年12月7日）。
⑤ 甲子，即十一月十三日（1877年12月17日）。
⑥ 辛未，刊本誤作"辛丑"，茲校正。辛未，即十一月二十日（1877年12月24日）。
⑦ 癸酉，即十一月二十二日（1877年12月26日）。

不動。諸軍合圍，刺元林墜馬，斬其首。餘賊不得出，駢誅之。黃萬鵬等亦圍他股數千於城西北。虎恩既梟王元林，馳往助剿。何步雲等憑漢城呼譟以助其勢。賊洶懼，開西城出竄，與外賊合奔。時天色猶未明也。乙丑①，留張俊守喀城，萬鵬出西北追白逆，虎恩出正西追伯克胡里及于小虎。丙寅②，虎恩及賊於明要洛，令桂錫楨、夏辛酉等由捷徑斷其去路，自督蕭元亨、戴宏勝前後夾擊，賊勢披靡，陣擒于小虎，並斬哈密叛回藍得全，餘賊盡殄。適布魯特回報，伯克胡里於昨日過此，計程當抵過路峽，距俄國窩什不遠，俄早派兵在彼迎候矣。虎恩念白逆西北竄必取道恰哈瑪，由明要洛馳三百餘里，可以橫截其前，遂舍伯克胡里而與黃萬鵬合追白逆。丁卯③，萬鵬至芨芨槽，與賊後隊相值，陣擒僞元帥馬元，斬其副白彥龍。萬鵬、蕭元亨復先後窮追，忽山潤出五六百騎，裝束稍異，探知為俄屬布魯特部衆黑利黑斯也，稱頭目遣來放卡，知中國有人過此，頭起去已遠矣。告以去者為逆賊白彥虎，來者追賊官軍。答地屬俄界，非先知照不得過，如需捕賊當由頭目捆送。問頭目何在，答在納林河，距此尚數十站。蕭元亨遂轉報虎恩，收隊而還。庚辰④，董福祥定和闐，擒安夷頭目達的罕條、連和洛巴什俄波，土回僞元帥常世和、王孝友等。羅長祐道經葉爾羌，漏匪麻木爾糾黨二百餘人，與和闐逸賊圖竄，出南口。長祐飭陶生林追捕。

　　十一月丁丑⑤，擒斬麻木爾等，葉爾羌亦定，俘故怕夏妻女及其子引上胡里、邁底胡里並兩少子、三孫，按律治之。磔于小虎、馬元、麻木爾、金相印於市。其軍民捕獻安夷陝逆大小頭目訊明正法者，共千一百六十六名。西四城悉平。

---

① 乙丑，即十一月十四日（1877年12月18日）。
② 丙寅，即十一月十五日（1877年12月19日）。
③ 丁卯，即十一月十六日（1877年12月20日）。
④ 庚辰，即十一月二十九日（1878年1月2日）。
⑤ 十一月丁丑，即十一月二十六日（1877年12月30日）。

卷四　武功記四

四年春正月，欽差大臣、大學士左宗棠以全疆底定，紅旗奏捷。

詔曰："溯自同治三年布魯特叛酋肇亂，逆回金相印等攻陷喀什噶爾，蠶食南八城，而吐魯番、烏魯木齊等城相繼淪陷，於今十有餘年。朝廷恭行天討，特命左宗棠以欽差大臣督辦新疆軍務。該大臣剿撫兼籌，議定先規北路，首服烏魯木齊以扼其總要，旋克瑪納斯數道，並進規復吐魯番等城，力爭南路要隘，然後整旅西行，勢如破竹。現在南八城一律收復，此皆仰賴昊天眷佑，列聖垂庥。兩宮皇太后宵旰焦勞，知人善任，內外一心，將士用命，成此大功。上慰穆宗毅皇帝在天之靈，下孚薄海臣民之望，欣幸實深！該領兵大臣等櫛風沐雨，艱苦備嘗①，允宜特沛殊恩，用酬勞勩。左宗棠籌兵籌餉，備歷艱辛，卒能謀出萬全，膚功迅奏，著由一等伯晉二等侯；三品京堂劉錦棠智勇深沉，出奇制勝，用能功宣絕域，著由騎都尉世職晉二等男；余虎恩、譚拔萃、羅長祐、黃萬鵬、蕭元亨、戴宏勝、陶生林、席大成、董福祥、張俊、夏辛酉等優獎有差；陣亡提督鍾興發等十九員均從優議恤。"

安夷之圍漢城也，守備何步雲、楊世統，把總惠良和等十五人，均隨奎英、福珠凌阿堅守逾年，城陷被執，聞官軍將至，共據漢城反正，伯克胡里、白彥虎攻之，彌月不下。宗棠請俱革職免罪。奎英、福珠凌阿及當時南疆殉難員弁，均察明建祠請恤。

是時，官軍搜捕餘匪，於葉爾羌、和闐獲英吉利商官一人、隨從商賈九人，乳目教頭二人、商三人，阿剌伯三人，溫都斯坦三十餘人，鄂勒推把

---
①　艱苦備嘗，刊本誤作"艱苦備常"，茲據校正。

二十餘人，克什米爾七百餘人，拔達克山三千餘人，巴耳替一千餘人，科斯普一百五十餘人，哈隆普二百五十餘人。乳目國紀載無所考，教頭自言在俄、美兩國之西，素工炮火，怕夏聘教洋操，與諸種人均求給文回國。錦棠悉宥勿誅。

宗棠以爲西四城地處極邊，從前西方各部落往來貿易間出其途，然不過偶爾假道，無流寓雜處者。自阿古柏招致通商，種人日增，遂皆視爲東道主。若任其久與回部錯處，異時呼朋引類，邊釁易開，請分別辦理。願歸故土者仍即放歸，願留中土者准於關內安插，以杜其勾結之萌。

四城舊有卡倫，皆附近數十里、百數十里內安設。卡倫外爲布魯特十九部落錯雜而居。在喀城西北者五部落，蘇勒圖、察哈爾、薩雅克、巴斯奇斯、薩爾巴嘎什其名也，不知何時投附俄羅斯。其衝巴嘎什、布察克、提依錦、圖爾額依、格爾岳百什、額勒德、訥色勒、庫爾奇、里克胡什齊、諾依古特、薩爾特、奈曼、哈爾提錦、蒙額勒德十四部落向附安集延，其頭目來謁錦棠，願仍歸中國。宗棠以喀城形勢介葱嶺支幹之中，安集延、布魯特地居西偏，逾山而東乃達喀城，本中外天然界畫。請南自英吉沙爾，北至布魯特界，按照卡倫地址改築邊牆，於衝要間以碉堡，則形勢完固、界畫分明。均奉諭旨。

初，白彥虎、伯克胡里兩逆竄入俄境，俄人遮阻官軍，遂至脫漏。錦棠與諸將士願仍分道窮追，務期罪人斯得。宗棠奏奉諭旨，飭總理各國事務王大臣向俄國使臣理論，令其告知本國縛獻元凶。恭親王等與駐京俄使布策按照俄約第八款辯詰再三，布策稱此事本國能查約照辦，但有交涉案件未能辦結，仍須左大臣照會圖爾齊斯坦總督，等語。

夏四月，宗棠遵旨行文，而錦棠先於正月間已照會阿里木臺俄官，接其回文，不甚明曉，大意謂"此項人衆五千，均係難民，本國不知爲叛賊，故暫留養活，欲求皇上賞還銀糧"。意似多索養費。金順議應興師索取，宗棠謂："中俄接界，中間向隔哈薩克、布魯特各部落，所稱伊犁之連界阿爾瑪圖，即哈薩克部亂後歸俄者；察哈爾即喀城西北俄屬布魯特五部中之一。其特穆爾泊即特穆爾圖淖爾，地在伊犁西南鄂爾果珠勒卡倫外四百餘里。鄂爾果珠勒距特穆爾里克卡倫五百八十里，特穆爾里克距伊犁尚十數站。金順駐庫爾喀喇烏蘇，逾伊犁到特穆爾淖爾已三千數百里，至托胡瑪克當在四千里內外。伊犁現未交還，未能越厄魯特、布魯特、哈薩克各游牧而擒白逆。若由喀什噶爾、烏什、阿克蘇往，則須逾葱嶺兩大重支山。程途逾遠，險阻尤甚，難輕議舉兵也。"囑金順差員向伊犁俄官議收伊犁並及白逆。

五月，金順派提督殷華廷、直隸州知州李滋森、游擊介洪亮等至俄國古鏡臺，與阿爾瑪總理固必納吐爾喀爾怕科斯克依相見言伊犁事，語在《收還伊犁篇》①。次及白彥虎，俄使云"非故違約，特不忍置之死地"，殷華廷折以"兩國和好，遵照約章，尋常逃犯尚應拏送，何況此等要逆"，俄使佯爲不解，言"我總督與左中堂早有公文，毋庸再議"。華廷等見其理屈詞窮，恐致決裂，姑與委蛇而返。譯其來文，率藉詞俄官波塔甯·烏拉索付迭被喇嘛欺凌各案。總署奏取朝旨，命新授塔爾巴哈臺參贊大臣錫綸查據，得其侵擾我土爾扈特部落、劫掠喇嘛廟佛像、俘囚小喇嘛盆定克數事。所言烏拉索付迭被欺凌，則烏拉索付充俄使時傲慢大言，爲守備朱澍抗諭所屈，歸而飾詞誣訴者也。錫綸以英廉未能早圖弭釁，請交部查議；棍噶扎拉參不能約束喇嘛，請罰俸；朱澍褫職。悉如議行。而俄人仍庇白逆不交，縱其黨勾結土回四出劫掠。伊犁各城尤爲匪藪。於是沙泉子、托多克臺、沙窩、大河沿諸處官餉商貨被劫無虛日，戕官弁，殺行客，掠臺馬。其徒或數十或百餘，防軍時時追繳之，不能絶也。防禦滿成阿、披甲長春等前後皆以追賊陣亡，逆燄愈張，浸及南路矣。

金順軍擒賊呢牙斯、常石清、丁哈春，供賊著名者孫義合、白老虎、金山皆白逆餘黨。劉錦棠派提督楊金龍等率隊掩捕，又念賊蹤飄忽，見官軍躡之，不敢東犯，必繞由喀什噶爾取道拜代里克以入俄境，復飭羅長祜、夏辛酉各營會纏回布魯特馬隊赴邊隘邀之。

九月壬子②，長祜等至阿爾圖什，知賊已由索封口竄逸，即長驅四百餘里先抵衝壳罕，據險以待。甲寅③，賊至，我軍設伏山前後，瑪木特出隊誘之。賊易其少，直前搏戰。伏發，圍之數重，短兵接，斬賊目賽屹塔黑振江，餘

---

① 《收還伊犁篇》，請參見中國第一歷史檔案館藏《硃批奏摺》，檔號：04-01-01-0938-044。
② 九月壬子，即九月初六日（1878年10月1日）。
③ 甲寅，即九月初八日（1878年10月3日）。

衆幾盡。金山逃免，旋爲布魯特擒獻。訊之，言："白逆饑困，詐領俄票貿易鴨爾湖，遂與馬壯、孫義合、劉士林、馬良會分路犯邊。"錦棠礫以徇。頃之，馬良會、孫義合均爲孫金彪所獲，伏誅。宗棠奏狀，請以所獲俄票知照俄使備案。

十月己丑①，安逆阿里達什糾衆入寇。先是，阿里達什敗竄俄境，潛與其黨奉迭位什罕爲條勒，勾結布魯特頭目阿布都勒哈瑪及其子買賣提斯拉木等謀襲踞喀什噶爾。辛亥②，至玉都巴什，使其徒赴塔什密里克糾衆，亦分兵入烏怕爾之瑪雜爾誦經散食。瑪雜爾者亦稱拱拜，回衆之祖墓也。錦棠聞警，飭張俊進兵塔什密里克，而自將趨烏怕爾。壬辰③至，賊返走玉都巴什，合大股以抗官軍。錦棠追及之，麾軍疾戰，勢如風雨。賊密施槍炮，殊死鬥。夏辛酉怒馬陷陣，斬執旗賊目一人，奪其旗而舞，諸軍喜，呼噪乘之，斬獲數百，賊潰竄，追至布魯特游牧地，不見賊踪，知已入南山，乃還。時葉爾羌卡倫外布魯特已陰受錦棠檄，隨機剿截。甲辰④，阿里達什至左曼，回目庫彌什拒之。方戰，伏起，聚而殲焉，並獲阿里達什所佩玉印以獻。惟阿布都拉哈瑪父子得脱入俄，俄人處之阿來之境。張俊至塔什密里，諸回受誘脅者三百餘人，俊悉誅之。宗棠具奏，並言俄人任阿逆入寇，甚非友邦睦誼，請飭總署仍知照俄使備案。

安集延酋愛克木汗條勒者，故叛酋張格爾弟玉素普之孫也，與其弟阿希木汗條勒並狡悍，有部衆。阿布都勒哈瑪既敗入俄，思再舉，力不能，乃詭説愛克木汗兄弟及哎買提和卓，令與阿古柏復仇。和卓、條勒皆回部尊其教祖後裔之稱也。阿逆又詐言南路有衆數萬，許爲助。愛克木汗信之，率其屬千餘，脅誘布魯特各部千八百人，自烏魯克恰提取道卡浪圭内卡，以入明要洛。官軍扼守，不得進。十二月癸卯⑤，繞竄畢勒套格依。

五年春正月乙巳朔⑥，復折而南趨博斯塘特勒克，踞之。其地左右高山，

──────────

① 十月己丑，即十月十三日（1878年11月7日）。
② 辛亥，刊本誤作"辛卯"，兹改正，即十月十五日（1878年11月9日）。
③ 壬辰，即十月十六日（1878年11月10日）。
④ 甲辰，即十月二十八日（1878年11月22日）。
⑤ 十二月癸卯，即十二月二十八日（1879年1月20日）。
⑥ 五年春正月乙巳朔，即正月初一日（1879年1月22日）。

中爲廣谷，饒水草。出谷而東南爲烏魯阿提外卡，有徑通色勒庫爾，再東即塔什密里克；出谷正東爲烏帕爾，稍南即玉都巴什，地皆戈壁；谷之西北爲阿依阿提，再西①三百餘里爲俄屬接壤之黑子里拉提達板。賊利其四通，冀盡脅希布察克各野回以厚其勢也。錦棠謂戈壁無障翳，易爲賊窺，不如設伏山谷以待之。乃陰繼内卡布魯特爲間入賊中，言官軍無多，誘之深入。辛亥②，賊游騎至烏帕拉特近邊，偵知後隊約二千餘騎。錦棠飭張俊、胡登花以步兵趨烏魯阿提，董福祥等以騎兵抵胡素魯克，有便則遥逼畢勒套格依，扼其旁竄、回竄之路，皆偃旗卧鼓以行。癸丑③，錦棠率諸將自喀什噶爾漢城而進。賊欲夜襲烏帕爾營，諜者以告，錦棠念南路地平，不能扼其吭也，飭羅長祐由北路徑擣其巢，至則賊方眠，長祐悉誅殺守者五百餘人，奪其巢而據之。賊前隊去已遠，不知也，方部署④其衆，分伏烏帕爾戈壁。天明，百餘騎徑來犯營。劉必勝、何俊禦之，逐北數里。賊伏騎自西南谷出，圜陣内向環圍我軍，槍炮如雨。何俊傷，賊圍益急。段伯溪、張復良以援軍大至，賊乃退，追斬十數百人。瞭賊反投其營，遂收隊而止。甲寅⑤，賊近博斯塘谷口，羅長祐設伏谷中，令譚慎典等於谷外布陣。賊瞥見大驚，然業已相值，則抵死擋拒，分其騎爲四五十團，團可四十騎，更番迭進。戰良久，互有傷亡。長祐率馬隊持長矛衝入，所至披靡。譚慎典斬買賣提斯拉木於陣。楊金龍、方友升復左右蹙之，無不一當百。賊敗竄入谷，伏兵起，斬其騎千餘。買提和卓、阿希木汗條勒皆死，餘五百騎繞谷外西竄欲出阿依阿提。長祐遣將追之，約至俄界而止。丙辰⑥，及之阿依阿提，斬獲甚衆。愛克木汗條勒、阿布都勒哈瑪竟以百餘騎遁入俄境。

是役也，擒斬胖色提十有七：曰買木特甘吉，曰塔什巴易，曰他什伯克，曰開里木，曰吐魯普，曰太呢胡呢，曰卜根胡里，曰塔什買提，曰買買提胡里，曰赤目瑪儀，曰遥子買賣提，曰呼土魯克，曰沙底克，曰沙悟的，

---

① 再西，刊本誤作"再四"，兹改正。
② 辛亥，即正月初七日（1879年1月28日）。
③ 癸丑，即正月初九日（1879年1月30日）。
④ 部署，刊本誤作"都署"，兹改正。
⑤ 甲寅，即正月初十日（1879年1月31日）。
⑥ 丙辰，即正月十二日（1879年2月2日）。

曰哈生木，曰滿素爾，曰其祥比，皆阿古柏舊人。玉子巴什六十有奇，安集延布魯特賊二千有奇。董福祥、張俊所誅旁竄者又數百人，我兵亦失總兵李青雲等十八員、兵勇百餘人。奏入，上嘉劉錦棠決策制勝，頒賞珍物，將弁獎敘有差，李青雲以下從優議卹。

亡何，愛克木汗條勒、阿布都勒哈瑪爲俄官驅逐，由阿來竄出，欲盜踞邊城，暫延喘息，哀懇安集延、布魯特各回爲助，展轉誘煽，從者漸多。六月乙未①，竄至烏魯克恰提，渡河而南，招致諸部。錦棠與諸將議，烏魯克恰提距喀什噶爾七百里，中隔戈壁，賊由此南竄必出烏帕爾，西南竄必出色勒庫爾，以兩地饒芻糧故也。遂遣羅長祜赴烏帕爾，築堅壘扼之；飭西南沿邊各布魯特徙帳内地以避賊，而自按兵喀什噶爾伺賊所向。阿布都勒哈瑪旋逾嶺南竄色勒庫爾，愛克木汗濟河南會之。

七月丁亥②，色勒庫爾、阿奇木、阿布都勒哈山等聞賊將至，出屯蘇巴什之南，留伯克夏素唐居守。賊知要隘已扼。辛卯③，繞道薄城下，衆約三千餘人。丁酉④，夏素唐詐降誘賊，阿布都勒哈瑪信之，親詣城下。夏素唐預選死士豁罕等二十餘人自隨，甫相見，玉子巴什蘇乃滿突前挽其繮。酋大驚，斫蘇乃滿，斷其指而逸。豁罕以槍殪之，斬其首，復入城守。賊忿甚，攻圍益急。

時錦棠以阿奇木等出屯，慮城民驚怖，自將馳赴之。八月甲辰⑤，至勤的克，賊解圍北竄。乙巳⑥，逾卡拉塔什達板，至秦爾里安。癸卯⑦，至布倫可西南，距色勒庫爾四日程。錦棠以賊踪漸遠，非繞路捷追勢難相及，丙午⑧，飭董福祥兼程夜進，自與營務處袁堯齡繼之。丁未⑨，福祥抵察哈爾艮，聞賊已

---

① 六月乙未，刊本誤作"己未"，茲改正，即六月十七日（1879年8月4日）。
② 七月丁亥，即七月十五日（1879年9月1日）。
③ 辛卯，即七月十九日（1879年9月5日）。
④ 丁酉，即七月二十五日（1879年9月11日）。
⑤ 八月甲辰，即八月初三日（1879年9月18日）。
⑥ 乙巳，即八月初四日（1879年9月19日）。
⑦ 癸卯，即八月初二日（1879年9月17日）。
⑧ 丙午，即八月初五日（1879年9月20日）。
⑨ 丁未，即八月初六日（1879年9月21日）。

先過。戊申①,至空臺根滿斯,有賊數十騎奔竄木吉。福祥察賊所食牛羊,血猶殷地,知大股不遠,念軍士兩日一夜馳三百餘里,已疲極,而勢不可止,乃挑健卒乘騾,隨馬隊窮追,及於木吉。賊列隊河南,分騎爲數十團,依山傍河,排次甚整。張俊、夏辛酉直前渡河,左右抄之。戰方酣,有綠衣賊酋執紅旗指揮,出入數四,勢悍甚。我軍以槍擊之頭,賊遂潰。追奔里許,復鳴角返旆,拒戰甚力。夏辛酉分兵繞出其背,自率馬隊直貫其陣。賊見去路將斷,遂大奔。張俊隨而擊之,數十里間,賊屍枕藉。庚戌②,至黑子拉提達坂③,賊率餘衆數十逾嶺入俄境,乃止。凡陣斬胖色提等六十三,尤著者曰買賣賽亦提,曰買賣提巴巴,曰阿子,曰亦薩克,曰白奇巴圖魯,曰阿里必,曰開拜克拉八和洛,曰毛拉和買提,曰邁提恰力克,曰可坎平完提,曰托乎大,曰克力恰克買賣賽亦提。阿古柏派充喀喇沙爾大通哈買賣提巴巴,亦所署烏什大通哈也。蓋至是,阿逆餘黨幾盡矣。

　　宗棠以聞,且言:師行所至,率皆荒磧阻絶之區。石壁冰梯,上插霄漢,鳥道陡絶,猱附而升,俯視幽壑,冥不見底。士卒染瘴及糧駝戰馬之傷斃者不可勝計,蓋自出關以來,艱阻勞瘁以是役爲最云。是時巨寇已平,邊圉晏然,流亡漸復。惟俄人議歸我伊犁久不決,侍郎崇厚④以全權大臣出使,與俄人定新約,償兵費二百八十萬,而劃伊犁西界數百里予俄。又割南界數百里跨天山以隔南八城,其他侵占口岸尤多,崇厚已赴黑海畫諾矣。上怒其輕率,褫職逮問,有詔令疆臣策萬全。宗棠奏,此時惟有先之以議論委婉而

---

① 戊申,即八月初七日(1879年9月22日)。
② 庚戌,即八月初九日(1879年9月24日)。
③ 黑子拉提達坂,即上文之黑子里拉提達坂。
④ 崇厚(1826—1893),字地山,號子謙、鶴槎,滿洲鑲黃旗人,完顏氏。道光二十九年(1849),中式舉人。三十年(1850),報捐甘肅階州直隸州知州。咸豐初年(1851),補永定河道。九年(1859),授長蘆鹽運使。十年(1860),充三口通商大臣,加侍郎銜。十一年(1861),轉大理寺少卿。同年,升大理寺卿。同治元年(1862),授内閣學士兼禮部侍郎銜。同年,調補兵部左侍郎,署直隸總督,兼三口通商大臣,嗣補正黄旗漢軍副都統、鑲紅旗漢軍副都統。九年(1870),充出使法國大臣。十一年(1872),授總理各國事務衙門行走。十三年(1874),補正白旗滿洲副都統,署京營左翼總兵。光緒元年(1875),以兵部左侍郎兼署吏部右侍郎。二年(1876),兼署吏部左侍郎。同年,調署奉天將軍,兼署奉天府府尹。四年(1878),補吏部左侍郎。同年,任出使俄國大臣,加内大臣銜,晉左都御史。五年(1879),以私與俄訂約入獄。十年(1884),輸銀三十萬濟軍,釋歸。後依原官降二級,賞給職銜。十九年(1893),卒。

用機，次之以戰陣堅忍而求勝，語具《收還伊犁篇》。上壯其言，宗棠因自請出屯哈密，規復伊犁。

六年春正月，詔劉錦棠幫辦軍務。二月，宗棠分兵進取伊犁，奏以精河一帶爲東路，伊犁將軍金順主之，所部馬步萬人，檄卓勝軍二萬人爲之助；自烏什經布魯特游牧爲西路，幫辦軍務劉錦棠主之，所部馬步萬餘人；而分遣譚上連步兵二千餘人屯喀什噶爾，譚拔萃等二千餘人屯阿克蘇，陶鼎金、王福田等二千餘人屯哈密爲後路聲援；塔爾巴哈臺與俄逼處，參贊大臣錫綸兵不足，募徐學功、孔才舊部二千畀之。

四月乙卯①，宗棠發肅州，輿櫬以行。五月乙亥②，抵哈密。

俄人聞王師大出，增兵守伊犁、納林河，而以兵船翔海上，冀震撼京師，於是天津、奉天、山東皆警。

七月，詔左宗棠入京備顧問，劉錦棠署欽差大臣，張曜幫辦軍務，楊昌濬署陝甘總督，山西巡撫曾國荃③督辦京東軍務，屯山海關；提督鮑超④屯樂亭，直隸總督李鴻章整飭天津海防。

---

① 四月乙卯，即四月十八日（1880 年 5 月 26 日）。
② 五月乙亥，即五月初八日（1880 年 6 月 15 日）。
③ 曾國荃（1824—1890），字沅甫，號叔純，又名子植，湖南湘鄉縣人，曾國藩之弟。道光二十七年（1847），取生員。咸豐二年（1852），舉優貢。六年（1856），加同知銜。七年（1857），丁父憂。八年（1858），升知府，加道銜，賞戴花翎。十一年（1861），保按察使，加布政使銜並偉勇巴圖魯勇號。同年，賞頭品頂戴，賜黃馬褂。同治元年（1862），補浙江按察使。同年，遷江蘇布政使。二年（1863），擢浙江巡撫。三年（1864），加太子少保，封一等威毅伯，賜雙眼花翎。五年（1866），調補湖北巡撫。光緒元年（1875），授河東河道總督。二年（1876），調山西巡撫。七年（1881），拜陝甘總督。八年（1882），補兩廣總督。十年（1884），署禮部尚書。同年，調兩江總督，兼辦理通商事務大臣。十五年（1889），晉太子太保。十六年（1890），卒於官。贈太傅，諡忠襄。著有《曾忠襄公批牘》《曾忠襄公奏議》《曾文正公大事記》《宦黔書牘》《宗聖志》《曾子家語》《撫鄂批札》《山西通志》《曾忠襄公撫鄂公牘》《湖南通志》《鳴原堂論文》等行世。
④ 鮑超（1828—1886），字春霆、春亭，四川奉節縣人。咸豐初，投效軍營。四年（1854），充水師哨長，賞戴藍翎。是年，以軍功保千總、守備、都司，賞換花翎。五年（1855），加壯勇巴圖魯勇號，晉游擊銜。六年（1856），保升參將，加副將銜。七年（1857），保副將。同年，補陝西宜君營參將，升總兵銜。八年（1858），授湖南綏靖鎮總兵，遷提督銜。十年（1860），加蘇博通額巴圖魯名號。同治元年（1862），擢浙江提督，授雲騎尉。同年，丁母憂，仍署浙江提督。三年（1864），授一等輕車都尉，賞雙眼花翎，封一等子爵。同年，乞假歸葬。四年（1865），加一雲騎尉。五年（1866），回浙江提督本任。六年（1867），調補湖南提督。光緒十年（1884），會辦雲南軍務。十二年（1886），卒，贈太子少保，諡忠壯。

八月，劉錦棠軍至哈密。

十月，張曜移住喀什噶爾，總西四城邊防，分嵩武軍屯英吉沙爾，移董福祥等屯和闐、葉爾羌，羅長祜等屯阿克蘇、瑪納爾巴什，譚上連屯葉和西四城，余虎恩屯烏什，譚和義屯吐魯番，譚拔萃屯庫車、哈喇沙爾，左宗棠道甘、陝、山西赴京，令知府王詩正①率旌善馬隊、親軍步隊行草地赴張家口備調遣。

七年春正月，和議成。海防諸軍皆罷。

二月，左宗棠至京，授軍機大臣。曾國荃擢陝甘總督，乞病還湘，以譚鍾麟代之。時毅勇侯曾紀澤②與俄人更定約章，詔金順接收伊犁，參贊大臣升泰③、錫綸佐之。語具《收還伊犁篇》。劉錦棠真除欽差大臣。

八年春三月，譚鍾麟、劉錦棠奏設新疆郡縣。先是，左宗棠建議開設新疆行省，上可其奏。於是譚鍾麟、劉錦棠度地勢，量廣狹，物土宜，備員

---

① 王詩正（1844—1894），湖南湘鄉縣人。光緒元年（1875），由難廕知州投效左宗棠軍營。四年（1878），以軍功保直隸州知州，並戴花翎。同年，以功保知府。七年（1881），保升道員。八年（1882），經左宗棠奏留江蘇差遣，因永定河工告成，保加二品頂戴。同年，因案革職。十一年（1885），赴台灣基隆防次在事出力，加五品頂戴。十四年（1888），在海軍衙門捐備軍裝，開復原官。十七年（1891），選加鹽運使銜。二十年（1894），卒。

② 曾紀澤（1839—1890），字劼剛，號夢瞻，曾國藩長子。同治年間，以正二品蔭生補戶部員外郎。十一年（1872），承襲一等毅勇侯。光緒四年（1878），補太常寺卿，充出使俄國大臣，賞戴花翎。同年，出使法國。六年（1880），授出使俄國大臣。七年（1881），與俄訂《中俄伊犁條約》。同年，補宗人府府丞、都察院左副都御史。九年（1883），辦理洋藥稅厘並徵事務。十年（1884），免駐英、駐法公使，授兵部右侍郎。十一年（1885），幫辦海軍事務。十二年（1886），充總理各國事務衙門行走。十三年（1887），調戶部右侍郎兼管錢法堂事務。十四年（1888），管理戶部三庫事務，兼署刑部右侍郎。十五年（1889），兼吏部左侍郎，管理同文館事務。十六年（1890），卒於京，加太子少保，謚惠敏。著有《說文重文本部考》《佩文韻來古編》《曾惠敏奏議》《出使英法日記》《使西日記》《曾惠敏公詩文集》《歸樸齋集》《歸樸齋詩鈔》《曾惠敏公遺集》《中國之沉睡與覺醒》等行世。

③ 升泰（1838—1892），字竹珊，卓特氏，蒙古正黃旗人。咸豐十一年（1861），捐納戶部四川司員外郎。同治元年（1862），執掌井田科印鑰，充南檔房幫辦、實錄館校對官。二年（1863），掌湖廣司印鑰，充內倉監督，加四品銜。同年，轉掌陝西司印鑰，兼軍需局總辦、則例館提調。三年（1864），任捐納房總辦，晉三品銜。五年（1866），授南檔房領辦、俸餉處總辦。六年（1867），放山西汾州府知府。十年（1871），補山西太原府知府。同年，升山西河東道。十三年（1874），晉布政使銜。光緒二年（1876），遷浙江按察使。四年（1878），署浙江布政使。同年，調補雲南布政使。七年（1881），加副都統銜，授伊犁參贊大臣。八年（1882），遷內閣學士兼禮部侍郎銜。同年，署烏魯木齊都統。十一年（1885），授駐藏幫辦大臣。十五年（1889），擢駐藏辦事大臣。十八年（1892），卒於任。謚恭勤。

品，詳議具奏。下吏部議行。語具《置省篇》。

九年四月，劉錦棠、譚鍾麟始委員試署南疆道、廳、州、縣，修城垣，建壇廟，理廛市，置倉廒，通郵傳，設塘站，定賦則，立學校。語具《置省》及《善後篇》。於是百廢具舉，民氣大和，風塵永清，磐石彌固矣。

卷五　糧餉篇

　　塞外用師，籌餉難於籌兵，籌糧難於籌餉，路阻以遠，勞費倍千百，籌轉運更難於籌餉籌糧，其大較也。國朝屢征西域，皆豐亨豫大之時，士飽馬騰，師武臣力，役不逾時而大功耆定。咸豐之季，勢稍殊矣，中原擾攘，兼顧弗遑。其時文麟、成禄、景廉、榮全諸統帥各自爲軍，亦各自爲餉，紛紜儌擾，無足紀錄。自内患既平，於是合天下之力濟絶幕之師，中間海防並務，籌濟益難，語其度支則竭澤之漁也，校其精銳則强弩之末也。而聖謨堅定於上，老成擘畫於下，卒能殄殲大懟，載纘武功，嗚呼偉哉！謹采摭糧運方略，爲《糧餉篇》第一。

　　同治十三年秋八月，上以大軍陸續出關，派左宗棠督辦糧餉轉運，以内閣學士袁葆恒爲幫辦，移西征糧臺於肅州，令葆恒前往駐扎。先是，十二年秋白逆竄擾哈密，朝旨已命宗棠飭各屬籌辦軍糧，在玉門安設轉運糧臺。宗棠旋請簡任户部堂官總司其事，有詔不許。是冬十二月，又詔宗棠統籌各軍所需糧餉軍火每月應用若干，寬爲預備，毋令稍缺。如各軍逗遛不前，罪在主將。儻因糧乏貽誤，惟左宗棠是問。並飭查明關外運道，繪圖呈覽。

　　宗棠奏言："由肅州出嘉峪而西本漢唐行師大道，使關内糧足供裹帶，車駄、駝隻足供周轉，出關之兵何憚不進？然出關非難，至由安西抵哈密計程十一站，千里而遥，經由戈壁，無臺站、無水草，砂礫縱横，人馬困躓，中間僅安西城北四站馬蓮井尚可小憩，過此又七站始抵哈密回城，地暖而腴，纏回聚居，軍興以來音耗闊絶，近被白逆股匪竄擾，餘糧能否采買更無從知。前與諸軍集議，官軍分起次第前進，必先將甘凉采買糧料運存肅州，又由肅運至玉門，然後頭起開拔至玉門，又用私駝轉運玉門存糧赴安西，腾出官駝、官車轉二起軍糧，而後第二起繼進，餘均仿此。比抵安西作一停頓又裹糧進哈密，如此層遞銜接，人畜得以稍舒，而士氣常新，可免意外之慮。"

又言："肅州、安西共隸一道，而產糧贏絀迥殊。肅州高臺腴地也，安西、玉門頗多沙磧，而敦煌爲上腴。軍興以來，民困逆回擾掠，復苦官軍攤捐久矣，人民存者不過十之三四，地畝荒廢大半。官軍借興屯之名，先給子糧、牛，價抵算采買糧銀，搜括抑勒，戶口流亡。自白逆竄出關外，安、敦、玉彫劫之狀較勝從前。臣在肅見難民絡繹入關，恐轉徙日多，荒地無人耕墾，籌銀三萬兩分給三州縣，並發寒衣萬襲賑之。冀留此灾黎盡力耕墾，庶異時餘糧出糶，關外各軍可就近采買。然目前軍食不能取給，安西、甘、涼、肅素稱腴地，頻年戎馬，被害最酷。自徐占彪偏師搗肅，諸軍戡定河湟、甘、涼，道路肅清，農民得安耕獲，兩年來尚供官軍采買，然死亡既多，川原耕種不過十之三，旱地更無過問者。臣由蘭到肅，途間士民紛紛求免采買，經臣再三開導，除留民食及子糧外，諭悉數出糶。幸三郡民情樸愿，知官軍誓滅此賊且能不擾，遂得集有成數。通計涼、甘、肅三郡定買市斗京糧十六萬三千餘石，按照額徵倉斗則三十餘萬石。幾敵通省常年額賦，雖優議價值，每市斗一石重三百餘斤給銀四兩，而民繳納不前，市價驟漲，每石漲①至六七兩之多。

"據甘州府縣禀報，棍徒喬良廷、李太和造謠煽惑，阻納官糧，以致市肆抬價，貧民糴食無出，軍民交困。臣察訪得實，立飭將喬良廷、李太和杖斃，並以署甘涼道蕭宗幹辦理顢頇撤任查辦，民間交糧乃漸踴躍。然以定買糧料總數，供金順、張曜、額爾慶額三軍食用，及糧運車馱、駝隻、防營所需食用，算至明歲六月新熟，尚短糧料市斗二萬餘石。現擬盡括額徵本色及各標營季糧陸續填補，未知能否足敷。且甘肅地氣高寒，麥秋雖在六月，而民間割麥完畢必堆積成垛，俟稿縻秸脱，始便碾打上市。臣此次七月由蘭啓行，八月十二抵肅，沿途村舍麥垛雖多，而繳官上市者少。明歲節候雖早，計民間繳納薪糧必俟八月，陳糧尚應寬籌兩月，庶新熟之交得資接濟。此籌

---

① 漲，刊本誤作"章"，茲改正。

糧艱苦之情形也。

"就轉運言，自涼州至肅九百里，自肅至安西千四百餘里，路多砂石，用駝爲宜。惟駝非農所畜，向來民間惟騾、馬、牛、驢以供農事，藉應差徭，所有惟木輪大車，不耐負重遠行。頻年賊回擾掠，牲畜極少，差車無供。上年成祿出關，强拉差車數百輛，甫至玉門，車夫弃車而逃，並騾馬亦拋置不顧，無從措手。臣派弁三路出口采駄三千，值蒙古駄少價昂，采不及半，報到僅六百餘隻。臣過甘郡，道府請重價雇民車，每運糧百斤行百里許給銀四錢，其應出差車給銀二錢。計四十餘日，民車、差車運糧料至局不滿三千石。幸臣前調集各營官騾千有六百先後到齊，勉資周轉。而前用民價在蘭州平涼所雇商民車駄、駝隻及袁葆恒在河南購辦車輛亦陸續搭運軍裝、軍火抵甘，於是轉運稍旺，肅州乃有存糧，以後可不須重價雇民車。然通計由涼、甘采糧運肅，由肅駄運至安西，合計民運、車駄、駝隻、脚價及官車、官騾、官駝、員弁、人夫、薪糧、牲畜、口袋、什物、局費一切攤算，每糧百斤需用銀十一兩七錢，内外勞費如此，豈此時財力所堪？若非預籌撙節，動言用衆，恐官車餉餫不繼，粳臺儲峙早空，不但後來難保此不竭之源，即目前出關之師且憂飢潰。此轉運艱苦之情形也。

"自古關塞用兵，在精不在多，穆圖善步隊皆冗雜之軍，不獨虛糜至艱之餉，且恐有礙大局，請飭其仍帶所部吉江馬隊駐安、敦、玉督辦轉運，其步隊概予撤遣以節虛糜。"得旨允准。

宗棠又念，裁撤步隊撙節雖多，若出關糧價運脚均於正餉劃扣，士卒何以爲生？復奏言："各軍餉事本有一定數目，以協解實數，按照員弁、兵勇、長夫均勻攤算，計每名每年可得三十餘兩實銀。除備製造添補軍需軍裝、購買駝隻之用，別無餘剩。至糧料牽算，計每人所食月須净糧四十五斤，馬隊一騎日需料五斤、草十二斤，兵勇、長夫兩名月需食糧九十斤。照步隊攤算，馬隊一營二百五十騎抵步隊一營五百人、長夫二百名之數，料價稍減，脚價則一，運道近脚價猶少，運道遠脚價增多。現籌出關轉運，脚價多於糧價數倍者，兵燹後人物凋殘，絲毫不能藉資民力，與承平時迥異，無論孑遺之民尚須官賑，賑糧尚須官運也。各軍馬步兵勇每月應得實銀三兩有奇，若按照食用糧料脚價攤扣，則馬步兵勇即將所得實餉盡數賠繳尚須找銀繳局，萬無是理。若不按名按騎攤扣，則糧料價值、轉運脚費又將何出？請飭下户部、兵部會議出關各軍應得正餉每名每月若干兩。"户部旋奏："應由左宗棠查明出關軍營弁兵實數所需正餉、糧料、運脚等項，按照例章並體察關外情形，每月實需銀若干及出關各營原撥餉項，分晰聲叙，先行奏明。"

宗棠上言："張曜所部嵩武軍馬步十四營，按人馬實數，每月應支净糧料四十三萬六千九百五十斤，其管騾駝弁夫應支食糧、騾駝應支食料尚不在内。該軍由河南應餉，每月應得正雜餉銀三萬六千二百八十餘兩，若將糧料價值、轉運各費攤扣，不但全軍無餉，且欠數甚鉅，請將該軍糧運經費作正開銷。宋慶所部毅軍步隊十四營又一旗、馬隊一營又一起，統計步勇七千二百名、長夫千五百餘名、馬勇四百名、長夫百三十六名，共計馬步勇夫九千一百三十六名，隨員、差弁、丁夫不計，月需净糧料四十九萬三千一百餘斤。照河南餉章，大建月支銀四萬二千餘兩，小建月支銀四萬一千餘兩，該軍暫駐涼州、甯夏，就近采運糧料供軍，價平脚省，尚毋庸議加。現擬撥馬步勇丁千名、馬百餘匹先進哈密放水灌池，爲續進開墾計，及將來出關所需糧運，届時必照張曜餉事議增。"得旨允行。

由是各營得正雜餉款以資食用、津貼，軍情大愜。惟部議宗棠原奏出關各軍運脚每糧百斤需銀十一兩七錢上下，照定例按程核算，數目懸殊。宗棠復稱："例載，運脚係專指雇用車騾駝價而言，原奏關内采運由涼州歷甘州、肅州達安西，計程千五百六十里，每糧百斤，需銀一十兩七錢上下，係合糧價、車騾駝隻脚價及員弁人夫薪糧、牲畜草料、口袋、什物、局費一切統算在内，故與例載專係脚價者不符。若專就運脚言，固不懸殊也。且甘省新復，人物凋殘，絲毫不能藉資民力，與從前承平日久、地方完善情形判若霄壤，未可按照成例，致誤轉輸。現時關内轉解糧餉、軍裝、軍火，官運、民運相輔而行，民運脚價無論雇用車駝騾馬，酌定百斤百里給銀四錢，而額爾慶額出關雇用民駝，自定百斤百里給脚價五錢。關外食物昂於内地，脚價較内地加增，現辦情形已難一律也。民運脚價外尚有民夫口食、牲畜餵養及應用食物各項，一有缺乏立形滯礙，停待一日所費更多，故必設官局隨時給領，酌扣價銀，始爲省便。雖比民間買價津貼已多，而費不容惜，故關内民運百斤百里給脚價銀四錢，合局用、津貼實不止四錢；關外民運百斤里給脚銀五錢，合局用、津貼亦不止五錢也。官運須分途采購車馱，分幫派弁夫管理，車軸、鞍架、繩索、口袋、什物須隨時修整備辦，牲畜須按站預備草料、醫藥以資餵養，車輛損壞、牲畜倒斃又須裁併①挑換，隨時買補填槽，所費極繁。而總分局員弁、夫役、護勇、工匠薪糧，局用正雜諸費，尚未計及。此項費用指官民運脚而言，自應攤入糧價併算，約言之爲一端，分言之則款目瑣碎，非俟轉運蕆役專案據實開報請銷急難清理。此時就臣墊糧價實銀而言，金順一軍領過糧料截至本年九月內共千二百萬斤，應攤合價銀六十六萬餘兩；張曜一軍領過糧料截至本年九月止共支四百七十萬零九百餘斤，應攤合價銀二十五萬九千餘兩，此皆兩軍未出關以前由甘州、肅州各局就近支領居多，故攤扣價銀每百斤合五兩五錢有奇，若全隊出關後糧運仍由內地籌供，則由涼州遞運安西每糧百斤實需銀十一兩七錢有奇，安西轉解哈密又須從新起算程途遠近，即脚價多寡，所分路途少一站運費省一站，故甘屬運脚省於涼，肅屬運脚省於甘，牽算分攤，費自輕減，並非以由涼州至安西十一兩七錢上下爲定也。"

諭旨飭移西征糧臺駐肅州。宗棠旋奏："軍行糧隨，設臺必緊居前敵後。乾隆中兩定伊犁，官軍由烏里雅蘇臺、科布多入，師行北路，故糧臺設於北路。道光初用兵討張格爾，時賊陷喀什噶爾，繼陷烏什、和闐、葉爾羌。官軍會師阿克蘇，直指喀什噶爾，師行南路，故糧臺設於肅州，分設托克遜、阿克蘇各城，皆南路也。現在局勢，額、金兩軍已由安西、哈密前進，北路巴、古、濟木薩之糧僅供主客兵民屯食，應厚其儲峙備支應續進之軍。西征糧臺若移設肅州，則偏於南路，北拒古城二千九百六十里，臺司應支何由察諸軍贏縮而各協其宜？東北拒科布多四千三百餘里，距烏里雅蘇臺近六十里，臺辦采運何由察價脚低昂遲速而盡得其實？無論軍行北路，糧臺設南路，事爲從前所未有也。

"茲查肅局所辦采糧轉運一切事宜，已有頭緒，可保無誤。是糧臺毋庸移設肅州明矣。袁葆恒擬購駝價銀已咨明劃解烏城，所購駝隻由北路巴里坤交收牧放備撥，是北路轉運不患無駝；烏、科雖非產糧之區，然景廉十年

---

① 裁併，刊本誤作"截併"，茲校改。

十一月奏准口北運解軍糧不少，嗣因采駝二千五百隻無款停止，僅咨蒙古遞運，其到營不及十分之一，餘存烏臺、科城，半多朽腐，遂請停運，是北路采辦不患無糧。然則糧臺移設北路，供支北路軍，以今視昔，其又奚疑？臺設北路，景廉遺存烏、科之糧得資轉運，所購駝隻啖口外鹼草，壯健有力，日間僅餵鹽料，較肅州餵飼須耗人食之糧又加節省。譬如圍棋一著活而滿盤俱活矣。懇飭下袁葆恒毋庸拘照移臺肅州駐扎之諭，飭於烏里雅蘇臺、科布多、巴里坤擇一處，移臺兩處，設立分臺，克期集事，庶明年駝隻歇廠前北路儲峙充裕，先進之軍迅赴戎機，續進之軍絡繹爭赴，時局大有裨益，經費大可節省。"

詔袁葆恒務與宗棠和衷商榷，毋得各存意見。葆恒奏："巴里坤為南北適中之地，且緊接大軍，後擬將糧臺移改巴城，並請商調舊部皖軍數營前來護運。"上飭宗棠酌度情形，奏明辦理。宗棠疏言："袁葆恒稱糧臺宜移設巴城，是也。巴里坤距各軍駐扎之古城、濟木薩等處為程七百里，車駝暢行無阻，臺設巴里坤照料易周，各軍赴臺領運取攜甚便。回亂以來，城垣完好如常。惟巴城產糧無多，從前'天時''地利''人和'三廠屯田久廢，從新經理屯政暫無近功，不得其人更滋虛耗。袁葆恒所陳移臺巴里坤，先買濟木薩糧，次調運烏、科糧，次由南路調運。臣思古城之糧，景廉既經訂買，若訂買古、濟糧運回巴里坤，無論古、濟未必尚敷訂買，且無此辦法。南路涼、甘、肅、安西新訂之糧十九萬石，不為不多，若復加價訂買，則貧戶無糧，買食維艱，青黃不接時無從設措。上年散給籽種外，郡縣復廣設粥廠，煮粥療飢，洵非得已，糧價愈增，富者未厭，貧者愈苦，揆之事理，實不可行。且新疆訂買已多，民間搜括殆遍，袁葆恒以南路調運為末著自有所見。古、濟糧既已采過，涼、甘、肅又難議增，然則臺移巴里坤其必仍於北路廣籌采運明矣。近廣加諮訪，知歸化、包頭至射臺、大巴一帶十數站，大巴至巴里坤十六站，中間產糧處尚多，其地雖無臺站，無一定地名，然舊時商旅赴巴、古、烏魯木齊取道於此，以其有糧可購，有駝可雇，價均平減也。湖茶私販由此路至古城銷售，經歷任督臣奏明有案。近日，總兵鄧增①隨金順到巴里坤稟稱：巴城商賈不絕，棉布、糧價與內地相近，皆由烏、科一帶而來，即指此路。觀其市價平減，知其路徑之捷、脚價之省。景廉前與金順書，稱包頭運糧實亦不少，非虛語也。臣檄歸綏道崇繒詢訪，確實具報，一面委員携銀二萬往歸化、包頭試辦采運，應否加銀增采，容緩再議。

"惟袁葆恒奏移臺巴城，雖以南路調運為末，而著意仍在肅州。現在趕制大車，已購車騾三千頭，駸駸西向，事難中止，姑無論天山嶺脊石徑犖确，重載糧車聯幫銜接，較之單車、空車尚可參用人力、從容過險者，艱阻特甚，事必不行也。即照袁葆恒辦法，車糧由肅運巴，艱阻不辭，勞費不惜，而肅運之糧亦必無顆粒到巴。何以言之？自肅州、安西越哈密二十四站，計程雖止二千二百餘里，而路多戈壁，車駄、駝隻均須就水草、柴薪之便憩息牧飲，不能按站而行，中間人畜疲乏，又須停住養息，即催趲迫促，非三十餘日不能到巴。每騾一頭日喫料八斤，一車一夫日須口食兩斤。蘭州以西料豆缺產，餵養用青顆、大麥、穀充之，畜食之料即人食之糧。車行三十餘日，計一車載糧多不過六百斤，兩騾餵養耗去五百數十斤，車夫口食亦須六七十斤，而車糧已罄，安有餘糧達巴里坤？此不謂之虛縻不得也？

"西北轉運，駝隻為宜。為其食少運重又能過險也。駝行口內食料不過三斤，晝牧夜行，可省草束。且一夫管牽五駝，日需口食又省。若行口外，食草不食料，如遇勞乏，但餵料一升加鹽少許仍即復故。惟駝夫宜擇老成勤謹，管夫之人宜擇耐勞善體恤者，雖不歇廠，亦少倒斃，故關內外諸軍均使駝不使車，統領營官能者常留心照料，不盡委之廝養小卒也。

"袁葆恒初議移臺，臣告以宜駝不宜車，天山無車路，關內糧難逾天山，購騾不如雇駝，辦官車不如用民車，已辦之車祇可酌改州縣臺車，以省餵養，迄不見察，臣無如何。現在製造車輛已成，采買駝騾已到，始籌及餵養

---

① 鄧增（1843—1905），字錦亭，廣東新會人，武童。咸豐十一年（1861），賞給六品軍功，同年，加五品頂戴。同治二年（1863），保把總，並戴藍翎。三年（1864），賞換花翎。五年（1866），保都司留福建儘先補用，加游擊銜。同年，再保游擊，晉參將銜。九年（1870），保參將。十年（1871），升副將。十一年（1872），保加總兵銜，換伊博德恩巴圖魯勇號。十二年（1873），保總兵。光緒二年（1876），保提督記名簡放，並賞穿黃馬褂。六年（1880），晉頭品頂戴。十一年（1885），署伊犁鎮總兵。同年，實授斯缺。十五年（1889），調補甘肅西寧鎮總兵。二十二年（1896），擢陝西固原提督。三十一年（1905），卒於任。

維艱，意欲仍駐肅州辦理車運，並奏陳西路用兵糧臺均設肅州，引岳鍾琪①用兵車、糧車，黄廷桂分車駄北過天山爲證。不知岳鍾琪兵車後此曾否停止，其過天山或士卒下車推挽以資輕便，均無從詳考。至糧車則於後起運至玉門，布隆吉岔止前進，而由巴里坤派餘丁三千幫協轉運，謂可省車駄之煩並以節費，當時原有紀録，其因天山非車路可知，黄廷桂用兵回部，以車騾駐哈密，一半赴北路巴里坤裝糧運庫車，重載返時不逾天山；一半徑由哈密運吐魯番，本是向天山西南行，更不近天山也。袁葆恒預存想當然之見，求成必不行之事，牽强往迹附會其説，臣實未喻。

"就現在已成局勢言之，袁葆恒必將各處糧路、運路周爰咨詢，精心擇度，以所購駝運北路糧達巴里坤，追巴里坤收有成數，袁葆恒赴巴城設臺。一面仍運北路糧，一面用駝南來裝運肅局糧，届時距秋穫不遠，采糧較易，可冀集事，較之駐肅運巴里坤終歸無濟，大不侔也。其已辦車騾虛耗餵養，殊爲可惜。擬以有騾無車者分撥蘭州東路抵臺車之用，或加撥凉、甘、安、肅各處備臺車添套及補里車放忙之缺，容臣與袁葆恒商議，由其自奏。袁葆恒原奏糧臺移設須兵護運，請商調數營。查巴里坤原有領隊大臣及總兵駐扎，臣近因鎮標急需整理，奏委記名提督王鳳鳴署理鎮篆，已飭隨帶餉銀先赴署任，切實挑汰募補，冀可改觀。臺移同城，可資照料。糧臺應有者護臺兵勇、夫役，爲數不必過多，設臺後前敵諸軍餉需均赴臺請領，毋須由臺運解，自毋須弁兵押護。哈密現有張曜全軍駐扎，安、肅、甘、凉、蘭州、平凉以至陝西節節駐有防營，袁葆恒隨時咨行護運，斷無違誤，毋庸調撥馬步，致涉虛糜。

"又言從前用兵多設糧臺，而糧員以貪緣進貪婪終者比比而是，臣鑒於

---

① 岳鍾琪（1686—1754），字東美，號容齋，四川成都人。康熙間，報捐同知。後從軍，改武職。五十年（1711），保游擊，嗣補四川松潘鎮中軍游擊。五十七年（1718），授直隸固關參將。同年，調補四川永寧協副將。六十年（1721），遷左都督。同年，擢四川提督，加騎都尉。六十一年（1722），充撫遠大將軍年羹堯參贊軍事。雍正二年（1724），授奮威將軍，封三等公，兼甘肅提督。三年（1725），兼署甘肅巡撫。同年，拜理川陝總督。七年（1729），授西路寧遠大將軍，加少保。十年（1732），封三等侯。十二年（1734），因案論斬，改監候。乾隆二年（1737），釋歸。十三年（1748），補授四川提督。十四年（1749），加太子少保、兵部尚書銜。十九年（1754），卒於軍。謚襄勤。著有《薑園蚤吟》《蚤吟集》《薑園集》《復榮集》《岳威信公詩集》《岳容齋詩集》《寒齋詩集》等行世。

此，每設局不設臺。區區愚衷，竊以關外時勢應請緩設糧臺，仍照現章於哈密、巴里坤各處設立糧局。哈密局現委張季方經理，咨張曜照料，專司收糧轉運。巴里坤局委現署總兵王鳳鳴經理，由臣遴員幫辦，專司收發。臣雖遠距省城，尚可以時勾稽加之督責，務歸實濟以裕軍儲。而護臺兵丁可省，糧臺陋習可除，一切經費可節矣。"

三月，詔袁葆恒回京供職，關外糧運准如左宗棠奏，於哈密、巴里坤等處各立糧局，妥爲經理。北路既有捷徑，由歸化、包頭而西達巴里坤自可從此籌辦，以期便捷。一切事宜悉由左宗棠酌度辦理。其西征糧臺亦經宗棠奏准，責令陝西藩司經理，遇有應行奏催及各省咨行事件，藩司即呈由陝撫核辦。

時宗棠奉命督辦新疆軍務，金順爲幫辦。順與景廉旋奏古城需糧至急，請由關內籌運十萬石。夏六月，有旨責成宗棠悉心經理。宗棠奏："師行北路，宜用北路糧，臣前疏已詳。南路肅局既有現糧，又車駄、駝隻購雇稍多，可以灌運，自宜嚴切督催以廣儲峙。北局設於歸化，分局設於包頭，飭升用知府陳瑞芝、總兵蕭兆元司之，雇民駝轉運。計自三月杪至五月，據報陸續運過四十餘萬斤至巴里坤，每百斤牽合銀八兩內外。袁葆恒前奏甯夏采運，臣飭署甯夏總兵譚拔萃、甯夏知府李宗賓①接辦，現報雇駝數百由察罕廟試行，如此路通利再爲加辦。漠北素産健駝，又便水草，惜久未開運，倉促應募者少，又駝戶以拉差爲苦。臣飭巴里坤、鎮迪道嚴行示禁，冀聞風踵

---

① 李宗賓（1833—1898），湖北蘄州人。咸豐六年（1856），以文童於投效前荆州將軍多隆阿軍營。七年（1857），因攻下童司牌等處地方營壘，經前大學士湖廣總督官文等會保六品藍翎。九年（1859），保從九品府經歷縣丞。同年，保安徽知縣。十一年（1861），保升同知直隸州知州，並換花翎。同治元年（1862），保知府。同年，奉荆州將軍多隆阿札委，總理營務處，隨同援陝。三年（1864），賞加道銜。四年（1865），保道員，加鹽運使銜。六年（1867），署理甘肅甯夏府知府。七年（1868），補授雲南臨安府知府。八年（1869），經穆圖善奏留，代理甯夏府知府。十年（1871），補授甘肅肅州府遺缺知府，旋授甯夏府知府。十二年（1873），署理鞏昌府知府。十三年（1874），回甯夏府本任，加布政使銜。光緒二年（1876），因親老呈請開缺終養。同年，以前在甯夏府任內查禁罌粟不力，經左宗棠奏參，暫行革職。五年（1879），聞訃丁母憂，回籍守制。七年（1881），服滿起復。十一年（1885），開復原官。十二年（1886），總理穆圖善行營營務，會辦文案。十四年（1888），留金順軍營，辦理甘肅糧臺事務。十六年（1890），經護理甘肅新疆巡撫魏光燾奏准，以道員歸於新疆補用。十九年（1893），補授新疆阿克蘇兵備道。二十四年（1898），因病出缺。同年卒。

至，運道暢行，庶餉饋可通，亦收節省之益。

"臣頃晤俄區游歷官索思諾福斯齊，與談近事。索思諾福斯齊稱俄國在山諾爾產糧甚多，駝隻亦健，距中國古城不遠，如中國需糧願代采辦，運送古城交收。由俄起運需護運兵弁，均由在山諾爾派撥，其兵費一併攤入糧脚價內，每百斤需銀七兩五錢。如年豐糧多，駝價不貴，價尚有減。比與定議立約，計年內可運古城糧二百萬斤，明年春夏可運足三百萬斤。索思諾福斯齊已專兵前告其地巡撫，據稱斷不致誤。臣現委同知丁鶚等赴巴里坤，又委甘肅道員陶兆熊等赴古城，辦理采糧、開墾及收支事宜。此北路籌糧情形也。

"南路肅局存糧三萬餘石，安西局存糧百數十萬斤，哈密局存糧百三十萬斤，現正趕緊灌運。據甘、涼、肅各廳州縣稟報，今歲夏雨優渥，冀獲豐稔，將來糧價有減無增。車駄受雇日多，一日轉運較前稍易。此南路籌糧情形也。

"臣因歸包采糧運巴里坤較涼州、甘肅運巴脚價大減，糧則實裝實卸別無虛耗，故決計於北路開一運道，陸續撥兑實銀四十餘萬，甯夏已發銀三萬，計秋高駝集，運數可增。南路由甘運肅，由肅運安西，均用車駄；由安西運哈密、運巴里坤，均用駝隻；設廠局，浚水泉，刘草薪，以利運道，一切經費統於現辦采運項下開支，計輾轆轉搬，運數可倍。此合南北路運籌巴里坤之糧也。

"俄國在山諾爾，緊接我布倫托海邊界，距古城數百里，俄人代采二百萬斤運送古城，視巴里坤運古城路程較近，實獲之意外，計需銀十五萬兩。此於北路之北籌古城之糧也。"

是時，各省關協餉積欠甚鉅，本年截至六月僅收銀八十餘萬，宗棠奏狀且言："臣前估計諸軍歲需實餉六百數十萬，外增出關采運出款二百餘萬，以每年實到協餉約五百萬，劃抵出款八百餘萬，已不敷實銀三百餘萬。今則新疆兵餉、糧運一切責臣督辦，局勢更寬，就現辦情形，非獨糧運，斷非上屆二百餘萬實銀所能敷衍。即現馬步軍需正餉仍非六百數十萬不能支持。其裁併後積欠勇夫正餉七百餘萬，又欠未發衈賞銀三十餘萬，均須陸續發給實銀。而今年春夏協餉所入不及百萬，所以勉強勻濟，全賴奏借洋款。所有蘇、浙、粵三省協餉，每年連息共應扣還銀百二十三萬餘兩。是常年協餉入款五百萬內又劃去銀百二十餘萬，出入兩抵，前奏每年不敷銀三百餘萬，今實不敷銀四百數十萬。如果各省關積欠甘餉能如上年奏准提解積欠之半，應解協餉仍按月如數籌撥，庶各路開辦采運不至停運待銀，調派出關諸軍不致停兵待餉，否則前進局勢難言矣。」

尋又奏：「現在局勢，洋防、塞防並重，人共知之，而難易不能無辨。洋防開辦一年，經始之費可減，塞上正值用兵，諸須從新籌措。如軍火、器械，海疆隨時隨地可辦，塞上則須預爲籌計，逾水陸萬里以達軍前，一物之價加入運費已相倍蓰，尚須先備采運實銀乃能應手。不同一也。

「海疆富饒，各口通商又利源所在，以厘稅言，除兩江歲入千萬緡曾見章奏外，粵、浙、閩所收較丁糧奚翅一倍，所須防費已自綽。然甘肅素稱荒瘠，通省丁糧一歲僅二十餘萬，亂後併此亦難復按。農民喘息僅屬，尚須由官多方勸相始免槁餓空山，又地氣高寒，物產本絀，土俗不解經商服賈出外求贏，貧乏無聊，坐以待困，瓶罍早罄，挹注奚施？不同二也。

「東南澤國，粳稻之鄉，舟楫轉輸，一帆千里，商之謀生易裕，官之籌措非難。甘肅糧食升斗皆負戴而行，數十百里之程，非車馱莫致，運脚每過，糧價數倍，且有多十數倍者，故東南各省糧與餉可合爲一，西北則糧價、脚價非另籌津貼不可。不同三也。

「用兵既久，官私耗竭，有時需用孔急，輒稱貸於富室大商。甘肅則本地無可商籌，協款不到，惟借用洋商巨款，及飭各臺局向附近殷實商人議息籌借。然借洋款必指省關還款，以印票爲憑；借華款必飭臺局於附近商賈薈萃之區籌辦，以信約爲憑。近則陝、鄂，遠則上海，相距遼闊，不能克期得銀，而華款又零星湊集，爲數無多，比借款至，守候領催者環待已久，一散即盡。既非若海疆就近取資，又不如洋商易集巨款可以久支，如非計無復之何肯出此？不同四也。

「臣自出師江皖，轉戰浙閩，所歷皆兵燹之餘，就地籌維，未嘗奏請部款。就浙餉討閩賊，就閩浙之餉討粵賊，事平欠餉一律清還，蓋東南餉源可浚，軍用易充，轉運又便，非若甘肅無可取資，仰給各省協款，如嬰孩性命寄於乳媼，乳之則生，斷哺則絕也。乃各省皆以洋防爲急，塞防爲緩，致臣出款日增，入款大減，豈沿海防軍重於出塞征軍，今日海防急於塞事乎？

「竊維餉源祇有此數，此壅彼缺，勢所固然。疆臣各轄一方，畛域攸分，恒情不免。部臣總司國計，因時制用，乃其所宜。以欠餉言，臣軍積欠二千六百餘萬，所部除火食、馬乾、寒衣、單衣外，每年僅發一月滿餉，尚須多方設措。似此窘蹙，何可爲常？各省但就本省應發餉需，節縮一兩月勻濟甘肅，是富者減一盂之食仍免啼飢，貧人利壺飧之加即期宿飽。不過通融挹注，大局藉可維持。此區區愚忱，不得不披瀝陳之也。"

會陝西巡撫譚鍾麟亦奏請，指提西征年終一月滿餉，並催各省奉撥出關糧運的餉，暨催提金順等軍糧餉。得旨："飭各直省督撫將原協、添協西征各餉與分界、南北洋海防各款一體兼顧，毋稍偏重。如再藉詞延欠，即由左宗棠、譚鍾麟分別指名奏參。"而各省關終以洋防牽掣，報解寥寥，餉源涸竭。

冬十二月，宗棠乃請續籌巨款，言："臣現整旅西征，應用火器、子藥、皮棉衣褲、氈包、棚帳、駝騾馬匹采買，製造、轉運諸費，每款動需數萬十數萬，出款之增一也。汰遣弁丁應清欠餉，添募精壯應增正餉，出塞征夫除食糧照章核扣正餉外，餘餉均需現銀實發，出款之增二也。哈密、巴里坤諸處餉項，部臣責其核奏，漸且改爲挪墊現銀，出款之增三也。南北各路糧運，九月後愈加暢旺，駝馬、車騾、人夫、牲畜各數萬計，腳價、薪糧概須現發，口袋、氈條、車駝、酌帶什物須隨時添製預備，所費倍加於前，出款之增四也。師出南路安西，西迄古城屬之三個泉，沿途戈壁相間，人烟斷絕，薪桂米珠，軍糧須數百里割刈，非預先發價，飭各處印官局委設法購備，不能過師，巴、古兵民屯墾委員設局者，牛種、農具、采購、製造動需鉅費，出款之增五也。俄人允爲承辦軍糧，勞費雖省，而腳價需現銀發給，至遲不逾三月之限，道遠運艱，宜預籌解，出款之增六也。關內馬步百餘營，鹽糧、餉乾、薪炭、公費、地方津貼諸款，每月仍非數十萬不能點綴，出款之增如此。

"上年奏借洋款，原擬湊集現餉，大加裁撤，減一分積欠即省一分出款。乃洋款遲到，除扣還前借商款外，餘銀百七十餘萬先後到甘，隨到隨罄。欠發勇夫正餉八百餘萬，上年已清厘二百餘萬，今又漸增新欠。現因年節，屆時應發滿餉一月，各營將弁兵勇盼望甚殷。出關馬步各營已調赴涼州，合隊待餉進發，各路糧運腳價待銀應付，稟牘紛來，臣無以應也。不得已飭辦理驻鄂後路糧臺道員王加敏、駐陕軍需局道員沈應奎，籌借商款六十萬提前解甘，由臣分别點綴，權濟目前。約定明年二、三、四月歸款，届期各省協款即令旺解，必陸續清還借款，而臣軍已寅支卯糧，協款一到即盡，仍屬無濟。若不提還借款，則失信商人，此後並籌借之一線生機亦塞矣。

"竊維上年籌辦臺防，經今兩江督臣沈葆楨①議借洋款一千萬兩，按每年八厘行息，分作十年籌還，業與洋商定約，嗣臺防事定，減借二百萬兩，仍分十年撥還在案。應懇天恩俯准援照臺防成案允借洋款一千萬兩，仍歸各省關於應協西征軍餉，分十年劃還。如此則各省協餉藉資騰挪，俾微臣亦得所藉手，迅赴戎機。"奉諭准如所請，著沈葆楨速議奏聞。葆楨奏稱："出關餉需礙難借用洋款，請飭下部臣熟權緩急，將有著之款移稍緩者於最急之區，如江蘇協甘内有一萬歸陕西，陕西肅清多年，不難自籌一萬，此款應歸西征。江西派協雲貴兵餉、勇餉爲數頗鉅，雲貴較西征則緩。江蘇月協八萬，自本年正月爲始，督飭司、關、局力籌，如數内劃出左宗棠還洋款數目，發交江、海關，餘盡解左宗棠後路糧臺。所有老湘營及關内外各軍均由左宗棠統收分撥。至年終一月滿餉五萬，交冬仍極力籌解，不入月餉。湖北協濟江防未解十二萬，湖南協濟江防未解八萬，均請飭各督撫移解左宗棠，以赴西征之急。"

是月，宗棠自率馬步各營由蘭州赴肅。計俄糧運古城截至四月可四百八十餘萬斤，足敷金順軍食。繼進各軍所需糧料，除官私駄騾駝隻裝運、軍士自行裹帶外，截至四月巴里坤存糧可六百餘萬斤，安西、哈密糧運至古城可四百餘萬斤，存儲待運者尚千萬斤。惟洋款格於沈葆楨之議，餉仍竭蹶，左宗棠復請敕下兩江督臣速代借洋款四百萬。

----

① 沈葆楨（1820—1879），初名振宗，字翰宇，號幼丹，福建侯官人。道光十九年（1839），中舉。二十七年（1847），中式進士，改庶吉士。三十年（1850），授翰林院編修。咸豐元年（1851），補武英殿纂修官。二年（1852），充順天鄉試同考官。四年（1854），補江南道監察御史。五年（1855），升掌貴州道監察御史。同年，放江西九江府知府。六年（1856），署江西廣信府知府。七年（1857），遷江西廣饒九南道。八年（1858），兼管糧臺。九年（1859），加按察使銜。十年（1860），補江西吉南贛寧道。十一年（1861），擢江西巡撫。同治元年（1862），兼辦廣信糧臺。三年（1864），封一等輕車都尉，晉頭品頂戴。四年（1865），丁母憂，回籍守制，六年（1867），授福建船政大臣。九年（1870），丁父憂。十一年（1872），回福建船政大臣本任。十三年（1874），兼辦各國通商事務。是年，巡視臺灣。光緒元年（1875），調補兩江總督，兼理通商事務大臣。五年（1879），卒於任。贈太子太保，謚文肅。著有《沈文肅公政書》等行世。

三月朔①，上諭："左宗棠業已督率馬步分起西進，爲規復新疆各城計，師出塞外，必須士飽馬騰，左宗棠前議借洋款一千萬，現請減借銀四百萬兩，係爲節省經費、顧全大局起見。惟現當大舉深入，酌發欠餉，預備行糧，需款甚鉅，著加恩於户部庫存四成洋稅項下，撥給銀二百萬兩，並准借用洋款五百萬兩，各省應解西征協餉提前撥解三百萬兩，以足一千萬兩之數。國家經費有常，似此竭力湊撥，可一不可再。洋款如何籌借，著左宗棠自行酌度，奏明辦理。各省應解之三百萬兩，著户部酌量指提，毋任延宕。其餘應解西征協餉，仍著該將軍、督撫嚴飭各藩司、監督，儘力報解，毋得八成自限。閩、粵欠解較多，左宗棠請飭將本年應協甘款如數迅解，著該督撫遵照辦理。"是月，又諭："各省提前趕解西征協餉三百萬。現據户部奏，福建已提前湊解六十萬，廣東本年應協甘餉計九十一萬，已催令如數迅解。內除應還上屆洋款本息約共四十萬兩零，仍餘銀五十萬。閩、粵共計已得銀百一十萬兩，其餘百九十萬兩即照部議，浙江四十五萬，江西三十萬，河南五萬，湖北三十八萬，湖南六萬，山東六萬，山西二十萬，安徽十萬，四川二十萬，閩海關十萬，共湊足三百萬兩，均於本年應解西征協餉項下先行提齊，統限三個月掃數解交左宗棠應用。各該將軍、督撫務當遵照部提數目依限趕解，不得稍有短欠致誤戎機。部撥四成洋稅銀二百萬，現議分四批由順天府遴員接續領解交西征糧臺，轉解左宗棠軍營。此項庫款該部請於西征協餉內儘數解還。各直省應解西征協餉，除提前三百萬及兩次所借洋款劃還本利各銀外，所餘不多，若儘數解還部庫，恐軍營餉需仍不敷周轉，著改去歲議撥南北洋海防經費之四成洋稅內，按年酌提一半，將此次部撥二百萬兩陸續扣還。即著李鴻章、沈葆楨遵照辦理。各該將軍、督撫倘不能將該省協餉解至八成以上，仍著該部嚴參懲辦。"

夏四月，宗棠奏言："臣前請借洋款，商之兩江，窒礙不行。復奉諭准借五百萬兩，令自行酌度，敢不切實圖維。竊計本年應得的餉，除部款二百萬、協款提前三百萬外，各省尚有應解八成以上餘銀，清還陝、鄂、滬新借各款尚可存留四百數十萬兩，計連閏十個月內，餉需得資周轉。是本年不借

---

① 三月朔，即三月初一日（1876年3月26日）。

洋款，尚無不可。惟此後各省關協款衰旺未可預知，而懸軍深入，道遠費繁，若無實銀接濟，不堪設想。近接上海轉運局道員胡光墉[①]稟稱：上年花旗、普魯社兩國在海島開礦，獲銀甚旺，若與商借，可期有成。臣答以擬待來年始行議借，一則遲借一年可省一年息耗，一則明年議借隔年始還，一期兩次。彼時臣前借三百萬，本息已悉數還清，界限分明。各省關協款從後年撥還借款，亦尚不至迫促也。"

六月，宗棠奏："北路采運總局設歸化，分局設包頭，經奏委陳瑞芝、蕭兆元試辦年餘，已據報采運五百餘萬斤，合之甯夏采運幾七百餘萬斤，陸續解巴里坤存儲。近時大軍次第出關，及金順借糧濟急，均指此應之。其甘州、高臺、肅州、安西、哈密采運存儲之糧，積至二千數百萬斤，不爲不多。惟此路經過戈壁天山，艱阻異常，駝馱車輛視爲畏途。兵燹之餘，勉籌轉餽，勞費萬狀，究於軍儲少益，故自來西北用兵，無轉關內之糧者。上年試辦歸包轉運，欲於北路別開新徑以裕軍儲，事之濟否，未可預知。幸奉諭准辦，獲此鉅數，非始願所及也。近因南路糧多運絀，而供劉錦棠、徐占彪三十餘營糧料外，尚須供金順分駐巴城數營，又接濟金順全軍軍食，不得已飭加雇駝騾車輛，轉肅州、安西存糧，越哈密、巴里坤，徑抵古城，蓋勞費無以加矣。而中途又時患車壞牲斃，不能依限畢赴。劉錦棠乃儘該軍所有騾駝車輛，助運哈密存糧，備四十五日之需，節節短運，四起四卸，乃抵古城。計閏五月抵古局，存糧可得七百餘萬斤，尚止抵歸、包、甯夏運巴之數。而由肅徑運古城每糧百斤脚價十五兩有奇，安西徑運古城脚價十一兩有奇，較歸化、包頭、甯夏徑運巴里坤脚價每百斤祇八兩有奇，所費又將過半。由是觀之，用兵西北宜采運西北糧，斷可知也。轉瞬新穀將登，又須籌采，必以甯夏、歸化、包頭爲大宗。惟陳瑞芝、蕭兆元竭力經營，雖有成效，而蒙部情形未悉，加委西安協領記名副都統喜勝，督同陳瑞芝、蕭兆元

[①] 胡光墉（1823—1885），字雪巖，績溪縣人，著名徽商。早年家境貧苦，經同鄉引薦，赴杭州阜康錢莊學徒，頗受賞識，後受贈錢莊而成巨富。同治元年（1862），助左宗棠組建常捷軍。五年（1866），贊襄左宗棠創福州船政局，並委辦采運，借內外息銀一千二百五十餘萬兩。旋授江西候補道，於國內廣設當鋪、銀號，富甲江南。十一年（1872），於杭州創辦胡慶余堂，施藥於民，名聲大振。光緒八年（1882），創辦上海蠶絲廠，經營失算，風聲四播。十年（1884），因周轉不靈破產，革職查抄，勒追治罪。十一年（1885），卒。

辦理。喜勝已於閏五月由西安馳赴歸化，北路糧運可期推廣也。"未幾，官軍連克古牧地、烏魯木齊，而各省協餉仍延欠未解。

八月朔①，宗棠奏："臣緩借洋款，原以各省八成以上協款可恃也。溯自奉旨日起截至六月底止，西征糧臺報收部款二百萬，各省提前協餉二百四十餘萬，其非提前協餉亦四十餘萬，約收銀四百八九十萬兩。該糧臺收到後，歸還上年息借商銀及留支應發各款，存銀僅一百數十萬兩。刻下烏垣各城以次克復，遠征士卒，轉戰勞苦，則餉需不可缺；新糧登場，急宜收購，則采買不可緩；白露已過，駱駝起廠，則轉運不可歇。各城新克，百廢待興，急需設官駐營，舉行賑濟、屯墾諸政。賊踪聚南路，又將移哈密、巴里坤、古城之師，兼調馬步各營會剿，亟須辦理軍火、糧運。局勢愈闊，需用愈多，通盤籌畫，儘目前存項計之，九月、十月後，餉事又當斷絕，懇飭部臣查明各省協餉已解、未解成數，分別嚴催。"時金順已奏收復瑪納斯北城，進攻南城，需餉甚急。上飭宗棠於西征軍餉內先行酌量通融。

光緒三年春三月，宗棠奏："出關餉需，上年准發部款二百萬，各省提前解三百萬，均是的餉，復蒙諭飭各省協款以八成批解，可資敷衍，故上年不籌借洋款。惟出師絕域，距協餉各省在數千里、萬里外，而已到之餉祇供九、十月之需。除奏請飭部分別行催外，擬即籌借洋款，並先飭滬、鄂、陝各臺局息借華商銀百一十萬，一分二厘給息。其洋款經上海轉運局胡光墉訂借，限本年三月到甘。不意被金順守領，滬餉委員許厚如托詞朦借，致啟猜疑。事復中變，而進攻南路及規取吐魯番各軍已指春融為師期，奏調填扎烏魯木齊卓勝馬步全軍與防護古城迤西及巴、古一帶運道馬步各軍，業經資遣出關矣。懸軍深入，勢難停待，洋款既不足恃，協款又無，現成巨數，何以進兵？懇飭各省關將本年應協西征軍餉提前速解四百萬兩，餘均解八成以上，俾兵機順利，得免意外之虞。如一時未能驟集巨款，即照陝西撫臣譚鍾麟前奏，各省分向本地富商議息借湊，先期解甘，仍各按每月應解之數，分期劃還商款，而息銀仍由西征餉內劃扣。在各省無洋款期迫之煩，無墊息虛耗之累，而臣軍得有實濟。"奉旨悉如所請。

---

① 八月朔，即八月初一日（1876年9月18日）。

夏四月，宗棠奏："據胡光墉稟稱，洋商已知許厚如不足信，仍允訂借匯豐銀行五百萬。彼國電報已以二百五十萬裝船，餘俟裝船有期再報。惟洋商狃於同治十三年閩省借洋款先收爛番後還實銀故事，計息雖少，獲利轉饒，固以比照閩案爲請。胡光墉與再四斟酌，彼借此還均用實銀，按每月一分二厘五毫起息，由浙海、粵海、江海、江漢四關出票，作七年勻還，每年還兩次，每次六個月爲期。因思以七年計，每歲還本銀不過七十餘萬，每次尚祇三十餘萬。初年息微，末年稍增，以四省勻還，初年每省不過二十餘萬，而四省協濟甘餉，浙江歲協百四十餘萬，湖北、江蘇、廣東皆歲協九十餘萬內外，從中劃撥歸款，既各省力所優爲，時日又舒，不以迫促爲苦。臣軍得此巨款，除還陝、甘、滬、鄂借款，尚不至束手無策，坐失機宜，遂飭其如議趕辦。惟向章洋行付銀必由該國駐京公使、總稅務司知會各關領事官、稅務司，又必以各關印票爲憑，懇恩飭總理衙門咨行廣東、浙江、江蘇、湖北四省督撫暨監督、關、道，分別出具關票，加蓋督撫、關、道關防，仍照會英國總稅務司轉飭四關稅司，一律蓋印簽押，交胡光墉妥速辦理，庶銀可早提，西事可早爲布置。"得旨允行。

初，山西自同治八年户部奏定月協西征餉三萬，又專協穆圖善餉月一萬，米銀月一萬，歷經西征糧臺開單咨部，户部按照核催。上年十一月，藩司林壽圖①乘前撫侯代朦詳，按照同治六年前任晉撫趙長齡②奏每月三萬核

---

① 林壽圖（1822—1898），初名林英奇，字穎叔，又字恭三，號歐齋，別號黃鵠山人，福建侯官（今福建福州市）人。道光二十五年（1845），中式進士，累官工部主事。咸豐二年（1852），考取軍機章京，充幫辦總章京，歷實錄館收掌、纂修、協修兼提調、虞衡司主事、員外郎、工部兩窯廠監督。九年（1859），補山東道監察御史。同年，選工部郎中。十一年（1861），升禮部給事中，兼署兵科給事中。同年，轉浙江道監察御史。同治元年（1862），改順天府尹。同年，充校射大臣、順天武鄉試監臨。二年（1863），簡陝西布政使，兼司軍營轉運，督辦慶陽糧臺。四年（1865），署理陝西布政使。五年（1866），兼管慶陽軍務，辦理甘肅後路糧臺。光緒二年（1876），調補山西布政使。三年（1877），護理山西巡撫。四年（1878），被參革職，旋返籍，主講鼇峰書院。十年（1884），授福建團練大臣。二十四年（1898），卒於籍。平生工詩，好爲古體，善畫石，著有《黃鵠山人詩鈔》《榕陰談屑》《啟東錄餘》《春秋淺説》《論語證故》《餘贅記》《兩晉六朝文類纂》《冶南詩藪》《華山游草》等行世。
② 趙長齡（1800—1874），字怡山，山東利津縣人，廪生。道光五年（1825），取舉人。十二年（1832），中式進士，改庶吉士。十三年（1833），補檢討。同年，充國史館協修。十七年（1837），補福建監察御史。同年，充順天鄉試同考官、監試官。十八年（1838），署京畿道監察御史。是年，丁内艱，回籍終制。二十一年（1841），補浙江道監察御史，升掌雲南道監察御

算，置八年户部核定月協五萬成案不顧，且指八年奏定實餉爲虛數，糧臺開單户部核催爲歧誤舛錯。宗棠遂劾林壽圖任意取巧，紊亂餉章，請飭部議處，以儆效尤。嗣經部議將林壽圖請旨褫職。

九月朔①，劉錦棠復喀喇沙爾，後二日，過喀爾哈阿滿溝，擒賊供秋糧甫獲，白逆迫纏回悉搬入庫車。是日，錦棠至庫爾勒，行糧已罄，令軍士覓掘窖糧，得數十萬斤，乃飛輓後路轉運接濟，旋復庫車，其地糧料充足，價買尚易。未幾，西四城均於冬間次第克復。

四年春正月，宗棠奏："南疆克期底定，尚免勞師縻餉之虞。而官軍自復喀喇沙爾後，所歷均是腴疆各城，米糧、布匹、銀錢及軍民所需日用百貨價值與東南各省腹地相若，且有較内地市價更平減者。現飭古城、巴里坤、哈密、安西采運局減采停運，並將各局分別撤留以示撙節。將來軍食就地取資，全局既振，制用自舒。"我皇上保大定功，規模宏遠，上與高宗拓地節餉之貽謀若合符節矣。繼而行省肇建，甘肅、新疆餉額經受代欽差大臣劉錦棠依宗棠原議定爲歲協三百數十萬。

史，旋轉掌京畿道監察御史。同年，放廣東肇慶府知府。二十六年（1846），署肇羅道。二十七年（1847），補廣東督糧道。同年，授廣東鹽運使。二十八年（1848），遷廣東按察使。咸豐十一年（1861），加布政使銜。同治三年（1864），署四川按察使。四年（1865），授四川按察使。同年，擢陝西巡撫。以鎮捻失利褫職，旋召赴京，以衰老告退。十三年（1874），卒於籍。著有《元善堂制藝》《詩文集》等行世。

① 九月朔，即九月初一日（1877年10月7日）。

卷六　歸地篇

　　鄰敵乘釁盜踞邊城，伊古以來往往而有。其柔而服之，則漢文之撫南越也；戰而克之，則唐宣之復河湟也。新疆之亂，伊犁久淪於回，俄人假辭代收，乘機奪取，內貪腴壤而外市甘言。夫固謂我鞭長難及，莫之能禁也。既而王師一奮，堅巢迭摧，雷厲風飛，遐荒震疊。俄人情見勢屈，轉而要挾不已，繼以恫喝，卒之甘心就款，奉地來歸，向非聖主抗威布德，兼漢文唐宣而用之共效，固不臻此。於戲！自強之道，馭遠之方，可以觀矣。謹采撼納土分界事宜，爲《歸地篇》第二。

　　伊犁爲西北總要重鎮，與俄羅斯南界初不毗連。康熙間，俄之察罕汗始與中國通盟聘，而先後誘脅伊犁西南哈薩克、布魯特各部爲其屬藩，又並入浩罕三部，由是俄疆日拓，遂與伊犁壤相錯、市相通矣。然自乾隆二十二年，王師再定伊犁，滅準部，俄人亦震我兵威，故百餘年來通商會盟，未嘗啓邊釁。同治初，回逆夷酋相繼亂，南北兩路並失，伊犁亦陷。其時中國方用兵，未遑遠略。俄羅斯利伊犁土沃物産豐饒，旋於九年夏以兵制土回，乘隙踞之。嗣左宗棠、金順、榮全等疊奉密旨籌議，榮全旋攝伊犁將軍事，駐軍塔爾巴哈臺。俄人欲設計陷之，藉圖要挾，約往阿雅古斯會議交還。全廉知其詐，不果往。

　　光緒四年，全疆戡定。夏六月，金順遵旨派提督殷華廷等赴俄國古鏡臺，與俄官固必納吐爾喀爾帕科斯克依議及伊犁，稱事體重大，難以擅專，俟咨商土爾齊斯坦總督高伏滿再行定議。但近年案件甚繁，非在總理衙門商辦議論多而難成。且哈薩克、布魯特耳目衆多，恐此議一出，人心動搖，華廷往復詰辯，卒無成議而還。旋譯高伏滿回文，言此事應由貴上司與我駐京使臣議辦，並以中俄案件未結爲言，其狡展如此。

是年九月，上派吏部侍郎崇厚爲欽差全權大臣赴俄款議，俄人陽爲好語還我伊犁，崇厚遽許其通商、分界、償兵費，而伊犁叛回前爲俄人縱庇，恐交還被誅，多逃俄境。俄官布策首以恩赦請崇厚，亦許之，遂咨總理衙門奏派接收分界大臣，俟定約時克期舉辦。

恭親王等奏："伊犁一事議論數年，彼國無非支吾延宕。今據崇厚先後電信，其外部尚無推諉之詞，似於交還一層微有端緒，然兵費數目、通商分界各節尚未明言。洋人惟利是視，或別存覬覦，或仍懷虛詐，正未可知。而目下事機彼既近情，我未便先存逆意。惟交收關係綦重，非熟悉邊情、平時聲望素爲俄人信服者不足勝此鉅任，請於西北邊界大臣中簡派一人就近籌辦，以專責成。"上派錫綸先與宗棠、金順會商，即馳往妥議。伊犁從賊回人，惟著名首要各逆查明懲治，其餘脅從情尚可原，概從寬免，予以自新。令宗棠明白曉示，並飭帶兵員弁不得妄行誅戮。

宗棠旋奏："俄國請將回人赦免、准其回籍一節不可准行。伊犁居人除旗、綠各營及各省漢回、商民、遣犯外，一爲纏回，由南疆轉徙而來；一爲本地土回，乃各城舊有種族；一爲陝回，係官軍克復各城後畏剿逃避，俄官置之綏定城者。俄人之請似專指陝回而言，曩與漢民仇怨既深，萬難復歸故土，故歷辦撫局概將陝回安插甘境。其甘回之就撫者，亦令遷移甘轄郡縣與漢民異處，日久相安。茲若准回陝歸籍，恐回漢尋仇，於關隴大局有礙。其洗心遷善、情有可原者，現已示諭分別辦理，並咨行軍營文武：凡驗繳馬械、傾誠就撫者入關安插，收城之日不准妄行誅戮及搜求財物，致起事端。"金順亦以俄人反覆爲慮，其照覆俄國必俟交收伊犁，方准通商、弛禁。俄人欲先弛禁而後交收，議未決，忽俄國七河巡撫來文，稱"俄商前往石河，爲中國官禁阻，喀什噶爾驅逐寄居俄民三百餘户，住俄回民欲乘和闐有亂，入喀滋事，奉國君面諭，告知中國速弛邊禁"等語。

五年夏六月，恭親王等上言："崇厚與俄國格爾斯布策等商議通商、分界、償款各事，均爲收還伊犁張本。該處通商章程尚未定約，喀什噶爾等處地界並未畫分，兵費亦未指有確數，今伊城未交，俄國請先弛禁，是否心存叵測，尚未可知。布策與崇厚面談時雖有並非因利求索一語，設我將通商、分界各事允其開辦，彼又得步進步，肆意要求，中國則事難中止，俄人仍藉口展延，而於伊犁交還終屬有名無實，應將通商、分界、償款三端盡行議妥，即將伊犁收還，兩事辦理不分先後，庶無疏虞，請飭崇厚、左宗棠等通盤籌算，照此收還伊犁，或與未收同，或不如不收之爲愈，再行詳細妥商，以昭慎重。"疏入，上飭崇厚力持定見，務將通商、分界、償款三端議定後，與交還伊犁同時並舉，或所議各節利害相權，得不償失，自應另籌辦法，著崇厚、左宗棠、金順、錫綸通盤籌畫，詳晰奏陳。俄人稱喀什噶爾寄住屬民驅逐出境各節，均命查明具奏。

宗棠奏言："伊犁本我舊土，猝淪於逆回，俄人乘釁，以代我收復爲名入踞要區，亦知所爲本冒不韙，佯言候官軍克復烏魯木齊、瑪納斯即行交還，更無異說。迨官軍已克烏、瑪兩城，而俄踞伊犁自若也。官軍險嶺而南，拔吐魯番，連下八城。安集延逆酋既伏其辜，賊渠白彥虎等竄入俄地，俄納之，屢索不交，而踞伊犁自若。既而竄俄諸逆領取俄票，假貿易三次窺邊，爲官軍搜獲。俄官諉爲不知，而踞伊犁仍自若也。朝廷重念邦交，特命崇厚出使修約睦鄰，於交還伊犁外並議及界務、商務。以商務論，布策前在京師，雖以嘉峪關爲意，總理衙門未嘗許之。此次崇厚議允其設立領事，已過所望。若於嘉峪關內再允推廣，則有關國家疆圉、華民生計者甚大。查嘉峪關設領事通商，其由俄入中國境如古城、巴里坤、哈密、安西、玉門等處，皆必出之途，由古城經過者有官有驛，足資照料。惟旁境可通車駝者尚多，似應分設塘汛。嘉峪關城極褊狹，俄設領事於此勢多不便，或於肅州城內外由官度地建置，俄官租賃而居，按月薄取佃值，並無不合。俄之官商不得私向民間購基造屋，致滋論端。其由肅州經甘、涼兩郡達甘省、由蘭州南路達漢中，或由東路達陝省西安、達漢中，均指漢口爲銷貨置貨之地。由俄至漢水陸萬里而遙，歷新疆、陝、甘、河南、湖北轄境，陸程居大半，至龍駒寨、荆紫關各處始有小船可售，餘皆車駝曳負，道路修阻，俄商零星裝運，時虞疏失。如聯幫行走尖站過載，主客相參，易滋口舌。俄人性傲，計較最工，內地無賴之徒從而簸弄，搆釁生端，官司不能議禁，偶有抵觸，輒干吏議。各省大吏相距太遠，事關中外交涉，察辦需時，兩造各執一詞，難於究詰，案懸莫結，動經數年，而疏漏冒混，獄市多擾，姑勿具論。此患之中於官者也。

"甘肅地瘠民貧，罔知服賈，土物行銷外省者，烟葉、藥材而外別無大宗。民間車輛多用無鐵高輪、牛馬駕曳，負重不能行遠。馱貨用驢，於農隙受僱，以供餵養，而利其羨餘。陝西駕車，騾馬並用，馱衹用騾，騾產河南嵩、洛間，非陝所出，陝民業車馱者，購騾於豫，攬載通行，運銷百貨，公私均取給焉。軍興日久，牲畜疲乏，倒斃本多，加以陝、豫涔饑，宰食不少，於是車馱價重，貨運維艱。窮民私畜牛驢，於農隙短運取值以資過度。若允俄商入內銷貨置貨，則車馱僱價益昂，民間短運將廢，生機頓塞，殊非所宜。此患之中於農者也。

"商貨行銷，茶為大宗。茶之所產，以楚為盛。甘肅茶商舊設官引，從前私茶充斥，官引不行。兵興以來，茶務倒歇，奏請改引為票，招販承銷，裁革陋規，聽民自便，於是茶販踵至。迨官軍復地漸廣可冀暢銷，而私茶又由山西、包頭藉售發蒙古，繞道草地，侵銷新疆北路，間有倒灌南疆者。雖巴里坤、古城印委各員實力查禁，而偷越仍難杜絕。南疆吐魯番八城纏回見磚茶則喜，謂即承平時湖茶，非私販筒子茶可比。惟地方新復，官茶屯滯者多，而票販成本、息耗愈久愈虧，正思減價出售以清夙累。若允俄商入內置貨，勢必侵占引地，票販虧累無從取償。此患之中於商者也。

"經商之事，必先計成本，合貨價、運脚、盤攬三者估之，攤入貨色為成本，再計市值之高低為利息之贏縮，大抵皆然。泰西各國之通商者，均由海道入長江抵漢口，雖遠逾數萬里皆一水可通，貨價雖同而運脚較陸程減少不止十倍。洋商初入長江，見漢口為百貨匯萃埠頭，爭相購地修造洋行，又於江西之九江購修如式，乃不數年，生計蕭索，洋行且欲求售。水路經商尚如此之艱也，茲俄商戀遷務遠，欲與海國競利，前車既覆，後轍方遵，加以陸運脚價、行棧、盤攬合計，成本較各國商人奚啻十倍？縱善於營運而折閱必隨之，折閱不甘，又將顧而之他為求贏計，於是電綫、鐵路諸事議論紛紜，殆有應接不暇者。斯時偶與通融，異日即多煩惱，再圖補救，悔之已遲。此患之中於國計者也。

"再四思維，非賴使臣堅特定見，剴切言之，俾決計阻止不可。至喀什噶爾寄居俄國屬民驅逐出境各節，南路文報絡繹，從無隻字道及，未知俄人何以云然。惟近接道員羅長祐緘，謂英國駐土爾基領事欲來喀什噶爾會晤，措詞甚恭。又，漏逸賊酋愛克木汗條勒阿布都勒哈瑪寄居烏魯克恰提，近甫渡河而南，招致回部游手，意在窺邊。羅長祐已調馬隊兩旗赴烏帕爾築壘駐防，餘均照常安謐。"

奏入，得旨："所陳妨民病國各條，洵屬老成之見，特崇厚現已定議畫押，專機已誤，惟有亟籌補救，設法挽回，著左宗棠妥議具奏。"未幾，崇厚電報約章皆已定議，擬於八月八日赴黑海畫押後由南洋回京覆命，並將所擬條約十八款摘要知照，經總署詳加覆核，償費一節尚不過多，通商則事多轇轕，分界則弊難枚舉，奏請飭下疆臣核議，迅圖補救。上閱條約，第七款稱中國接收伊犁後，陬爾果斯河西及伊犁山南之帖克斯河歸俄屬；第八款稱塔城界址擬稍改，是於同治三年議定界內劃去西南地段不少，伊犁勢成孤立，控制彌難，況山南要道可達南疆，尤關全局；第十款於舊約喀什噶爾、庫倫設領事官外，增出嘉峪關、烏里雅蘇臺、科布多、哈密、吐魯番、烏魯木齊、古城七處，亦欲酌設領事；第十四款並有俄商運俄貨走張家口、嘉峪關赴天津、漢口，過通州、西安、漢中，運土貨回國同路之語，口岸過多，有碍華商生計，允行則實受其害，先允後翻則曲仍在我。左宗棠於新疆情形瞭如指掌，金順、錫綸久在西北諳習邊情，李鴻章、沈葆楨素顧大局，著一並核議，密速具奏。

宗棠覆陳："俄人自占據伊犁，藉稱代我收復爲要索計，並照其國法按畝科賦以充兵費，亦稱饜足矣。光緒三年，西洋新聞紙載俄國議願得俄元二百五十萬交還伊犁，海上傳播未必無因。此次償款忽議增五百萬元，其挾詐相償已可概見。上冬今春，陝回及布魯特汗、安集延條勒入犯時，官軍獲賊，搜有俄票。昨次布魯特、安集延諸賊由俄境阿來地方出竄，經官軍剿洗，漏網數十人，仍遁俄境。據活賊口供，均由俄官驅遣。四次縱賊犯邊，官軍追剿未越俄境一步，我之守約如此，彼之違約如此，尚何信義可言？當崇厚議收伊犁時，俄官首以恩赦爲請，金順即派殷華廷賷示赴伊張貼，俄官七河巡撫擋之。殷華廷二次往探，不准復入。似此任意把持，不獨違慢朝旨，並置其君與外部諸臣成議於不顧，其悖謬又如此。俄之蹯伊犁也，將大城西北三城毀其廬舍，迤東清水河、塔爾奇、綏定三城居以漢回，蘆草溝、城盤子等處均弃而不守，惟取各城堡木料，於金頂寺營造市廛幾二十里。察俄人用心，蓋欲踞伊犁爲外府，我收舊土俄即索鉅資，伊犁一片荒郊，北境一二百里間皆俄屬部，孤注萬里，何以圖存？況崇厚所議第七款接收伊犁後，陝爾果斯河及伊犁山南之帖克斯河歸俄屬。無論兩處地名中國圖說所無，但就方向而言，是劃伊犁西南地歸俄也。武事不競之秋，割地求和者有之，茲一矢未聞加遺，乃遽議捐弃要地，饜其所欲，譬猶投犬以骨，骨盡而噬仍不止。此可爲歎息痛恨者矣！

"金順、錫綸之擬緩收伊犁，而以沿邊喀什噶爾、烏什、精河、塔爾巴哈臺四城宜足兵力，浚餉源，廣屯田，堅城堡，先實邊備，自非無見。惟伊犁現無定議，謀新疆者非合南北兩路通籌不可。現在伊犁劃界未定，則收還一節自可從緩。喀什噶爾、烏什規畫已周，毋庸再議。其塔爾巴哈臺、精河急宜加意綢繆，應由金順、錫綸自行陳奏請旨。所有崇厚定議畫押十八款，除經總理衙門指駁各條外，第二款中國允即赦免伊民，被俄官截阻賷示委員，不准張貼。第三款伊民遷俄入籍者准照俄人看待，意在誘民歸俄，而以空城貽我，與截阻賷示委員同一用心。第四款俄人在伊犁准照舊管業，中外商民雜處，無界限可分。是包藏禍心，豫謀再踞。商務多設口岸，既奪華商生計，且啟蠶食之機。俄商貿易本無異圖，俄官則欲藉此爲通西於中之計，非僅若西洋各國祇爭口岸可比。且俄之初意注在嘉峪，此次乃議及關内及秦、蜀、楚各處，非不知脚價繁重無利可營，蓋欲藉通商深入腹地縱橫自恣，使我無從禁制耳。嘉峪關設領事容尚可行。至喀什噶爾通商一節，同治三年定議迄未舉行，此次劃界未定，姑從緩議。而烏里雅蘇臺、科布多、哈密、吐魯番、烏魯木齊、古城等處廣設領事，欲因商務蔓及地方化中爲俄，斷不可許。此商務之宜設法挽回者也。

"俄人容納叛逆白彦虎一節，崇厚曾否與之理論？應俟其覆命時請旨確詢，以憑核議。俄人始以官軍勢弱，欲誆榮全入伊犁，陷之以爲質，繼見官軍勢强，難容久踞，乃藉辭各案未結以緩之。此次崇厚全權出使，而布策先以異詞餂之，枝詞惑之，復多方迫促以要之，意以俄於中國未嘗肇起釁端，可間執中國主戰者之口。當此時事紛紜，主憂臣辱，苟心知其危而復依違其間，欺幽獨以負朝廷，耽偷安而誤大局，具有天良者豈宜出此！就事勢次第而言，先之以議論，委婉而用機；決之以戰陳，堅忍而求勝。烏里雅蘇臺、科布多邊務，應請飭下該將軍、大臣豫籌布置，以臻妥慎。若新疆南北兩路業已調齊將領，分布各處，以厚兵力矣。"

金順覆陳："細閱條款所載，其必不可允者有七：一則伊犁民人遷俄入籍者，准照俄人看待。通商以來，奸民久倚外國爲逋逃藪，況新疆夙鮮居民，自大兵戡定後，強者誅夷，悍者走險。今寄居伊犁者，非懦弱良民即漏網逆回也。若復允其所請，勢將舉伊犁而空之。且逆回驕悍性成，必倚俄人滋事，彼將暗縱之使擾我邊鄙。顯問之則佯爲不知，如去歲所收陝回之竄擾，其明徵也。

"一則俄人在伊犁置產，准照舊管業。彼自踞伊犁九城內，孰非其有興修創造，莫敢誰何。若如第四款所議，伊犁豈復有駐足之所？且或於形勢要區，彼皆豫爲占據，詭托置產，將驅而去之耶？抑忍而受之耶？驅而去之，是謂背約；忍而受之，是謂養癰。此自困之道也。

"一則接收伊犁後，陬爾果斯河及山南之帖克斯河歸俄屬，並塔城界址擬稍改。查陬爾果斯河即霍爾果斯河、帖克斯河即特克斯河，自同治三年定約，藩籬之地盡爲俄有，哈薩克遂爲俄民，致塔城一隅去俄鎮僅三十里，洵所謂聚鐵九州鑄此大錯。若如左宗棠之議作爲甌脫，彼此不居，尚可挽回於萬一。必如俄人之請，則霍爾果斯河距伊犁大城僅九十餘里，特克斯河可通南路，塔城尤當其衝，一旦劃割隸俄，弱已強敵，彼直扼我吭而撫我背矣。此界務之必不可允者也。

"至如第十款准嘉峪關、烏、科、哈密、吐魯番、烏魯木齊、古城酌設領事，第十三款設領事處及張家口並准設棧，第十四款俄商運俄貨走張家口、嘉峪關赴天津、漢口，過通州、西安、漢中，運土貨回國同路。自古馭外之法，不貴乎我之能征，而貴乎彼之不能入。我之所以重伊犁者，以其爲中土屛蔽也。俄人於中國常存耽耽逐逐之心，所以遲遲而發者，誠以言語不通、貨幣不達，恐取之而不守耳。若如通商各議，則民之情僞彼得而知之，地之險要彼得而據之，逆回之反側彼得而煽之，奸民之蠢動彼得而乘之。種種弊端，難以枚舉。是我得一彈丸不守之地蕩然自棄。其中外之防，直不啻舉全土而畀之矣。其有病於華商生計猶後也。此又商務之必不可允者也。

"總之，代收、代守、交還，從古無此事理。彼非有大欲存乎其中，必不肯輕以相就。前摺之不敢遽議減兵者以此，屢以餉絀爲慮者亦以此。就目下兵力而論，置邊防則兵分而力弱，取伊犁則兵合而勢強。爲今之計，惟有詞嚴義正，覆以另議之文，令總理衙門或由左宗棠反覆與之辯論，並於喀什噶爾、烏什、精河、塔爾巴哈臺分設重兵，嚴密戒備。其烏、科兩城亦應及時籌辦，以防不虞。如能就我範圍，交還伊犁，固可相安無事，否則相機而動，補牢猶未晚耳。大學士李鴻章亦言，約章第四款俄人在伊犁准照舊管業，第十款於喀、庫二城設領事外准添設嘉峪關等七處領事官，第十二款俄國在蒙古天山南北兩路貿易均不納稅，第十三款設領事處及張家口准設棧，第十四款俄商運俄貨走張家口、嘉峪關赴天津漢口，過通州、西安、漢中，運土貨回國同路。凡此俄商所沾之利，不如是不足慊其志，而伊犁亦不肯還，然彼此民人雜處，界限仍未分明，添設口岸太多，辦理易生枝節。其餘奪華商之生計、侵官茶之引地，在彼獲益不少，在我耗損已多。

"至分界之事，第八款塔城界址擬稍改，現尚未知其詳。第七款陬爾果斯河及山南帖克斯河歸俄屬，就總理衙門寄到分界圖説核之，伊犁西界劃去數百里患猶淺；南界劃去亦數百里，跨踞天山之脊，隔我南八城往來要路。細揣俄人用意，一則哈薩克、布魯特游牧諸部新附俄邦，今復遮其四境，絕彼向化之途；一則扼我咽喉，使新疆南北聲氣中梗，心殊叵測。夫中國之必收伊犁，以其居高臨下，足以控制南八城。談形勢者，謂欲守回疆必守伊犁也。今三面臨敵，將成孤注，自守不遑，豈足控制南路？現修俄約有批准後通行之語，原可置而不行。第此次崇厚全權出使，不可謂無立約定議之權。若先允後翻，其曲在我，既失伊犁而復居不直之名，爲各國所訕笑，所失更多。且彼必仍以分界修約爲辭時相促迫，促迫不已，必生兵端。中俄接壤之處約萬餘里，防不勝防，邊釁一開，恐僅照現議亦不可得。況日本探聽伊犁消息以爲詘伸進止，若聞俄事不諧，或將俟隙而動，即英、德各國修約，恐亦因而生心。是崇厚所定俄約行之必有後患，若不允行，後患更亟。中國必自度果能始終堅持，不至受人擠逼，且必自度邊備完固，軍餉充裕，足資控禦，乃可毅然爲之。否則躊躇審顧，祇能隨宜設法，徐圖補救。

"商務補救之方，一曰立法，一曰用人。中俄舊約原許俄商順便往蒙古各處貿易，今既擴充甚多，宜審各處民情、地勢，俾當事督同地方官妥議章程，由總理衙門核定劃一，暫爲試辦，再籌經久之道。其張家口、嘉峪關爲東西兩路入内要地，尤宜嚴密稽查，凡沿途抽換、私賣、逃稅等弊，分別照約罰辦，勿稍含混。如沿途不得銷售、包攬，則於無限制之中稍有限制。此立法之要也。商務既舉，將來陸路通商益廣，交涉益繁，更制必益多。其安肅及張家口監督兩缺，宜與海關道員並重。新疆各城如郡縣暫難改設，或擇要添設道員，遴選洋務人材，設法調劑，以期辦理妥洽。至各路將軍、大臣持節臨邊，責任艱鉅，必得熟諳時務，威惠交孚，乃有裨益。似應不拘資格，滿漢文武並用，以重邊防而資整理。此用人之要也。以上兩端，或稍可補救萬一云。"

已而崇厚率行畫押，擅自回京。上怒其貽誤君國，六年正月革職拏問，交刑部治罪。閏二月，特旨現改派曾紀澤前往再議。惟彼圖不遂所欲，恐伺隙啟釁，必須有備無患，以折狡謀。左宗棠熟習邊情，老於軍事，著將南北兩路邊防通盤籌畫，務臻周密。劉錦棠、金順兩軍均在前敵，尤爲喫重。錫綸現駐塔城，兵力太單，且與俄人逼處，如能就地選募邊人、招徠藩屬，亦可壯我聲威，著與左宗棠商酌辦理。棍噶扎拉參久在邊疆，聞爲俄人所憚，著錫綸傳旨，令其銷假赴營統帶所部，以爲犄角。左宗棠前有移營哈密之奏，究竟移扎彼處能否聯聲勢，有裨前敵，是否後路不至懸隔可以兼顧，務即妥籌情形，斟酌進止。所有一切機宜，著迅速具奏，以慰廑系。

宗棠奏言："現擬規復伊犁，東路宜嚴兵精河一帶扼其紛竄，伊犁將軍金順主之。中路由阿克蘇冰嶺之東沿特克斯河徑趨伊犁，計程千二百五十里，本商貨往來之道，廣東陸路提督張曜主之。西路取道烏什，由冰嶺之西經布魯特游牧地約七站抵伊犁，計程千二百五十里。此路久經封禁，道光初那彦成[①]、德音阿指爲換防官兵往來捷徑者也，通政使司劉錦棠主之。三路兵

---

① 那彦成（1764—1833），字繹堂，又字東甫、韶九，號韶允，滿洲正白旗人，章佳氏。乾隆五十四年（1789），中式進士，選庶吉士。五十五年（1790），授翰林院編修。五十六年（1791），補侍講。五十七年（1792），升侍讀，入直南書房。同年，補國子監祭酒。五十九年（1794），補詹事府詹事、日講起居注官。是年，授内閣學士兼禮部侍郎銜。嘉慶元年（1796），充尚書房行走。二年（1797），授崇文門副監督，兼正黄旗蒙古副都統。三年（1798），充軍機大臣上行走、工部右侍郎。四年（1799），轉户部左、右侍郎，兼鑲白旗滿洲副都統、翰林院掌院學

力本不爲單，然踞伊犂之俄兵往來靡常，未知確數。此外旗營存者寥寥，而錫伯一旗雖尚有八九千之多，心懷兩端，非但難期得力，並須防其内訌。是三路之軍戰守相資，非厚積其勢不可也。

"劉錦棠一軍，前飭譚上連選募舊部七百餘名，並統楊昌濬挑選三營餘丁百數十名赴該營補額，五月可到喀什噶爾。至檄調之譚拔萃等五營，已催其迅速成行，俟到齊後劉錦棠始可分軍出烏什，以圖進取。張曜一軍，擬增募皖北步隊千名，挑選舊土爾扈特馬隊數百騎同進，再撥步隊四營、馬隊一營歸其節制，並擬令易開俊率所部馬隊填防後路。金順一軍，擬分撥皖軍卓勝營馬步聽其調度，並飭金運昌所部馬隊五百、步隊千五百助之。塔爾巴哈臺地界窮邊，與俄逼處，錫綸兵力既單，擬調烏魯木齊等處土勇千一百餘名前往助之。此規復伊犂三路布置大略情形也。

"就現在局勢言之，金軍扼守精河一帶，遏其紛竄，不必以深入爲功。中路阿克蘇之軍直搗伊犂大城，斷金鼎寺歸路。劉錦棠由烏什冰嶺西路徑指伊城，則俄援伊犂來路可斷。如此路難行，則屯兵喀什噶爾外卡，遥張深入俄境之勢，亦使知内患堪虞，時勤狼顧，不敢復爲豨突矣。"

時金順亦以伊犂接壤之地路路可通，派曹正興、張長安、李發各營駐大河沿，王鳳鳴、方春發、張懷玉各營駐精河，伊里布所部移扎博羅塔拉，馬

士。同年，擢工部尚書，授實録館總裁、鑲白旗漢軍都統、總管内務府大臣，並賞戴花翎。五年（1800），以縱賊罷職。六年（1801），降翰林院侍講、少詹事。同年，充順天鄉試副考官。七年（1802），補内閣學士兼禮部侍郎銜、教習庶吉士，兼正藍旗漢軍副都統、正紅旗滿洲副都統。同年，署廣東巡撫。八年（1803），署吏部左侍郎，遷禮部尚書，總理太常寺、鴻臚寺、樂部。九年（1804），擢軍機大臣，兼鑲黃旗漢軍都統。同年，署陝甘總督，調補兩廣總督。十年（1805），授伊犂領隊大臣。十二年（1807），調補喀喇沙爾辦事大臣，轉西寧辦事大臣。十三年（1808），補江南河道副總河，授二等侍衛，加太子少保銜。十四年（1809），調補葉爾羌辦事大臣，轉喀什噶爾參贊大臣，晋頭等侍衛，加兵部侍郎銜。同年，補授陝甘總督。十八年（1813），加都統銜，戴雙眼花翎。是年，調補直隸總督。二十一年（1816），丁母憂。二十三年（1818），授翰林院侍講、侍讀。二十四年（1819），補侍讀學士，歷詹事府詹事、日講起居注官、倉場侍郎。二十五年（1820），署理藩院尚書，調補吏部尚書、鑲黃旗蒙古都統，兼理樂部。道光元年（1821），授翰林院掌院學士、刑部尚書、正藍旗滿洲都統，兼閱兵大臣。同年，充順天鄉試副考官。二年（1822），補授陝甘總督，署理吏部尚書。五年（1825），調補直隸總督。七年（1827），授欽差大臣，晋太子太保。十一年（1831），以誤國僨襆職。十三年（1833），卒。贈尚書銜，謚文毅。著有《那文毅奏議》《阿文成年譜》《平番奏議》《得蔭堂集後序》《題鮮于伯機書佛遺教經》《重修易州安河記》《予告三品卿銜前太子少保吏部尚書梅庵鐵公神道碑》等行世。

玉崑所部移扎固爾圖、精河迤東。托多克有沙克都林札布之馬隊,托多克迤東塌橋有蘇隆額之官兵,四棵樹有雙全之吉林馬隊,首尾一氣,聲息相通。金順自督親兵、禮字各營駐扎庫爾喀喇烏蘇,鎮靜訓練,以備緩急。

五月,宗棠自赴哈密熟察形勢,即於科城安設坐探。科通古城八臺外,復設漢三臺以速郵傳。古城西路及巴里坤、木壘河均增屯馬步各營,並調提督蕭章開率兩營駐安西州,瞭望梭巡,以資防護。

秋七月,因西事孔亟,詔宗棠來京陛見,以備顧問。適聞俄羅斯揚言兵船二十三隻由黑海阿非利加駛至中國洋面,圖封遼海,意在脅和,以索兵費。宗棠奏言:"俄人是否虛聲恫喝,其先肇釁端,已屬有目共睹。以兵論之,彼自蹈不韙,於我何尤?以勢論之,彼兵船二十三隻,尚不敵福建船政一局所造之多。以人數言之,輪船至大配裝人數多不過千,小者僅容數百。以器械言之,彼國製造向不甚精,自爲土耳其敗後,向德國購製大小槍炮,歷時未久,存儲必不裕。其敢肆披狙者,不過以西俄腴地爲質,舉國債五千二百萬兩,濟惡有資耳。而實則剜肉醫瘡,久之瘡未斂口,肉已垂盡,亦何能救其傾危?

"中國自平髮、捻、回逆以來,制兵雖未足額,而習戰之勇丁、驍壯之將領隨地選募,尚易成軍。炮械雖未充盈,而製造之匠師、采購之洋制專供調發,尚無短絀,故從前諸役自用兵以至底定,先後各十數年,當凶焰倏張,其勢力十倍俄國,究之禽獮草薙,種滅無遺,則廟謨素裕、天定人和之效,固昭然可睹也。惟俄夷既肆鴟張,近畿重地似須增調久練兵勇,以壯聲勢而資調援。烏里雅蘇臺近報有俄兵陸續到界,伊犁、阿克蘇、喀什噶爾外卡屯駐之俄兵,據報逐漸撤減,或係改趨東北亦未可知。已飭營務處王詩正等率所部親軍及旌善馬隊五起,馬步共二千餘名徑赴張家口駐扎,以備調遣。"

未幾,俄人知勢有不敵,又經曾紀澤曉以大義,折其狡謀,改從另議。曾紀澤將新約奏陳,奉旨准其畫押。其接收、分界事宜,諭旨仍派錫綸會商金順,並著升泰一同前往,按照曾紀澤新訂條約妥慎辦理,不得稍涉輕心。伊犁收還時,金順自應率部駐扎,申明紀律,務令秋毫無犯。將來善後諸事宜,即由金順遴員設局,隨時商辦。伊犁居民其願遷俄者,既照約聽其自便，尤須嚴禁擾累，善爲撫輯。至從前被賊迫脅、情有可原之民教人等，應由金順按照新約第二條，出示曉諭，以廣皇仁。

先是，錦棠得總署函，知和議已成，惟白逆等未聞議交，恐貽將來之患，請飭總理衙門與彼國駐京公使執約理論，或令曾紀澤向俄言明，務將白彥虎等解回，或就近押交新疆軍營懲辦，以彰國法而快人心。又以新約第五條督辦交收伊犁之陝甘總督派員往塔什干城知照土爾齊斯坦總督，局勢變遷，未便拘泥，請即由金順會同錫綸、升泰就近派員，以期便捷。上以白彥虎一事曾紀澤當能相機籌辦，陝甘總督曾國荃病未到任，令金順督辦交收，錫綸作爲特派大臣，由金順派員往俄照約妥辦。時錫綸奏，塔城參贊未可久懸。上改命升泰爲特派大臣。

七年秋，升泰至伊犁，與俄使遵約會辦，即派員知照俄總督，限三個月辦竣，該處居民均免究治。有願居原處爲中國民或願遷入俄國者，均聽其便。自交收日起，限一年遷定。俄國從同治十年代收代守，所需兵費及補卹各款共盧布九百萬圓，自換約日起作二年歸付。金順旋於八年春率軍鎮守珠崖，從此舊疆收復，絕塞九城安於磐石矣。

分界

光緒七年夏五月，上諭：「接收伊犁及分界事宜，前派錫綸會商金順相機籌辦，現在曾紀澤與俄國新定約章業經批准，一俟互換後俄國派有大員約定何處交收，即著錫綸馳往會晤，並著升泰一同前往，按照曾紀澤新訂條約及所繪界圖妥慎辦理。」錫綸旋奏准不赴。詔金順督辦，升泰爲特派大臣。

八年秋七月，金順請敕：「科布多幫辦大臣額爾慶額就近會同俄官，將西北邊界薩烏爾嶺、奎峒山等處詳細覆勘，照約劃分，以昭妥協。科布多參贊大臣清安旋會奏，科境游牧沃壤，前已分讓俄人十分之六，蒙民僅存烏梁海所屬哈巴河、阿爾泰山一帶就牧營生，復有哈薩克人衆擁擠，生計日蹙，若將哈巴河再行分割，則蒙、哈部落必至無可容身。蒙民現聞勘改之議，人心驚惶，不肯遷讓，誠恐釀成事端。查新約並無科城名目，且前定之界已建牌博,豈宜另有勘改?金順寄到地圖所繪奎峒山、黑伊爾特什河、薩烏爾嶺等處,與新舊圖説核對不符。其名曰奎峒山者,或係科屬阿爾泰山。此山綿亙數千里,形勢巍然,科、塔兩城倚爲屏障。俄人巧爲含混,意圖居高臨下扼我要區。名曰黑伊爾特什河者,或係科屬額爾吉斯河。此河順流而下,徑逼俄境,且達黑龍江。彼若占據以通運道最爲便捷,一有緩急,兵可衝波而至。名曰薩烏爾嶺者,或係塔屬霍博克賽里山。此山爲塔城門户,與科界唇齒相依,若分割歸俄,不惟科、塔隔絕,必有覬覦瑪納斯、古城之勢。彼若聯絡吐魯番與南八城首尾相應,即伊犁、烏魯木齊東路亦斷矣。況哈巴河及布隆托海分屬俄界,彼必就地開墾,屯兵屯糧,無往不利。假使修鐵路以駕火車,浚水道而行舟楫,四通八達,任其縱橫,則俄勢愈不可遏。竊恐地利一失,後患無窮!請敕下廷臣妥議。"

得旨:"該處界務崇厚貽誤於前,曾紀澤力爭於後。既定新約,衹可就原圖應勘分處,力與指辯,酌定新界。至圖中黄綾以西蒙民、哈夷約有若干,應如何擇地安插、籌款撫恤,並著清安、額爾慶額會商金順、升泰悉心妥籌具奏。惟分界期迫,一時恐難就緒,應由金順、升泰知照俄官量議推展,並由總理衙門知照曾紀澤轉咨辦理。"

總署旋接曾紀澤覆稱:"俄於塔界力求妥速,倘因緩分別生枝節,似屬未便,且勢難再改,緩辦無益,可否九、十月另擇一期,請旨飭辦?"恭親王等奏:"此次劃界約分三段,西北科、塔爲一段,伊犁爲一段,迤南直至喀什噶爾爲一段。定約時伊犁一段爭論最久,故界址釐然,按圖可稽。喀什噶爾一段,言明以兩國現有之地勘分,亦尚直截。惟科、塔一段約内聲明應自奎峒山過黑伊爾特什河至薩烏爾嶺劃一直綫,由分界大臣就此直綫於舊界間酌定新界,是此段界址顯有出入之處履勘議分,關係匪淺。若不詳慎從事,誠有如清安所稱失地利而貽後患者。請敕分界大臣迅速履勘,酌中定議。"上命升泰馳赴科布多,與清安、額爾慶額會商金順辦理,並將蒙民、哈薩克等妥爲安插,毋任滋事。

時升泰會金順、錫綸勘分塔城西南界段,因哈薩克游牧地節節逼近俄疆,恐俄繞越,與俄使斐里德訂明牌博,並派員會同俄官噶必丹鐵開米諾伏,由南山伊犁交界之喀拉達坂土斯賽溝口起,北至布爾漢布拉克,接哈巴爾蘇舊界止，計千一百餘里，共建牌博二十一處，仍於要處暗埋鐵牌；復飭委員劉肇瑞逐一查對，均與新約相符，圖呈御覽。清安、額爾慶額派協領貴祥等馳至烏梁海，開導蒙民，並將安撫恩旨剴切宣布，人心稍定。清安等隨傳左右兩翼散秩大臣及哈薩克各頭目，詢明黃綫以西蒙民男婦約計七千餘名。哈民向隸塔城、現居科界者約計二萬餘人，均在烏梁海西北境內游牧散居，懇求收撫。清安念彼族甚蕃，本非科轄，既不歸塔，科必有以撫之，否則終歸於俄，恐貽邊患，奏請先將東面蒙哈游牧地段節次騰移，始能均勻安插。倘狹隘不敷棲止，容再設法辦理。得旨允行。

　　惟科、塔之界，原繪圖綫出入甚大，升泰等前乘俄使未到，將山川形勢預爲查明，旋與額爾慶額面晤俄官巴布闊·撒伏策幅①等悉心商酌。俄人欲照圖中直綫，以哈巴河劃界。哈巴河地居上游，爲科、塔藩籬，若劃分歸俄，不惟原住哈部蒙民無地安插，即科屬烏梁海、塔屬土爾扈特各處游牧亦俱逼狹，釁端必多。升泰等力爲指辦，相持十餘日無成議。嗣將原約第八條內載同治三年科、塔界約所定齋桑湖東界查有不妥之處，應由兩國特派大臣會同勘改，兩國所屬哈薩克並須分別清楚；至分界辦法，應自奎峒山過黑伊爾特什河至薩烏爾嶺劃一直綫，就舊界間酌定新界等語，細譯理論，俄使理屈詞窮，始允退離哈巴河迤西約八十餘里。

　　至畢里克河定界，畢里克係小河，原圖並未繪列，若照此劃分，則俄占哈巴河上游二百餘里，我僅三分之一，道里遠近仍失其平，即與原約悖；復商就俄國按西洋算法計之，由舊界至哈巴河直綫止共二百八十餘里，折中議分，以昭公允。相持久之。至七月初旬，復允退出五十里，議定以阿拉喀別克河爲界，距哈巴河至直綫共百三十餘里，即原圖黃綫旁所開小河也。餘仿此酌依黃綫所指方位劃分，或依山，或傍水，就形勢爲新界。其有礙道路及水源不便處，商准公用，不得截阻，並與俄使撒斐索富照圖丈量，由奎峒西至新界計離百四十餘里，又由新界北首起順至西南薩烏爾嶺穆斯島冰山，共長五百八十餘里，均核與圖綫相符。

　　升泰遂於七月中旬起程，過額爾濟斯河南，勘分塔界。額爾慶額亦徑

---

① 撒伏策幅，即下文"撒斐索富"。

赴科屬新界，會同俄官撒斐索富，由阿拉喀別克河口之喀拉素畢業格庫瑪小山梁上立牌博一處，北至喀拉圖柏山梁名阿克塔斯立牌博一處，東至克森阿什齊山梁立牌博一處，東北至塔木塔克薩斯立牌博一處。遇有河渠，河心爲界；或山嶺叢雜，道路分歧，商同俄官丈量，核計里數，於適中地循照新定綫道劃分，將地名逐細詳注，以杜越占。與原定圖約黃綫部位大致相符。其豎立牌博處兼埋暗記，令久遠有考。復同俄官書立科界條約，鈐印互換，以昭信守。惟阿克哈巴河源乃此次新定界尾，與舊界烏魯魯卡倫接壤，新約注明河源爲界，豎牌博，埋暗記，均派兵駐守。旋便道察看舊界牌博，細勘奎峒山，地據形勝，與阿爾泰山腹背相連，爲中外關鍵，力與指辯，得移至阿克哈巴河源爲界，奎峒山仍歸中土，扼其險要，誠邊圍之幸也。

俄官撒斐索富旋折回額爾濟斯河南，會同升泰戡分塔界。原約第八條內有將兩國所屬哈薩克分別清楚一節，前議新約時，俄使初言人隨地轉，繼議新界內外哈民各以氈房四百頂定其去留，不得逾數。升泰答以歸中歸俄祇隨民志。俄使乃改議，其原住新定界外哈民，予限一年，由兩國邊界官自行安插。嗣與俄官勘分新界，即傳諭各哈目，願歸俄者並不留難，願歸中者擇地安插，不令一夫失所。哈目堆森伯特噶子圖列願具結歸中，指示哈民以奎峒山左右及哈巴河源、畢里子克河源等處爲夏季游牧，以阿拉喀別克河東及畢里子克河、哈巴河、阿拉克臺等處爲冬季游牧，並飭卡倫侍衛富保妥爲照料。旋繞北山出大彥淖爾，酌量安插。烏梁海兩翼蒙部以和里本圖河、雅瑪圖、約洛圖、西里不拉克爲夏季游牧，以罕達蓋圖河、塔里雅慶格里河、烏隆古河爲冬季游牧。哈目章噶爾吉勒哈什克伯什等各蘇木以奎峒山東之忽木斯山、松達拉克、哈納斯淖爾等處爲夏季游牧，以大彥淖爾、薩克賽河、德里滾河等處爲冬季游牧，均毋攙越，以啓爭端。

哈密幫辦大臣長順[①]派勘中段，分至哈布塔蓋沁達蘭而止。塔城西南阿

---

① 長順（1839—1904），又名常順，字鶴亭、鶴汀，滿洲正白旗人，郭博勒氏，恩特赫恩巴圖魯勇號。咸豐間，充護軍。九年（1859），選藍翎侍衛。十一年（1861），補三等侍衛。同年，升二等侍衛。同治元年（1862），晉頭等侍衛，加副都統銜。八年（1869），選鑲黃旗漢軍副都統。十年（1871），授科布多參贊大臣。十一年（1872），署烏里雅蘇台將軍。十三年（1874），充總理營務翼長。同年，以參案革職。光緒四年（1878），署巴里坤領隊大臣。六年（1880），調補哈密幫辦大臣。八年（1882），授伊犁段分界大臣，與俄國代表翡裡德（即正文之"斐里德""佛哩德"）

魯沁達蘭一段未分，金順函囑升泰將科界勘畢，先知照俄官斐里德勘定此界。時升泰勘辦科屬哈巴河、阿爾泰山、奎峒山等處，前進即布隆托海霍北克賽里，爲塔屬東北界，直達塔城，乃順道前往，會同俄使派員向導一律劃清，於是西北科、塔之界定。

長順勘分伊犁中段，本年七月初馳會俄官佛哩德。自伊犁西南天山北麓那林喀勒噶山口起，至伊境東北喀拉達坂止，沿邊履勘，逐段建立界博，已於九月中旬一律完竣。惟距那林東北百餘里格登山有高宗純皇帝乾隆二十年剿平準夷銘勳碑記，深懼淪胥。考核新圖，未載山名，檢查同治三年俄人輿圖，此山已劃歸俄壤，遂結營山下，與俄官往復力商，始允自特克斯河劃格登山一隅仍屬中土，長約五六十里，寬稍殺，當即會立界博。

復查新約第七條載：烏宗島山距廊里札特村約五十里，烏宗島東北爲錫伯營，屯田水源俱在上游，西南多係纏回圩子，均有關係。俄官欲由烏宗島劃分，與之反復辯論，即由廊里札特村東杜拉村西中間小山分界會立鄂博，並由金順逐段安設卡倫，派撥弁兵護守。西北過伊犁河入霍爾果斯河，悉遵總署頒行約圖，逐一詳勘劃定。

自那林至哈拉達坂止，共立牌博三十三，長約千三百餘里，將設立牌博地名數目及山川起止界綫形勢互換約記，載明那林哈勒噶山口建第一牌博，山水北流，水東爲中地，水西爲俄地。出山順水東北，建第二牌博。東北至草野，建第三牌博。又北至草野，建第四牌博。北至諾海托勒蓋山，在山上建第五牌博。北至特克斯河南沿，建第六牌博，過特克斯河東北格登山所出蘇木拜水，流入特克斯河，南爲中地，北爲俄地。自蘇木拜水逆流至格登山口，建第七牌博。東北至沙爾套山西南斷處，建第八牌博，東南爲中地，西北爲俄地。沙爾套山東北斷處地名康哈，其水東南流，在水西沿建第九牌博。東沿建第十牌博。東北至喀爾套山之達巴罕，建第十一牌博。山梁西北至山高處逐段建第十二至十五牌博。西北至沙爾諾海小山北岸，建第十六

簽訂《伊犁界約》。九年（1883），勘分新疆南段界務。是年，擢烏魯木齊都統。十年（1884），補正白旗漢軍都統。十一年（1885），授乾清門侍衛。十四年（1888），調補吉林將軍。十六年（1890），兼署吉林副都統。光緒二十二年（1896），以病去職。三十年（1904），補授吉林將軍。同年，卒於任。贈太子少保、一等輕車都尉，諡忠靖。修有《吉林通志》存世。

牌博。北至沙爾諾海別德圖二中小山斷處，建第十七牌博。北至特奇勒干小山，建第十八牌博。西北至伊犁河南沿霍爾果斯河水流匯處草野，建第十九至二十五牌博。北至別珍套山，又西轉至康哈達巴罕，建第二十六牌博。西北至庫克烏蘇山，建第二十七牌博。西至平高德木克達坂，建第二十八牌博。東北由阿拉套山之達巴罕至薩爾坎斯克山中，巴散斯克山、庫克托木索達坂、喀爾達坂，建第二十九至三十三各牌博，以阿拉套山東南爲中地，西北爲俄地。其霍爾果斯河東西兩沿居民，准以河水爲兩國公水，河中有洲處爲兩國公地。分界後限三年，每至六月，兩國各派二員隨帶兵丁，一自那林哈勒噶起至伊犁河南沿止，一自別珍套山起至喀爾達坂止，將所立牌博會察一次，如有損壞，仍照舊章補修，載入條約永爲例。於是伊犁中段之界亦定。

巴里坤領隊大臣沙克都林札布勘分南段，俄人狡詐，必欲以薩瓦巴齊爲界。薩瓦巴齊在天山之陽，距山梁尚遠，俄人設卡據守，毫無隔閡，華民舉步有越境之嫌，與俄官咩登斯格詳指形勢，再三辯論，自拉林哈勒哈河勘起，過穆匝爾特達坂迆西罕騰格爾頂，上接薩瓦巴齊至喀伊車庫庫爾圖克爲界，中間各達坂險峻難登，未建牌博，均指天山中梁爲界。及勘至別疊里達坂，即於南面陡崖兩邊相距二十二丈五尺建立牌博，西北屬俄，東南屬中。凡天山斷處由西北流過河水，照約不許改截源流。復從別疊里山逐段履勘，行抵烏什之烏奇，寒氣逼人，俄官堅請停勘。約十月初，齊赴喀什噶爾，面商幫辦軍務張曜，與俄官互換文約，議定明年五月再行會勘。南界薩瓦巴齊一段，幸力與爭辯，得指定天山中梁劃分，不失屏障，經金順縷晰奏明。

當劃分時，督辦軍務劉錦棠深慮俄人侵占險要，奏言："伊犁通南捷徑有四：一自那喇特卡倫經珠勒土斯、察罕通格兩山以達喀喇沙爾；一由穆素爾達巴罕，渡特克斯河，逾冰嶺以達阿克蘇之札木臺；一出伊克哈布哈克卡，越貢古魯克、達巴罕以達烏什；一出鄂爾果珠勒卡倫，逾善塔斯、巴爾琿兩山，渡納林河以達喀什噶爾。然阿克蘇冰嶺臺路艱阻萬狀，夏月冰泮，四山坼裂溢流，峭壁森立，莫能飛渡。亂後臺站盡替，現存阿屬七臺照舊安設。其喀喇沙爾一路曠廢已屆百年，陵谷變遷，道路通塞，水草有無，均難懸揣，疊經行察鮮據，昨已函致金順，請將山北情形確實查覆，再議疏通。其納林達道，早非我有，自可毋庸議及。獨烏什貢古魯克一路，地界八城之中，爲南北相通第一津要，遠在界綫東南，新舊條約、皇朝輿地圖志班班可考也。按塔城舊約所載，伊犁南界過那林哈勒噶，由特穆爾圖淖爾南之罕騰格爾、薩瓦巴齊、貢古魯克、喀克善等山統曰天山之頂，行至葱嶺，倚浩罕爲界。是那林迤南約載之貢古魯克明與罕騰格爾諸山連類而及，且申言天山之頂其確指貢古魯克山頂爲言，非指烏什之貢古魯克山麓爲言，義至明也。

"本年八月中旬，沙克都林札布帶同俄使，自阿克蘇行抵烏什，由貢古魯克、雅滿素各卡倫繞貢古魯克山麓，至別疊里達坂，共立界碑二處，俄使各埋銅牌一面。所過山峽、卡隘、城堡逐一繪圖，並將烏什城垣丈量規計，繞出布魯特牧場，周回游歷延展四十餘日，至九月杪始出烏境。

"十月初，沙克都林札布同俄使密登斯開行抵喀什噶爾，詢知阿烏邊界從罕騰格里至別疊里山已立牌博，其奇恰爾達坂迤西現已積雪難行，擬俟來年五月再行勘辦，並鈔寄喀什噶爾互換界約，逐細核閱。如第一條由那林哈勒噶河起，過穆匝爾特達坂向西罕騰格爾頂，上接薩瓦巴齊，又從薩瓦巴齊山口卡子以至貢古魯克山口繞至天山，均因達坂高險，人難越過，通指天山中梁爲界，東南屬中，西北屬俄。凡天山斷處，屬西北流河水，不許改截源流，尚與塔城舊約相符，似俄使亦知約不可背者，何以貢古魯克山口至別疊里達坂路兩邊相距二十二丈五尺，又復埋立中俄兩國牌博耶？所稱別疊里即畢底爾，向西北流河水當即阿克蘇上流之畢底爾河，山口達坂路當即烏什之貢古魯克卡以達伊犁之路也。今所換界約，凡貢古魯克以上各山通指天山中梁爲界，乃復於貢古魯克山口及別疊里之達坂路相距二十三丈五尺埋立中俄兩國界碑，侵占鄂博至畢底爾河源。且將烏什城垣丈量，就其約章，按其舉動，實屬支離刺謬，自相矛盾，居心叵測，已可概見。失今不言，後將髮指！

"此次會勘新界爲定界，乃於俄界外中界内駐兵設卡，任意作難。忍之則有積薪厝火之憂，發之則有投鼠忌器之慮。如北路哈巴河故事，其明徵也。迄今科界黃綫迤西蒙民暨哈薩克三萬餘衆撫綏安插重煩宸廑，將來作何了局，尚難懸擬。若貢古魯克至別疊里山南達坂路所立俄界兩處不趁劃分未定按約索還，則現隸烏什之奇里克、胡什齊兩布魯特部落勢必自撤藩籬，終歸俄有，而貢古魯克通伊犁捷徑非我所能問津，南北隔絶，即八城東西亦多梗阻，伊犁勢成孤注，雖得特克斯猶之未得矣，微論有事而徵兵饋餉窒礙不行，即平時文報往來必須繞越，隔閡孰甚焉！請飭總理衙門向俄國駐京公使據理按約與之辯論，所有伊犁南界應照此次中界所定格登山紅綫，循格根河順喀什噶爾西邊行至葱嶺，倚浩罕界爲界，中間應行勘分處，枝節繁多，務須責成分界大臣恪遵諭旨力與指辯，酌定新界毋稍遷就，然後由烏什貢古魯克出卡以達伊犁之路足可索還，不致別生梗阻。所立貢古魯克及別疊里達坂路兩處界碑，應一律拔除。凡新約越占處悉予更正，並懇諭令曾紀澤與俄國原派大臣原始要終，以重邦交而清邊界，必兩昭明信而後已。"

九年春正月，上添派長順會同沙克都林札布，查照錦棠所奏，妥慎辦理。長順旋奏："張曜、沈毅有謀，又最留心邊事，彼處形勢洞悉無遺，請敕就近會勘，詳慎討論，庶免疏虞。至貢古魯克山口及別疊里達坂，如果侵占至畢底爾河源，致南北隔絕，就新定圖約，力與指辯，應可據理索還。但界博已立，界約已換，俄人素性狡黠，若未奉該圖重戡明文，必藉詞推諉，懇飭總理衙門先向俄國駐京公使辯論明晰，並請諭令曾紀澤與俄國外部大臣反覆詳説，切指此處界碑誤立，使轉飭分界俄官照約更正，似覺較易。"

春三月，上諭："長順前勘中段地界，頗合機宜。現在南段界碑雖立，尚未定局，張曜於該處地勢較熟，惟帶兵駐扎防所，未便遠離，毋庸添派會勘，仍著將一切情形與長順、沙克都林札布詳細籌商，妥爲辦理。至曾紀澤所定界綫本自分明，全在分界大臣於履勘時據約力爭，以期設法挽回，毋得意存諉卸。劉錦棠、金順如有所見，亦著隨時知照長順等斟酌妥辦。"

五月初，長順行抵烏什，察閱沙克都林札布咨送勘分界圖，與總署原頒圖約及烏什局員周應菜所呈圖説，均與紅綫相符。旋與原立界碑委員分道覆勘，尚無錯誤。覆奏："劉錦棠原奏別疊里即畢底爾山口達坂路，當即烏什之貢古魯克卡，由於圖載地名互異，語言不同，以致誤會。至貢古魯克可達伊犁之路，懸崖峭壁，險阻異常，承平時偶有土人行走，亂後路爲賊毀，人迹罕到，即歸我有，無裨大局。矧在天山之陰、紅綫之外，彼族譎詐，安肯聽從？按：新疆形勢，僅水嶺一路可通，南北往來，梗阻堪虞，且密邇俄境，終難進退自如。欲求大局全歸版圖，必須循格根河由喀拉廓勒順納林大道至喀什噶爾方無隔閡。但兩次所載條約均須更換，揆諸時事，終非易易。則貢古魯克界外屬俄之路似不必邊起爭端，徒失和議。沙克都林札布與俄使咩登斯格辦理妥協，不若仍由一手經理，以免分歧。

"再，查喀喇沙爾由草達坂珠勒土斯山直達伊犂路可行走，前此俄人設卡防守，原屬伊犂腹地，居南北之中，亟應疏通以期便捷。現派員確察情形，令徑稟劉錦堂等酌商辦理。"得旨允行。於是沙克都林札布仍會咩登斯格，從烏什別疊里山迤西之喀克善山接續分起，至喀什噶爾所屬之烏魯一帶逐段履勘，由蘇約克山轉向喀什噶爾之西按照圖約分立牌博。而張曜覆奏依爾克池他木與現管地方舛錯太甚，考塔城舊約，載明行至蔥嶺靠浩罕界為界，俄官欲照圖綫在依爾克池他木立界，該處天山以內地勢平衍，既不沿蔥嶺，亦不靠浩罕，實與條約不符。現管之帖列克達灣係蔥嶺正幹，與西南現管之界同一，山梁、山陰皆浩罕舊地，為今俄國費爾干省之界。中間廊克蘇至依爾克池他木一帶係喀屬岳瓦什布魯特牧地，水草既饒，道路又近，部眾賴以資生。比會同沙克都林札布，按約力爭。俄官旋因病回國，當經咨商劉錦棠、金順轉向俄國外部商榷，俟議定在帖列克達灣設立牌博，再行換約。奉旨著總理衙門核議具奏。

時長順接張曜先後咨送輿圖，均於總署所頒官圖紅綫外添畫一綫，稱係現管地方，必須爭回，即會商沙克都林札布，由別疊里山順中梁察明紅綫，並照現管勘至帖列克屯木倫一帶。俄官不肯於此處劃分，堅請按照紅綫在伊爾克什唐立界。指辯多日，迄無轉機。察現管之界有三：一喀拉多拜在帖列克提達坂迤北綫外約八十里，係天山之陰；一帖列克達灣在喀境西綫外約二百里；一屯木倫在帖列克達灣東南綫外百餘里，皆距紅綫甚遠，勢難力爭，若不趕分換約，恐又別生枝節，核實奏陳。而沙克都林札布仍同俄使照官圖紅綫逐段履勘，自喀克善山分起，此山險峻難越，不能窨立牌博，同指山梁為界，由此向西南至庫嘎爾特山梁立牌博一處，西南至齊哈爾立牌博一處，西南至烏魯立牌博一處，西南至巴圖瑪納克立牌博一處，西南至庫倫杜立牌博一處，西南至和堅特立牌博一處，西至帖列克提達坂立牌博一處，西至倭圖魯立牌博一處，西至黑子庫爾立牌博一處，西至圖魯阿提即圖魯嘎特立牌博一處，北至蘇約克立牌博一處，西南至庫嘎爾塔立牌博一處。西至伊提木阿蘇，險峻如前，同指山梁為界。西南至吐子阿蘇即阿來庫里立牌博一處。西南至喀喇瑪阿蘇，險峻如前，同指山梁為界。西南至塔拉格依立牌博一處。西南至色丹,險峻如前,同指山梁爲界。西南至薩瓦雅爾得立牌博一處,西南至塔拉庫勒立牌博一處,西南至克斯達爾,險峻如前,同指山梁爲界。西南至恰拉卡拉立牌博一處,西至東格爾瑪即喀喇別里立牌博一處,西南至以克則克即伊特特克立牌博一處,南至伊爾克什唐立牌博一處。西南有瑪里他巴爾山、烏斯別里山緊靠浩罕,均係應立牌博地方,因山高雪積,攀越維艱,同指山梁至綫外之喀音噶里山爲界。計自喀克善山起至烏斯別里山止,共立牌博二十二處,指山爲界者七。詳考官圖紅綫,均屬相符,並於牌博下暗識銅牌。當與俄使議換圖約,俄使因張曜咨商伊犁將軍行文往返需時,稱病回國。沙克都林札布亦即馳回喀什噶爾,旋派員赴俄國窩什換回圖約,考證無訛。

時總理衙門遵旨覆陳:"據張曜所奏尚須爭回帖列克達灣一帶地方,而長順奏已照紅綫劃分定界,兩人各抒所見,辦法亦涉兩歧。且長順覆奏內稱依爾克池他木即新約後載議准俄商出入卡倫山口之伊爾克什唐,亦即圖中之依爾克池他木河,其處綫外並無游牧,間有孑遺布民,均住卡倫附近地,大抵力言張曜指爭地段非盡實情。現將張曜、長順各呈地圖與新舊紅綫洋圖詳細對核,大致均屬明晰。惟地名詳略互異,譯音各判,方位亦未能一一相符。按:喀喇多拜一處新舊圖俱未載,既據現來各圖在喀城之北紅綫外無可與爭,應毋庸議。依爾克池他木河舊圖不載,新圖正依紅綫界限,長順所奏不誤。其帖列克一處,張曜所謂帖列克達灣者在喀城極西,新圖列在紅綫外。其屯木倫一處,即在帖列克南,新圖未載,舊圖則兩處地名皆無。惟載迤西喀喇庫里湖與各圖同,却在紅綫之內,新舊紅綫不符。若此,揣曾紀澤定約時或因新圖不無縮入,又知左宗棠咨報克復喀城有占得安集延遺地,邊界展寬之說,故約內添西邊以現管爲界一語以預留地步。既以現管爲界,即可不拘定紅綫。此二處確在塔城之西,原可力爭,張曜所陳不爲無見。但查新約卡倫單確有伊爾克什唐名目,既指爲入口之路,於此分界理亦甚長。竊意俄官必明知地圖稍有展進之處,故不肯現管爲界,而堅以紅綫爲憑,爭之誠恐不易,長順所慮遲不換約,恐俄人別生枝節,亦係實情。惟帖列克達灣是否係西邊要隘,岳瓦什種人是否別無牧場,請敕劉錦棠、金順就近熟籌利害,確切查明。"

金順旋接沙克都林札布咨稱：帖列克達灣在喀城極西，距依爾克池他木紅綫二百餘里，地勢孤懸一隅，實非要隘，而伊爾克什唐載在新約卡倫單，設卡置兵，以謹出入，依此立界，險要固未失也。岳瓦什部衆均住紅綫內之烏魯克恰提游牧，距帖列克達灣迤東三百餘里，地勢寬闊，水草裕饒，履勘時並無岳瓦什人在彼住牧，曾招其部長蘇唐伯克隨行。如果係該部牧場，自必明指地段，求爲爭回。乃追隨日久，從未言及，則帖列克達灣非該部民牧地可知。

又接劉錦棠函稱：該處布魯特部落游牧爲生，春東夏西，迄無定所，且人數甚少而牧地袤延。依爾克池他木等處尚非要隘，且沙克都林札布與俄官爭辯，堅執不從，實已心力交瘁，似不必以區區一隅致礙邦交。金順亦以南段疆界經特派大臣會同勘分，幾費唇舌始得照圖綫定議，邊隅片壤未便再招俄使重勘，徒費周章，致使有礙大體。奏奉諭旨，於是南段喀什噶爾之界亦定焉。

通商

中俄通商，先年因故禁阻。伊犁交還，仍弛禁開辦。新訂約章載有通商數條，並附陸路通商十七條。伊犁、塔爾巴哈臺、喀什噶爾、庫倫四處，俄國照約設領事官。餘如科布多、烏里雅蘇臺、哈密、烏魯木齊、古城等處，由兩國陸續議商，俄民在天山南北兩地各城貿易暫不納稅，俟將來商務邕旺，再議徵收。

錦棠奏："新疆各城久已設局抽收厘稅，商貿必須查驗，始准售銷。今俄商運貨進卡，如至新疆有局地方應請查驗，蓋用戳記方可行銷。如未銷完運赴他處，亦應將銷過貨物開單呈驗、蓋戳放行，續至有厘稅處亦如之。倘貨照不符，送交俄官區處，以杜包庇販運情弊。約章載有專條，在中國順事就施不過略增繁費，而俄人甫經入市，詎必盡悉約章？不如由俄官早自傳文，使各懷成範，踵而行之，無所疑阻，則稱便矣。條約又載：俄商辦運中國土貨，由恰克圖及新疆回國，特將'回國'二字標明，在中國途間祗當逐遵查驗，以防夾帶私貨，原無准其銷售之理，就令已運出卡，亦不得由陸路復運進卡。詳考舊章，有由海口辦運中國土貨復運內地銷售之說，從無自俄販運中國土貨由陸路復進口內銷賣明文。凡新約所未改者，皆仍照舊行，俄商皆不知此，往往將中國土貨復運進口，雖經在事各員頻令折回，似仍於義未曉。華商完釐次數多而成本重，俄商完釐次數少而成本輕，詎可任其運銷以防華商生計！俄官應將和約宣告該國官商，辦貨時加意斟酌，幸勿再誤，反致折耗。請飭總理衙門照會駐京俄使，一體照辦。"

八年夏，總理衙門有新疆開辦商務請暫免釐稅之奏。上諭："新疆設卡徵釐，藉資軍食。現在俄貨暫不納稅，而各部落人及內地華商仍令照章完納，未免苦樂不均，且恐弊竇叢生，有名無實，況沿邊人眾尤宜廣其生路以示招徠。所有進出卡倫貨物，往來新疆各城貿易者，著概行暫免釐稅，俟商務興旺，照約議立稅則，再復舊章。"錦棠遂將原設局卡概行裁撤，惟本地土產如金、銅、牲畜等項課額，仍飭赴各廳、州、縣暨各善後局，照常交納。

十一年，行省既開，商務漸旺。布政使魏光燾詳請興復稅務，始設局哈密、古城，抽收百貨入稅。

十三年，添設省城及南北兩路總、分各局。久之，復請飭總理衙門照會駐京俄使，議定稅則，一律開辦，以昭平允。不果行。

卷七　置省篇

　　新疆周二萬里，形勢居西北上游，幅員視中土倍數省，地大物齊，五金並産，五穀莫不生，材木老山谷，蔬荍滿畦圃，匹棉皮幣屯都市，牛羊馬駝之遂其孳生，虎兕麋鹿之供其射獵，固隱然一都會也。然《漢書》稱三十六國，分立其王爲五十五國，種類屢雜，風氣阻殊。自漢武通西域後，僅領以都護、校尉，猶興廢無常。唐代置官亦衹伊州、西州、庭州諸屬，其他無聞焉。

　　國朝康熙、雍正力征經營之。至高宗先平準部，次定回部，於是居國行國，悉震聲靈矣。其設官凡四百餘員，養兵萬有九千餘名，武功之盛，遠軼漢唐，顧當日因時制宜。其隸版章屬司牧者，惟鎮西、迪化、吐魯番，未嘗胥全疆而郡縣之也。同治回逆之亂，西域殆絶，大難甫夷，即禀聖謨恢長策，變更戎索，襲以華風，斯一統之宏規，亦千古之創局也。是役也，大學士左宗棠首建大策，巡撫劉錦棠斟酌損益，規模大備，布政使魏光燾實在左右之。迨光燾護理巡撫，益權衡時勢，規畫久遠，乃克竟其功云。謹采摭建置規模，爲《置省篇》第三。

　　光緒三年春三月，官軍克吐魯番。奏入，上詔宗棠統籌全局，具陳措置之宜。宗棠覆陳："立國有疆，古今通義，規模存乎建置，建置因乎時勢。今欲省費節勞，畫新疆長治之策，紓朝廷西顧之憂，則設行省，改郡縣，事有不容已者。請飭户部、兵部檢發咸豐初年陝甘、新疆報銷卷册及新疆額徵、俸薪、餉需、兵制各卷宗，俾得稽考舊章，按照時勢，從長計議。"

　　四年春，南北兩路悉平。宗棠以創置行省係天下全局，請飭廷臣會議。上不許，仍飭宗棠酌議奏聞，候旨定奪。上又念郡縣以民爲本，亂後人物凋殘，其商户、回户、纏民見存幾何，今設郡縣有無可治之民。倘置省非宜，此外有無良策，並飭通籌具奏。

宗棠奏言："新疆之變起於北路，迪化失守，所屬相繼淪陷，户口傷亡最多，漢民被禍尤酷。頃大軍進剿，連拔堅城，而昌吉、呼圖壁、綏來回民又因畏剿逃奔南路，烟户頓減。克復以來，招徠耕墾，户口漸增，迪化州舊額四千二百有奇，現報承墾者已三千六百餘户。昌吉舊共三千九百有奇，今存四百數十户。阜康舊户三千九十餘，今存二百一十餘户。綏來舊户三千七百餘，今存八百五十餘户。奇臺舊户四千三百六十有奇，今存五百七十餘户。濟木薩縣丞所屬民户二千八百有奇，今存三百五十餘户。呼圖壁巡檢所屬舊户千七百三十有奇，今存二百八十餘户。庫爾喀喇烏蘇舊僅八十户有奇，今存數十户。精河舊僅四十户有奇，今有百餘户。鎮西廳户口無考。舊種地六萬畝，今報民墾三萬六千餘畝，兵墾四千餘畝，土客漸臻。此北路民户現存實數也。

"鎮迪道屬自木壘河抵精河，地多腴區，土客民人及遺散勇丁領地耕種，逐漸加增。即以目前論之，亦非無可治之民也。吐魯番舊隸鎮迪道，荒地尚少，糧石租稅現已逾舊額之半。南八城除英吉沙爾壤地褊小，烏什土性瘠薄，餘均較吐魯番爲饒。而喀什噶爾、和闐、葉爾羌、阿克蘇庶而且富，物產豐盈，又較各城爲盛。劉錦棠、張曜悉心經理，開河引渠，清丈地畝，修築城堡、塘站，百廢肇興，具有端緒，較之北路尤易爲功。是南北開設行省，天時、人事均有可乘之機，失今不圖，未免可惜。此新疆之應改行省者一也。

"北路得之準部，南路得之回部，皆因俗施治，未能與內地一道同風，久已概爲邊地。伊犁設將軍，又設參贊大臣。烏魯木齊設都統，又設提督。塔爾巴哈臺、葉爾羌均設參贊大臣，喀什噶爾、阿克蘇、庫車、和闐、喀喇沙爾均設辦事大臣。伊犁等處設領隊大臣五員，塔爾巴哈臺、烏魯木齊、庫爾喀喇烏蘇、古城、巴里坤、吐魯番、烏什、英吉沙爾均設領隊大臣。哈密設辦事大臣、協辦大臣各一員，葉爾羌設兼管和闐事務協辦大臣一員，烏什設幫辦大臣一員，喀什噶爾又設換防總兵。是邊地腹地皆一律視之，無甚區別，與經野馭邊之義不符。將軍、都統與參贊、辦事大臣，協辦與領隊大臣，職分等夷，或皆出自禁闈，或久握兵符，民隱未能周知，吏事素少歷練，一旦持節臨邊，各不相下，稽察督責，有所難行。地周二萬里，治兵之官多，治民之官少，而望其政教旁敷，遠民被澤，不亦難哉？北路糧員但管徵收，而承催則責之頭目，南路徵收均由回目阿奇木伯克等交官，官民隔絕，民之畏官不如畏所管頭目；官之不肖者，狎玩其民，輒以犬羊視之，凡有徵索，頭目人等輒以官意傳取，倚勢作威，民知怨官不知怨所管頭目也。

"內地徵收常制，地丁合而爲一，按畝出賦，故無無賦之地，亦無無地之賦。新疆則按丁索賦，富户丁少賦役或輕，貧户丁多賦役反重，事理失平莫甚於此。貨幣之制，子母不能相權；爭訟之事，曲直不能盡達。官與民語言不通，文字不曉，全恃通事居間傳述，顛倒混淆，時所不免。此非官與民親通其情、去其蔽不可。惟廣制義塾，先教以漢文，俾略識字義。徵收所用券票，其户名、數目漢文居中，旁注回字，令户民易曉。過有舛錯，隨時更正。責成各廳、州、縣而從道府察之，則綱目具而事易舉。頭目人等之權殺、官司之令行、民之情僞易知、政事之修廢易見，長治久安之效實基於此。此①新疆之應改行省者二也。

"查詢甘肅、新疆餉數，僉稱平時每歲約銀五百餘萬兩，自變亂以來，册籍散失，難以覆按。考道光二十七年甘肅口內外駐防滿洲、蒙古旗綠官兵，應需俸餉、紅白賞恤等項四百一十五萬二千三百五十餘兩，內先一年預撥銀百四十萬兩，外銀二百七十餘萬由部臣照依估撥，預撥完數，以此準之，甘肅、新疆實餉五百餘萬之數雖無可考，而一歲之中預撥、正撥四百一十五萬兩有奇，則有數可稽也。竊度南北兩路，如行清丈之法，就畝徵賦，仿什一之制而從寬定額，民取十數，官徵其一，以給軍食，尚可有餘。修渠導流以備旱澇，改鑄制錢以便民用，設局徵厘以裕課稅，次第經理，已有端緒。此外南北兩路物産尚有藥材、皮張、吐魯番之棉花、和闐之玉、庫車之金銅鉛鐵，均應設籌及之。是新疆利源非無可開也。

"從前額兵之多者，一則轄疆與蒙部回番雜處，兵少恐啓戒心。一則新疆須由內地撥兵換防，兵少難敷調派。若以現在局勢而言，蒙部、回番已就鈐束，防營可以漸減。前奏改行餉爲坐糧，爲復甘肅制兵之漸。新疆南北如

---

① 刊本奪一"此"字。茲據補。

置行省，換防之制可以永停，又擬節制兵之餉，以紓各省協款之力也。竊計甘肅、新疆承平時預撥估撥餉銀四百數十萬兩，俟伊犁收還，每省約可節省百數十萬兩，後此利源日開，餉更可減。每年以三百數十萬兩爲度，自無不可。"

上是其議，諭以伊犁見未收還，建置事宜尚難遽定，其南北各城應先次第籌辦。旋因西四城漏逸賊酋糾衆寇邊，宗棠以政教未行，愚民信奉其汗比條勒已成錮習，非革除舊俗、漸以華風，難冀久安長治，五年秋八月奏奉諭旨，著妥籌具奏。

宗棠按新疆形勢，北路則烏魯木齊，南路則阿克蘇，地居天山南北之脊，居高臨下，足以控制全疆。擬設新疆總督，治烏魯木齊；設新疆巡撫，治阿克蘇；將軍率旗營，駐伊犁、塔爾巴哈臺；改設都統，並統旗綠各營。於伊犁增設兵備道，塔爾巴哈臺設同知，北路鎮迪道仍其舊。升迪化直隸州爲府，附郭置迪化縣，並舊設之奇臺、昌吉、阜康、綏來四縣隸焉。升呼圖壁巡檢爲呼圖壁縣，濟木薩縣丞爲濟木薩縣。改鎮西廳同知爲直隸州知州，仍復原設宜禾縣。改哈密通判爲直隸廳同知，於吐魯番增設廣安道，改吐魯番同知爲廣安直隸州知州。升辟展巡檢爲辟展縣，增置托遜縣。南路阿克蘇增設分巡道。阿克蘇即古溫宿國，設溫宿府治之，附郭置溫宿縣；於尹阿瓦提置尹阿縣，於拜城置拜城縣，均隸溫宿府。庫車即古龜茲國，設鳩茲府治之，附郭置鳩茲縣；於沙雅爾置沙雅縣，均隸鳩茲府。喀喇沙爾即古焉耆國，設焉耆直隸州治之，於庫爾勒置庫勒縣隸焉。烏什即古尉頭國，於其地設尉頭同知。凡二府所屬統轄於阿克蘇道。喀什噶爾增設兵備道，喀什噶爾即古疏勒國，設疏勒府治之，於漢城置疏勒縣，回城置疏附縣隸焉。葉爾羌即古莎車國，設莎車府治之，於漢城置莎車縣，回城置莎附縣隸焉。和闐即古于闐國，設于闐直隸州治之，並置于闐縣隸焉。英吉沙爾即古依耐國，於其地設依耐直隸同知。凡二府所屬統轄於喀什噶爾兵備道。至義塾甫興，學政及各府、廳、州、縣校官應緩議設。其丞倅佐雜應俟分設郡縣後，再分別陳請新疆各員按照邊俸遷轉，暫亦緩議。各城安設臺站驛遞，增設提、鎮、副、參、游、都、守、千、把、外、額大小武職及額兵俸廉、餉乾、本折，應俟新設督撫會同議擬，藩臬大員均隨督撫駐扎。

六年冬十月，宗棠奉旨入覲，詔布政使劉錦棠署理欽差大臣。未幾，伊犁款議成。

八年春三月，上諭："譚鍾麟奏，請酌度七城情形，設立道、府、丞、倅、牧、令各員，著劉錦棠體察情形，會商該督籌議具奏。"

錦棠在南路久，其地之廣狹瘠肥，物產之豐嗇，皆親歷周知。秋七月，遂就宗棠原奏而變通之，回疆東四城擬設分巡兵備道，駐阿克蘇。喀喇沙爾與土爾扈特、和碩特游牧珠勒土斯，犬牙相錯，擬設直隸廳理事撫民同知，治喀喇沙爾城。庫車擬設直隸廳撫民同知，治庫車城。阿克蘇擬設溫宿直隸州知州，治阿克蘇城。設拜城知縣，治拜城，隸溫宿直隸州。烏什緊鄰布魯特部落，為極邊衝要，擬設直隸廳撫彝同知，治烏什城。以上統歸東四城巡道管轄。

西四城擬設分巡兵備道，住喀什噶爾回城，兼管通商事。喀什噶爾擬設疏勒直隸州知州，治漢城；設疏附知縣，治回城，隸疏勒直隸州。英吉沙爾緊鄰布魯特，情形與烏什略同，擬設直隸廳撫彝同知，治英吉沙爾城。葉爾羌擬設莎車直隸州知州，治漢城；設葉城知縣，治回城，隸莎車直隸州。葉爾羌所屬瑪納巴什為回疆東西咽喉地，積年河水為患，擬設直隸廳水利撫民通判，治瑪納巴什城。和闐擬設直隸州知州，治和闐城；設于闐縣，治哈拉哈什，隸和闐直隸州。以上統歸西四城巡道管轄。

各城向有阿奇木伯克，悉撤之，由地方官酌定頭目額數選充。舊設各塾亦由各廳州縣延師訓課，分別請獎。教職等官暫可不設。惟新疆與甘肅形同唇齒，凡籌兵、籌餉、制辦、轉運諸務皆以關內為根本。若將關內外劃為兩省，以二十餘州縣孤懸絕域，勢難自存，且後路製運必與甘肅分門別戶眉目始清，則經費更繁，尤難為繼，請將哈密、鎮迪道等處暨擬設南路各廳州縣並歸甘肅為一省，仿照江蘇建置，大略添設甘肅巡撫，駐烏魯木齊，並請加兵部尚書銜，俾統轄全疆官兵，督辦防務。設布政使一員，隨巡撫駐紮。舊有鎮迪道員，請照福建臺灣例加按察使銜，令兼管全疆刑名、驛傳。改迪化直隸州為迪化縣，添設迪化府，治迪化城，管轄迪化及舊設昌吉、綏來、阜康、奇臺五縣。移奇臺縣於古城，遷古城巡檢於舊治，而典史隨印官移駐。此外鎮西、吐魯番兩廳撫民同知暨鎮西廳照磨、訓導，吐魯番所屬回城、辟展兩巡檢，哈密廳監督、通判，哈密巡檢，昌吉屬之呼圖壁巡檢，阜康屬之濟木薩縣丞，均仍其舊。惟哈密纏回舊受治於辦事大臣，應照宗棠原奏，歸哈密廳管理。

九年春，請增設阿克蘇、喀什噶爾道庫大使各一員，溫宿、疏勒、莎車、和闐四直隸州各設吏目一員，烏什、庫車、喀喇沙爾、英吉沙爾四同知、瑪納巴什通判各設照磨一員，拜城、葉城、疏附、于闐四縣各設典史一員，莎車州回城、喀喇沙爾所屬布古爾各設巡檢一員。

十一年秋，請增設布政使經歷、庫大使各一員，鎮迪道增設道庫大使一員兼司獄，迪化州舊有巡檢改設迪化府經歷兼司獄，舊有州吏目改迪化縣典史，原設學正改升迪化府教授，仍兼管各屬縣學事；庫爾喀喇烏蘇縣丞改同知，又改糧員。

是年冬，請改設撫民直隸廳同知，加理事銜，兼管土爾扈特部衆，隸鎮迪道。精河舊設典史後改糧員，請改設驛糧巡檢，屬庫爾喀喇烏蘇廳同知。

次年，復增設照磨兼司獄。

十年冬，錦棠簡授新疆巡撫。

十一年夏，魏光燾調任新疆布政使，復相與籌商，先後奏經部議，得旨允行。

伊犁者，西北之奧區，中外之關鍵。近鄰俄羅斯及哈薩克、布魯特、蒙古諸部，遼闊衝擾，控馭綦難。當日東西建城有九，棋布星羅，形勢完壯。自回逆陷之，俄人踞之，夷城郭，污田里，滿漢兵民殺戮之餘重遭迫脅，故伊犁收還後舉屬荒郊。將軍金順進駐數年，籌辦善後諸務，費帑七十餘萬，而民未加多，地未加墾，工程未竣役。會有詔內召興復未遑也。十三年春三月，魏光燾詳悉規劃，謂西六城以綏定爲扼要，擬裁撫民同知，升伊犁廳爲府，治綏定城，附府設綏定知縣，並廣仁、瞻德、拱宸、塔勒奇四城隸之。將軍舊住惠遠，以城垣頹廢，寄居綏定，應以惠遠新城爲滿城，仍移將軍駐之，仿內地駐防之制。東三城以甯遠爲扼要，擬設甯遠知縣，治甯遠城，屬伊犁府，並以惠遠、熙春兩城隸之。設伊塔分巡兵備道，兼管通商事，駐甯遠，與知縣同城。霍爾果斯即拱宸城，緊連俄界，舊屯索倫各旗，擬裁原設巡檢，置伊犁府分防通判，管理旗務。精河爲入伊要道，西南出東樓斯口，距甯遠最近，上年改設巡檢，隸庫城同知，擬改設精河直隸廳撫民同知，隸伊塔道。博羅塔拉爲伊塔適中地，西臨俄境，田地亦多，擬移精河巡檢駐之，隸精河同知。廣仁城爲伊犁通衢，擬裁惠甯城巡檢，改設於此，隸綏定縣。改惠遠城巡檢爲伊犁府經歷兼司獄，綏定城巡檢爲綏定縣典史，甯遠城巡檢爲甯遠縣典史。並增設伊塔道庫大使。精河同知、照磨仍留。舊設伊犁理事同知隨將軍移駐，辦理旗務。改塔爾巴哈臺理事通判爲塔城直隸廳撫民同知，兼理事銜，管理民屯旗務。仍設同知、照磨兼司獄，均屬伊塔道。至新疆各屬部文件往來，時有翻譯，應援山西成例，添設巡撫衙門筆帖式二員。錦棠均奏請飭部覆准。

至關外武職，舊制自綠營標兵換防番戍兵外，類屬旗員、旗兵，養兵既多，需餉甚巨，宗棠原奏設省後餉可日減，且約定成數。十年春二月，劉錦棠、金順、張曜、譚鍾麟按照部議各節，悉心區畫，將款項之應用應抵，兵勇之應留應汰，就左宗棠原議三百數十萬之餉，量入爲出，以昭核實。

錦棠旋條陳數事："一曰留兵勇以定餉數。承平時，新疆旗綠各營數逾四萬，協餉係與甘肅並估，一歲之中預撥、正撥四百一十五萬兩有奇，常例分半提用，從前額兵職官北路獨多，今則兩路並重。南路形勝以喀什噶爾爲最，阿克蘇、烏什次之。現擬酌定全疆旗綠以三萬一千人爲準，如部臣所議，將舊有之烏魯木齊、巴里坤、古城、庫爾喀喇烏蘇、吐魯番各處旗丁歸併伊犁，即以伊犁將軍與塔爾巴哈臺參贊爲駐防旗制，合馬步勇營共足萬人，餘以六千三百人歸喀什噶爾道屬，以六千四百人歸鎮迪道屬。其巴里坤則定三千八百人。全疆餉項除已改之坐糧標勇、士勇外，餘存之營尚須照支行餉，統計關外各營餉需及添制軍裝、器械並善後經費銀，已需三百四十萬兩，合關內餉銀百二十萬兩，現尚需的餉四百六十萬兩，較向額僅多費銀四十餘萬。若舊勇裁畢，統改坐糧，新疆每年可省兵餉八十餘萬兩。其善後三十萬兩，三年後均可停止，則每年合關內外止須協餉三百數十萬兩，與左宗棠奏定之數適符。

"一曰改營制以歸實用。向來駐防旗營例分前鋒、領催、馬甲、步甲及養育兵，月餉、季糧各有等第，綠營分馬、步、守三項。今於伊、塔兩處分兵一萬，擬伊犁分七千人，塔爾巴哈臺分三千人。伊犁即就現存錫伯、索倫、察哈爾、厄魯特及擬移烏魯木齊各城旗丁內挑選三千人作旗兵，再於金順所部勇營挑留四千人作馬步游擊兵，應如何歸舊設伊犁總兵等官統馭，即由將軍轄制、酌定。塔城挑留旗兵千人，再於錫綸所部勇營挑留二千人作馬步游擊兵，該處亦有綠營官弁，應由參贊酌度。其三道所屬共二萬一千人，馬步分編，擇駐險要，除酌派各處分汛外，餘兵隨所隸之將軍、參贊、巡撫、提、鎮，駐扎練習，俾成勁旅。

"一曰定官制以一事權。關外向止鎮迪一道，今則南路添設兩道，並畫哈密通判以隸新疆，計廳州縣官二十餘員，回疆始有治民之官。旗丁概歸伊塔駐防，擬請除留伊犁將軍、塔爾巴哈臺兩處旗營外，其餘兩路之都統、參將、辦事、協辦、領隊各官概予裁撤。移烏魯木齊提督於喀什噶爾，移喀什噶爾換防總兵於阿克蘇，其所屬各營旗分防城隘，應更勘明定議。鎮迪道屬之兵即作撫標，每年協餉仍歸陝甘總督統估按數分起撥解。又，配造子藥所需物料應歸總督飭甘肅新疆總糧臺分別購造撥解應用，年終由應分協餉內劃抵歸款。旗營各員參用勇營之章，便於訓練，如副將作旗營官，即以中軍都司為總哨，千、把、經制外委為正、副哨長；參將、游擊作營旗官，即以中軍守備為總哨，千、把、經制外委為正、副哨長；都司、守備作營旗官，即以中軍千總為總哨，把總、經制外委為正、副哨長。兵署即同行營，聲息聯為一氣，治兵之官不似往者之冗，而事權可一。至文報尤關緊要，南北兩路通改臺為驛，分隸各廳州縣管轄，以專責成。其人役薪糧一律從新釐定，自此陲①政肅而擾累除矣。"

奏入，均報可。惟前疏請裁旗員，而伊犁參贊一缺、塔爾巴哈臺領隊二缺，未經議及，旋奉諭核議，十一年夏五月，錦棠覆陳伊犁請改設副都統二員，塔爾巴哈臺請裁滿洲領隊而留厄魯特領隊，並添設副將一員，悉蒙俞允。

先是，八年秋，錦棠請將烏魯木齊、古城、巴里坤所餘旗丁並遷伊犁滿營，故前奏有伊犁即現存錫伯、索倫、察哈爾、厄魯特及擬移烏魯木齊各城旗丁內挑選三千人之語。嗣金順奏伊犁旗丁尚多，挑補足額，請改遷塔城。

---

① 刊本作"郵"，茲校改。

又經護巴里坤領隊金貴咨稱，塔城毗連俄界，恐凋敝之餘難資禦侮，於是遷伊、遷塔久無定議。十一年夏，錦棠復議歸併古城、新築滿城安插，請照甘肅莊浪滿營例，改設城守尉，以資鈐束。十三年春，請照河南、山西城守尉例，歸新疆巡撫兼轄。

明年三月，新授城守尉德勝莅任古城。錦棠委道員英林①會同將三處員弁兵丁擬定旗分，造册呈核，實存協領三、佐領、防禦、驍騎校各十，筆帖式二，委筆帖式三，又雲騎尉五，恩騎尉三，各兵丁九百九十八名外，閑散幼丁六十一名，按照旗制，僅敷六旗之數。是年八月，奏請總計六旗共設佐領六員，防禦六員，驍騎尉六員，部缺筆帖式一員，委筆帖式二員，催總、領催三十六員，前鋒如之，馬兵七百二十有八名，炮手、匠役各十二名，步甲百一十六名，養育兵六十名，總設官二十有一，兵共千名。照現存官兵數目，應裁協領三，佐領、防禦、驍騎校各四，部缺筆帖式、委筆帖式各一，尚應補兵二名。其官俸、兵餉均照滿營承平舊制，分別定支，得旨允准。

十二年冬十月，錦棠與魏光燾遂將南北兩路巡撫、提、鎮各標額餉、兵制妥籌議奏，向章勇丁一營，自營官總哨至正副哨長共官弁十員。標營擬每營旗祇以副、參、游、都、守作營旗官，而量設千、把爲哨長，經制外委爲巡查，其總哨、副哨長概從裁省。又，勇丁營制步隊一營，火勇占額四十餘名，一旗占額三十餘名，馬隊火勇向在額外，標營則向無火勇。茲既照勇營之制，火勇自難裁減，擬改步隊以四百九十八人爲營，三百六十七人爲旗，官弁、火勇在內；馬隊以二百五十人爲營，百二十六人爲旗，官弁在內，火勇在外。而議設標營，則不計火勇，以足原議。

鎮迪道屬設兵六千四百名，撫標擬以舊有提標中、左、右三營改設，內

---

① 英林（1847—1903），鑲黃旗滿洲二甲喇本世管佐領下人，二品廕生。同治六年（1867），捐納同知，分發山西，旋投效軍營。七年（1868），賞戴花翎。八年（1869），丁父憂。十年（1871），經穆圖善奏留差遣。同年，保知府。十一年（1872），服滿起復。十二年（1873），告假回旗當差。十三年（1874），左宗棠奏留甘肅差委。光緒三年（1877），保參領。四年（1878），保副都統，經部駁回，改加二品銜。五年（1879），保道員，賞清字勇號。同年，丁祖母憂，經左宗棠奏請留營差委。七年（1881），以功加二品頂戴，並賞二品封典。九年（1883），委署鎮迪道篆。十一年（1885），兼理新疆按察使。十四年（1888），委署伊塔道篆。十七年（1891），補授伊塔道員缺。二十一年（1895），調署鎮迪道。二十五年（1899），調補甘肅西寧道。二十九年（1903），卒於任。

設中軍參將一員、游擊二員，並中軍守備以下等官共四十餘員、勇二千餘名。省城重地合舊有之迪化、鞏甯二營，設城守協副將一員，並中軍都司以下等官，以舊有喀喇巴爾噶遜營隸之。瑪納斯、濟木薩、庫爾喀喇烏蘇營皆依舊制略爲增減。精河舊設都司，地當伊犁衝要，擬設參將以資控制。吐魯番昔爲換防兵，地屬鎮迪道，擬就道屬兵數內增設游擊一員駐之。以上均隸巡撫兼轄。計設副將二，參將三，游擊四，都司四，守備十有三，千總十有九，把總五十有二，經制外委三十有四，共官百三十一員。步隊八營三旗，馬隊十五旗，除火勇共正勇六千四百四名。餉照坐糧稍爲變通，每營歲需二萬四千餘兩。嗣復添設撫標開花炮隊一哨。

十三年冬十月，又奏設喀什噶爾提標中、前、左、右四營，參將一員，游擊三員，守備七員，千總、把總、經制外委四十有五員，步隊四營，馬隊七旗，城守營游擊一員，守備二員，千總、把總、經制外委十員；步隊一營，馬隊一旗，開花炮隊一哨。回城設副將一員，都司、守備各一員，千總、把總、經制外委十有二員，步隊一營，馬隊一旗。

英吉沙爾設參將一員，守備一員，千總、把總、經制外委九員，步隊一營，馬隊一旗。

葉爾羌設副將一員，都司一員，守備二員，千總、把總、經制外委十有五員，步隊一營，馬隊三旗。其所屬葉城縣即由所設馬隊內分右旗駐防。

瑪納巴什設游擊一員，守備一員，千總、把總、經制外委七員，馬、步隊各一旗。

和闐州設參將一員，守備一員，千總、把總、經制外委九員，步隊一營，馬隊一旗。其所屬于闐縣即由所設步隊內分左哨駐防。

喀什噶爾與各部毗連，文報必須翻譯，中營另設蒙古把總二缺。

以上各營歸提督管轄。計設副將二，參將三，游擊五，都司二，守備十有五，千總十有九，把總五十有五，經制外委三十有五，並提督共官百三十七員。步隊九營一旗，馬隊十六旗，開花炮隊一哨，除火勇共正勇六千三百九十七名。

阿克蘇鎮標設中、左、右三營，游擊三員，守備六員，千總、把總、經制外委三十有六員，步隊三營，馬隊六旗，並抽右營馬隊一旗，分駐拜城縣。城守營設都司一員，守備一員，千總、把總、經制外委五員，步隊一旗，開花炮隊一哨。

烏什設副將二員，都司二員，守備一員，千總、把總、經制外委十有六員，步隊一營一旗，馬隊二旗。

喀喇沙爾設參將一員，守備一員，千總、把總、經制外委九員，步隊一營，馬隊一旗。

庫車所屬沙雅爾設游擊一員，守備一員，千總、把總、經制外委七員，馬、步各一旗，中營另設蒙古把總二缺。

以上各營均歸總兵管轄。計設副將一，參將一，游擊四，都司三，守備十，千總十有三，把總三十有九，經制外委二十有三，並總兵共官九十五員。步隊五營三旗，馬隊十旗，開花炮隊一哨，除火勇共正勇四千五百三十三名。

巴里坤鎮標設中、左、右三營，游擊三員，守備三員，千總、把總、經制外委二十有七員，步隊三營，馬隊三旗。城守營設都司一員，千總、把總、經制外委四員，步隊一旗。

哈密協營設副將一員，都司一員，守備一員，千總、把總、經制外委十有二員，步隊一營，馬隊二旗。哈密協屬塔爾訥沁設守備一員，把總一員，步隊一哨。

古城營設游擊一員，守備一員，千總、把總、經制外委九員，步隊一營，馬隊一旗。

木壘營設守備一員，把總、經制外委三員，馬隊一旗，中營另設蒙古把總二缺。

以上各營均歸總兵管轄。計設副將一，游擊四，都司二，守備七，千總十有一，把總二十有九，經制外委十有八，並總兵共官七十三員。步隊五營一旗一哨，馬隊七旗，除火勇共正勇三千五百十七名。

兩路提、鎮標營官俸兵餉概照撫標章程，統由巡撫節制。章下，悉經兵部覆准，文武員缺請照吉林例由外補署一次。撫、藩以下廉俸、工食、升、調、遷、補各事宜，均請參酌例章，變通辦理。

南路各塾纏童暫行酌獎佾生，以資觀感。鎮迪道屬歲科兩考，改歸巡撫局試。修復各廳州縣文廟、武廟、文昌廟、社稷神祇、先農壇、龍神祠，府治及各直隸州、廳添設昭忠祠。其山川方鎮如阜康之博克達山，喀喇沙爾之博爾圖達坂，阿克蘇之索木爾嶺，春秋致祭，一遵舊制。而博克達山尤幽邃，禱雨無不應，復添建博嶽廟以順民望禮靈祇。於是武功大定，文治聿昭，人物繁熙，比於中土諸行省焉。

卷八　善後篇

　　自回逆構變，醜虜交訌，草木蕩爲腥膻，民物淪於灰燼。平定後，外籌邊防，內謀生聚。督師左宗棠、劉錦棠雖拮据戎馬間，罔弗竭慮殫精，隨時措置。陝甘總督楊昌濬、山東巡撫張曜奉命幫辦，悉心籌贊，規模益宏。逮行省初開，今攝巡撫魏光燾適移藩出塞，益爲廣所未備，慎圖厥終，於是荒復之區，兵燹之後，百廢俱舉，蒸蒸稱上理焉。謹采撫撫字事迹，爲《善後篇》第四。

　　光緒四年夏五月，詔楊昌濬幫辦甘肅新疆善後事宜。昌濬自宗棠初出，即佐理營務，累功擢浙江巡撫，嗣因案罷職家居。

　　是年四月，幫辦陝甘軍務通政使劉典得請終養。宗棠以新疆善後方亟，疏請起用。

　　六年春正月，飭通政使司劉錦棠幫辦新疆軍務。先是，上年冬，宗棠奏，錦棠出關以來克復各城，勳績丕著，現辦善後各事，因地施治，寬猛得宜，洵一時傑出之材。俄人因憚生忌，動思搖撼，握兵日久，疑謗易滋，請優賞欽差銜，幫辦新疆北路軍務，俾得盡其力用，以蘇疲民，故有是命。

　　秋七月，特諭左宗棠見飭來京陛見，接替需才，著慎舉賢員，奏明請旨。其帶兵各員有才略過人、堪膺艱鉅、秉性忠勇、緩急足恃者，並著臚列保薦，用備任使。宗棠奏："劉錦棠志在匡時，才能應變，隴中關外，夙著勳勤。近辦新疆善後事宜，威惠並行，邊民咸服。如蒙恩命督辦關外一切事宜，必能勝任。並言安肅道員駐肅州，地在關內，兼轄關外玉門、安西；鎮迪道駐迪化州，兼轄鎮西廳，地在關外，哈密廳介居其中，向歸陝甘總督統屬。茲擬督辦關外軍務，應請劃哈密、鎮西、迪化併歸新疆，且以督辦新疆军务署衔，不用'关外'二字更觉分明，陕甘督篆可否即交杨昌濬接署；在事人员叠蒙天恩洊擢提、镇，其人之才否，又为刘锦棠、杨昌濬所深知，断不至曲抑人才。臣既遵旨交卸，未宜保荐市恩。"得旨："刘锦棠威望素著，办理新疆善后事宜诸臻妥协，著署理钦差大臣督办新疆军务。俟刘锦棠到哈密后，左宗棠即将钦差大臣关防交给祗领。所有新疆一切布置，并著详细告知，妥为筹办，即行迅速北上。所请派署陕甘总督篆务，著听候谕旨。喀什噶尔逼近俄境，亦关紧要。刘锦棠启程后，须派得力将领认真防守，以昭慎重。"

冬十月，宗棠奏请以张曜帮办。曜原官河南布政使，为御史刘毓楠[1]劾，改武职。

四年，西四城告捷。宗棠附奏："始与张曜共事，知其能军，不知其饶有吏干。嗣率所部驻哈密，大兴屯田，具有条理，前后书牍继至，文理斐然。其论列兵事及南疆地势、贼情，所言多中。疆域日阔，边才甚难，如张曜之文武兼资，实不数睹，恳仍复文职。"原疏留中，继有是请，得旨允行。宗棠旋奏报刘锦棠是月初六日行抵哈密，十二日移交钦符，即起程入关。

上谕："西陲军事紧要，刘锦棠务当按照左宗棠成规，与金顺、张曜和衷筹办。至哈密及镇迪道所属文武地方官，均著照所请，暂归刘锦棠统辖。"锦棠旋缄商张曜率所部嵩武军并新募生力军千余人移防喀什噶尔、英吉沙尔两城，总办西四城边防、善后暨中外交涉诸事宜；饬统领董字军步队三营董福祥并统张俊定远军步队三营，夏辛酉、张宗本恪靖马队两营，移驻叶尔羌、和阗各城；饬喀什噶尔防营步队一旗、缠回布鲁特马队各一旗，仍屯喀城。共马步十一营旗，概归张曜节制。嵩武军开拔后，东四城防务饬总理营务罗长祜将所部老湘军右军五营、中军右营一营并为四营，另拨谭慎典、陈建厚白旗寿字马队各一营隶之，共马步六营，移防阿克苏、玛纳尔巴什一

---

[1] 刘毓楠（1810—？），河南开封府祥符县人。咸丰元年（1851），中举。二年（1852），中式进士，充礼部学习主事。六年（1856），补仪制司主事。九年（1859），升铸印局员外郎，迁精膳司郎中。同年，保御史。十一年（1861），补授江南道监察御史。同治元年（1862），转掌江南道监察御史，充会试同考官，奉派稽查甲米、秋季俸米，帮办西城团防，巡视东城。同年，补授吏科给事中。四年（1865），奉派稽查西仓事务。五年（1866），帮办东城团防，保道员。同年，补礼科掌印给事中，旋派查稽海运仓事务。是年，简放安徽凤颍六泗道。七年（1868），赏戴花翎，署理安徽臬司。八年（1869），被参革职。著有《淡泊斋谏草》等行世。

帶；飭譚上連率所部恪靖馬隊三營，並將老湘左軍步隊五營併爲三營，共馬步六營，移防烏什。譚拔萃、譚和義新由湖南募步隊二千餘人西來，錦棠以哈密舊屯親軍步隊暨旌善馬隊經宗棠飭赴張家口駐扎，即提拔萃等新勇兩營，並調原駐喀城親兵，並充親軍。其餘新勇飭譚和義率一營暫駐吐魯番，譚拔萃率一營進駐庫車，並統庫車、喀喇沙爾兩城防營。

七年春三月，張曜率諸軍赴喀什噶爾，督同喀英善後局道員張宗翰次第部署，悉如錦棠議。

秋八月，授錦棠爲欽差大臣督辦新疆軍務。疏辭不許。初，錦棠先後規復南北兩路，曾請隨時裁撤各營，至是奉旨飭錦棠與譚鍾麟、楊昌濬會商裁減，以節餉需。

八年春三月，錦棠覆奏："伊犂甫經收回，金順移軍前進，地面愈闊，種類愈繁，必須加意鎮撫。張曜所部豫軍馬步僅十四營駐防喀、英等城，毗連夷境，方慮兵單。是金、張兩軍目前未能遽裁。此外湘楚卓勝各軍，除左宗棠檄調親軍並旌善馬隊各旗帶赴直隸，暨上年先後裁去弁勇六千三百餘名，現祗馬步六十營旗，約二萬五千餘人。上年曾函商烏魯木齊提臣金運昌，擬將所部卓勝軍先裁步勇四營、馬勇兩營，並就湘楚各軍兵力略厚者，先撤馬隊四營、步隊兩營，計每撤一營，需銀四萬餘兩。謹將籌辦之法詳晰縷陳：

"一、餉項急需接濟。查上年裁去弁勇，計散放餉銀六十餘萬兩。今續議減竈，出款正繁，難資周轉。且撤省應清積欠，留者月需薪糧，應請敕下戶部咨行各省關，迅將西征協餉籌解大批，以濟要需。

"一、裁營必按次第。新疆各軍強悍性成，離家甚遠，一旦遣撤，既恐逗留關外，又慮滋事沿途。上年所遣各營將口糧數目攤勻，由後路臺局節次給發，飭該管將弁申明紀律，分起成行，非如內地散軍刻期蔵事。此次擬仍照上年辦法，庶無他虞。

"一、邊防宜策長久。謹按乾隆年間戡定新疆，移滿洲、蒙古、東三省索倫、錫伯等兵暨陝甘兩省綠營兵，或攜眷駐防，或按期換守，其見諸載籍者，數逾四萬。此時現有防營僅足相抵，若於關外所裁營勇中選其精壯耐勞、不願回籍者，仿往代屯田法編成額兵，並將烏魯木齊提標兵額飭金運昌所裁卓勝軍認真挑選，俾復步兵舊額之半，均改行餉爲坐糧，以省餽運，營伍易實,邊患可消,假勇得所,於新疆大局實有裨益。"

得旨:"所籌尚屬周妥,著戶部咨行各督撫、將軍、監督,迅籌大批濟用,勿誤要需。至所擬挑選現裁營勇編成額兵各節,著會商譚鍾麟,悉心妥籌,奏明辦理。"

鍾麟自奉前旨,即函商改勇為兵。會錦棠有是奏,意見適合。金運昌前以關內現行制兵額餉太薄,招募維艱,請照土勇章程辦理,遂於裁撤卓勝軍馬步各營後,募鎮迪各屬漢民與遣勇不願回籍者,編成土勇六旗,改併土勇一旗,計二千五百九十餘名,已符提標兵額之半。錦棠就湘楚各營遣勇照坐糧編馬隊一旗,備改標兵,徐復舊額。其未裁各營仍奏請支給行餉,以重防務。

九年秋七月,戶、兵兩部咨令核查兵勇數目、防境地段,奏明報部。錦棠以哈密為南北路總匯,大營駐此,期於呼吸相通;南路自吐魯番至和闐等處,纏回新撫,毗連外部,以喀什噶爾為邊要,張曜行營駐之;北路自巴里坤至精河等處,山嶺紛歧,近接蒙壤,以伊犁為邊要,金順之軍府在焉;咨商金運昌先將卓勝軍馬步五營分起遣撤,又酌裁羅長祐所統湘軍步隊兩營,統共開除員弁勇夫四千六百六十一員名、額馬五百四匹,湘、楚、蜀各軍並提標土勇僅存馬步五十一營旗、開花炮隊三哨、小馬隊五哨,共額設弁勇二萬五百一十七名,額外營哨官並各夫役萬有七百十四員名,額馬三千七百八十二匹。此錦棠所部諸軍截至九年十二月現存實數也。

嗣於行糧馬隊內酌將蜀軍呼敦左右二營、楚軍定遠一營、湘軍定遠小馬隊一哨裁併,改為定遠行糧馬隊一旗、呼敦行糧馬隊二旗、定邊坐糧馬隊二旗。又於行糧步隊內裁撤湘軍定遠中營一營,並將董字左右二營、定遠左右二營、蜀軍正副二營、楚軍安遠左右二營裁併,均改為左右二旗,更改建威一營為安遠前旗。照章共留員弁勇夫五千九百十五員名、額馬六百三十五匹。共開除員弁勇夫二千九百六十三員名、額馬百二十一匹。

喀喇沙爾地方險要,照土勇馬隊餉挑駐蒙古馬隊一旗,阿克蘇道標挑募土勇一旗,合湘、楚、蜀軍並烏魯木齊提標共五十四營旗、開花炮隊三哨、小馬隊四哨,共額設弁勇萬九千一百六十三員名、額外營哨官百有二、夫役九千六百二名、額馬三千七百八十八匹。此錦棠所部諸軍截至十年三月現存實數也。

是年九月，張曜率嵩武軍遵旨入衛。錦棠飭統領董字定遠軍董福祥率所部七營旗接防喀什噶爾，並令總統恪靖西征馬隊分防各城，抽湯彥和[①]所統湘軍步隊一營駐瑪喇巴什；又由哈密新募漢回馬隊二百五十人，照坐糧編爲兩旗，飭令赴喀；酌留嵩武軍步隊二旗，亦照坐糧支給，併歸福祥節制；另募行糧步隊一旗，並將哈密協標步兵二百七十餘人添足一旗，改支土勇口糧，騰出哈密、烏魯木齊之靖遠、綏定馬步四營旗，填駐庫車暨喀喇沙爾。既而金順以伊犁甫經接收，人民未附，擬將全部撥赴，以資鎮撫。其原駐大河沿至安集海各處，咨請錦棠撥營填防。錦棠念所部營數與金軍相等，防境遼闊則數倍之，現奉裁營節餉之旨，萬難展延，且中俄業已通和，防軍但備彈壓，何必臨以大兵，致生疑懼，請敕金順留營分防。准如所奏。

時戶部兩次疏陳新疆防務已鬆，科布多所設蒙軍應即裁遣節費。清安以科城密邇俄疆，兼爲伊、塔兩城運道，且鄰境劫殺案件層見疊出，難保不乘間潛入，貽害地方；防營兵力較單，鞭長莫及，奏請暫留蒙軍。適金順所部綏定城強勇馬隊暨親軍步隊於十一年二月倉促潰變，劫南關鋪户，竄而東，裹脅至五百餘騎。錦棠飭統領親軍譚上連率各防營疾趨奎屯，相機攔截。已而叛卒竄至精河，被官軍截阻，聲言乞降，旋復闖越東奔。統領卓勝軍馬玉崑、統領英字營提督徐得標揮隊堵剿，生擒匪首何偏頭等三名，陣斃甚衆，宥其脅從、乞撫者。餘黨二百餘騎竄走西湖，馬玉崑等追及東井，子夜殲之，僅數十騎遁去。錦棠奏奉諭旨嚴緝餘匪，以盡根誅，並飭各營員弁毋得侵克糧餉，致釀事端。而烏魯木齊精騎後營哨弁趙良敬亦脅衆嘩潰，戕營官王玉林，旋弋獲良敬，磔於市，斬其黨王世田、史金山、劉正乾等，及陣擒綏定亂兵數十人。

---

① 湯彥和（1837—？），湖南湘潭縣人。咸豐五年（1855），由武童投效湘軍，以功經湘撫駱秉章給予六品功牌。同治元年（1862），保把總，賞戴藍翎。四年（1865），保千總，加守備銜。同年，保守備，晉都司銜。五年（1866），保都司，換花翎。六年（1867），保參將，加副將銜，經部核改游擊補用。七年（1868），保副將，加總兵銜，賞給衛勇巴圖魯名號。同年，保總兵遇缺簡放，加提督銜，賞給正一品封典。九年（1870），換札福孔阿巴圖魯名號。十年（1871），賞頭品頂戴。十二年（1873），署甘肅靈武營參將。光緒四年（1878），賞穿黃馬褂。五年（1879），交部照頭等軍功議叙。十年（1884），保提督記名簡放。十五年（1889），署理巴里坤鎮總兵。十八年（1892），補授陝西河州鎮總兵。二十一年（1895），因打仗潰敗革職。二十二年（1896），請假回籍葬親。二十三年（1897），開復原官。

未幾，伊犁鎮總兵劉宏發所部禮字後營復鬧餉嘩潰。五月朔①，戎營官段雲陽，宏發督隊剿捕，被槍傷，叛勇竄果子溝。其地毗連大西溝，林深路歧，久爲匪首李皮帽所踞，遂相糾合，焚四臺營壘，殺數人而去，途遇大河沿營官張長安護餉歸，復傷斃哨弁孫姓勇丁六名。

六月朔②，統領綏靖營劉文和自綏來募新勇二百人返塔城，夜抵庫爾喀喇烏蘇頭臺，焚掠居民，竄由色沙拉烏蘇驛渡河，欲投李皮帽。奎屯防營截剿之。

譚鍾麟奏言："防營潰變如此，游匪猖狂如彼，新疆北路尚復成何景象？欲求弭亂之策，在籌款清欠餉，擇人整營規，以金軍各營人數計之，得銀三十萬即可了結。然必得威望素著之員核實查點，將勇丁入營久暫、欠餉多少分成勻給，願去者聽，願留者須守營規；將缺額歸併成營，按月發餉。營哨官貪劣尤著者，誅一二人以振軍威，庶人心可定，游匪亦當斂迹。然此恐非金順所能爲，蓋金順性本忠厚，馭下太寬，左右官弁多方蒙蔽，統領營官相率侵欺，存營之勇不及一半，每月給七日半口糧，冬夏棉單衣各一套。其糧官采買，定官價給以期票，有無不可知。勇丁領糧較民價爲貴，兵民怨望，而金順不知也。二月之變，以護衛親兵尚欲謀害主將，士卒心離，恩威兩無所用，何怪各營之紛紛效尤？如吉江馬隊從征十餘年，存者十之六七，類多疲弱，既不及早遣撤，又不加恩撫綏，致令時赴烏城求路票，索川資以圖歸。情已渙散，留之何益？金順久居於此，害何可言？爲今之計，措置不可緩，操持又不宜急，蓋兩次嘩潰皆以欠餉爲名，倘聞主帥移易，群起索餉，倉促無以應，則不測③之禍起於俄頃，事變將不知所終。伏懇皇上俯念金順馳驅廿餘載，屢著功績，近雖爲人所蔽，而心本無他，爲功臣保全終始，另簡素性忠直、熟悉關外情形之員，以督辦新疆北路屯墾爲名，馳赴伊犁，計其將至，然後調金順回京，轉移於無形，弭患於先事，則兩得之矣。"

旋奉上諭："金順著來京陛見，並令錫綸署理伊犁將軍。其塔爾巴哈臺參贊大臣，派明春馳往署理。伊犁兵勇屢次嘩變，亟應清理欠餉，著户部撥

---

① 五月朔，即五月初一日（1885年6月13日）。
② 六月朔，即六月初一日（1885年7月12日）。
③ 測，刊本誤作"側"，兹校改。

銀三十萬兩解交甘省，未到以前，譚鍾麟無論何項，先行如數籌措，迅速解交劉錦棠酌帶隊伍馳赴伊犁，會同錫綸將金順所部各營欠餉核實勻給，並將勇丁應去應留查明歸併，嚴整營規，其貪劣素著之營哨官嚴辦一二，以警其餘，務將積習澌除，免貽後患。"譚鍾麟即籌解前款。

冬十月，錦棠至伊犁，飭將領造齎勇冊，核計馬步二十八營旗，員弁勇丁共萬有五百餘名，內吉江馬隊祗千六百有奇，中有上年新募入伍者，多招之市井。飭於伊犁應分月餉內，酌發滿餉一關；裁去新勇二千餘名，實存七千餘名；挑留精壯，改爲馬勇九旗、步隊十三旗，委馬玉崑、李考祥、綏定鎮總兵鄧增統帶，另照楚軍口糧，按月起支。各營餉銀每月向照七日半發給，此次定以入營在一年內者發存餉銀四兩，一年外每歲酌加二兩，按年遞增，至十年者發銀二十二兩，以十年爲斷。哨官每員發銀六十兩，統領營官酌發薪水、公費，幫辦、募友薪水各自清理。所裁回籍弁勇，視留營應領數各倍之，約需銀萬兩。願落業者，准撥地安插，照回籍弁勇酌減四分之一，約共需銀二十一萬五六千兩。下存八萬餘兩，爲吉江馬隊遣撤回旗費。伊犁勇營前請以四千人爲率，茲裁去新勇、老弱近五千，按原冊人數僅存其半矣。從伊犁至大河沿，由錫綸派隊駐紮。精河東接西湖，由錦棠抽調馬步六營旗，委漢中鎮總兵戴宏勝統帶填防。既而喀什噶爾匪徒勾結定遠右旗勇丁爲亂，董福祥捕斬首犯張大發、顧得喜，事平。

十二年春，巴彥岱領隊大臣長庚奏陳阿爾泰山宜早防守，伊犁邊防宜籌布置，躂金等處宜開屯田，漠北草地宜善撫綏，及哈薩克應仿例編爲佐領等數事。上飭劉錦棠等體察情形，妥議具奏。

十三年夏六月，錦棠復奏："哈巴河以達承化寺，在塔城迤東，布倫托海迤北，阿爾泰山在其東北，緊接俄國七河、斜米兩省，南據古城上游，地勢已爲扼要。況哈巴河一帶又在布倫托海西北，尤屬中外咽喉。其地向歸科布多管轄，然距科甚遠。自回逆變亂，棍噶扎拉參率其徒衆借居，耕種營生。當時籌辦安插事宜，曾經烏里雅蘇臺將軍額勒和布等奏請，就近改隸塔城。是哈巴河之於塔城，猶門戶之於堂奧，非防塔城，新疆北路無屏蔽；非防哈巴河一帶，塔城東北無憑依也。請將原借之地劃歸塔城管轄。"

是月，塔城綏靖三營勇潰，殺中營營官陳明德、右營營官劉宏發。錦棠飛檄統領庫精等營湯彥和馳往防剿，飭營務道員袁鴻祐會查情形。旋查明各營餉無短缺，惟營官間有貨物抵折、挪用、拖延，致軍心懷恨。陳明德性情嚴急，曾鞭撻什長馬士勛，垂死復甦，衆尤不服，其黨遂造謠激變，右營亦響應而起，搶劫軍裝，思竄伊犁，爲南湖馬隊所扼，捕誅首犯馬士勛、張玉春、周國棟、魏生林、王得勝、陳萬明等，西湖續獲張玉成、杜天成等，亦分別懲辦。錦棠奏請諭飭將軍、參贊，嗣後弁勇久役者，當酌假期，清存餉，每歲以二成爲率，仍隨時募補操防，庶張弛得宜，軍心亦定。此南北邊防大略也。

　　邊疆藩服翊戴輸誠，休養歷數世，如土爾扈特、和碩特兩蒙部，乾隆間來歸，游牧喀喇沙耳之珠勒土斯，久稱繁盛，自逆回叛亂，兩部蒙民蕩析離居，存者無幾。扎薩克頭等台吉扎希德勒克召集餘戶，避居博爾土山，孑遺賴以自存。光緒三年，官軍復托克遜，扎希德勒克來謁，即隨同錦棠馳驅，向導、偵探頗資其力，逾開都河，遂遷其部落防河東。宗棠上其勞績，奉旨賞花翎。

　　時土爾扈特人衆寄住庫爾喀喇烏蘇，情形困苦，福晉恩克巴圖魯呈請帶領伊子布彥綽克圖并屬下阿拉巴圖赴喀喇沙爾，收集逃亡，仍歸珠勒土斯照舊游牧。金順以聞。四年春正月，上飭順與宗棠設法安插，毋令失所。是年九月，相率歸附者計大小男婦共七千八百餘名口，就開都河兩岸安插游牧，能自食者三千餘丁，餘均嗷嗷待哺。喀喇沙爾善後知州黃丙焜盡力撫恤，令安居復業。福晉旋以安插竣事，自西湖率衆同歸。宗棠、金順奏奉恩旨，賞給銀四萬兩，丙焜酌給貧户，並換置帳房，購買羊種，自四年至六年秋，陸續照發如數。嗣伊犁續歸，該部難民三百三十餘丁口至控吉斯河，被俄屬哈薩克劫去馱馬百八十餘匹。其冬大疫，牛畜多死，舊時宅第、水渠亦未修復。恩克巴圖仍乞賑恤。丙焜爲轉請錦棠奏給渠宅經費，新歸丁口仍由善後局給賑。今生齒漸繁，畜牧日富，殆復其舊。惟塞外素有痘疫，染者多不治，蒙部暨纏民苦之。丙焜募痘師試種牛痘，應手輒效，當時嘉之。通飭南北兩路仿行，全活無算，遂令擇回童如法教授，以廣流傳。已而西土爾扈特亦發使請痘醫，由丙焜始也。

　　初，棍噶扎拉參領蒙兵僧衆扼防阿爾泰山，俄人不敢逞。上年奉旨令其銷假赴邊。亡何清安等奏，棍噶扎拉參在科屬烏梁海稱奉錫綸差遣，帶兵勇、喇嘛多名收撫哈薩克，擅將科伯史之子阿斯拉布克斬梟，並向頭目勒索，致哈部相率奔逃。七年秋七月，上以該胡圖克圖任性妄爲，著錫綸確查參奏。清安復奏：此項哈薩克原隸塔城，避棍噶扎拉參之虐，移蹕烏梁海，侵占蒙民牧場，恐釀事變。得旨：著錫綸設法調回塔城，妥爲安置。此綏緝藩詔大略也。

農田水利

大兵之後，民物凋殘，水利、農田悉成荒廢。左宗棠受任督師，首以招復流亡爲重，嘗言地荒民流，軍餉何出？奏報中數數及之。時張曜屯哈密，躬率所部，經營屯墾，不遺餘力。哈密土質善滲，治以土工、石工及毛氈包裹各工，凡墾地二萬畝，歲獲數千石以濟軍。既而防營總兵黃本富、易玉林相繼疏導石城子等渠，哈密水利遂爲各路最。統領蜀軍徐占彪屯鎮西，修復大泉東渠，迪化永豐、太平二渠，綏來一渠，由官借給銀糧，督民修理。福裕修安順渠，劉嘉德修奇臺諸渠。吐魯番官渠、坎井，則善後局道員雷聲遠、防營提督羅瑞秋等修之；庫爾勒官、民二渠，則防營都司鄒今柄修之。庫爾楚河道長四十里，委防營副將王玉林。庫車阿柯寺塘、塞馬里柯兩渠長六十里，橫貫戈壁，委統領安遠軍提督易開俊督兵民修之。均添修支渠，民賴其利。

回疆西四城水道以葱嶺南北兩河爲最著，烏蘭烏蘇河由喀什噶爾城南折而東，北經牌素巴特龍口橋以達瑪喇爾巴什，又數百里入噶巴克阿爾，集大河爲葱嶺北河，今所謂紅水河也。葉爾羌托克布隆河與雜布河合流於城東之英克里莊，東北行經愛吉特虎各軍臺，繞城東至噶巴克阿爾集，與烏蘭烏蘇河會爲葱嶺南河，今所謂玉河也。玉河之西自愛吉特虎臺至阿克薩克臺，河水潰決氾濫，由瑪城徑趨烏蘭烏蘇河，數百里間田廬漂沒，驛程梗阻，城堡傾頹。而瑪城爲東西咽喉，竟成澤國，委余虎恩、湯彥和、陶生林、劉福田、李克常、楊德俊，各帶部勇，益以民夫，堵築挑浚，河復舊道。瑪城地多膏腴，自河水爲災，渠堤盡毀。陶生林、方友生、萬勝常、知縣文培夏等修復大小各渠，添開支渠，招徠流亡，散給籽種、農具，民漸復業。烏蘭烏蘇河龍口橋上游決口，直注玉帶里克各臺，湍悍特甚。湯彥和、楊金龍督兵民開支河以殺水勢，董福祥、張俊開浚渠道，給民牛種。龍口橋以上如英阿瓦提、牌素巴特、和碩阿瓦、大阿爾圖什、黑子爾、普巴依、托海、雅買雅、七克托、蘇灣、浪浪水各河渠，委羅長祐、侯名貴、王維國等次第修浚。又，喀喇沙爾之開都河堤，葉爾羌之圖木舒克各臺、渠、壩，亦勘估修築。於是水利大興，屯墾益廣。鎮西廳屬兵民報墾五萬餘畝，奇臺報墾民戶九百有餘，軍營新墾六千六百餘畝。迪化前後報墾二千餘戶，昌吉前後墾戶千三百有奇，綏來九百餘戶。吐魯番及南疆八城除沙磧外，草萊日辟。

光緒四年，官爲清丈，分九等科賦，旋改爲上中下三等徵收，以趨簡易。

六年，丈量事竣，按畝科賦，多寡始歸一律云。

屯田

邊圍初定，防戍星羅，軍食所資，屯田爲重。

十一年夏四月，劉錦棠疏言："伊犁地處極邊，屯墾當興，而防務尤要，謹按嘉慶九年增置伊犁旗兵屯田，當時諭旨，新疆重地，武備最爲緊要。此項地畝祇可交閑散餘丁耕種，不當令官兵躬親力作，有妨操練。今則與俄逼處，邊事日多，附近哈薩克時有勾結游匪搶劫殺人之案。是欲興屯以足食，必先設險以衛民。該處勇營已與錫綸會商裁併，汰弱留強，誠使各將領認真訓練，自可漸成勁旅。此後應如何策勵，俾免疏虞，是在錫綸隨時體察，妥慎商辦。"

十二年冬，譚鍾麟奏："伊犁防營陸續舉行屯務而迄無成效者，營官以屯務非專責，勇丁以墾種爲當差，魯莽滅裂，利於何有？墾地專恃渠水，而溝洫未盡辟，即偶有來源，必俟兵屯灌足而後波及民田。小民治地數十畝，終歲勤動，獲利無幾，所收糧食又爲糧員定價采買，發給期票，有無不可知，故往往弃地遠徙，熟而復荒，更何望成聚成邑之效？是非另派大員督辦、地方官分理其事不可。精河、庫爾喀喇烏蘇舊設糧員兩缺，似可改爲撫民同知兼管屯田、水利；伊犁理事同知亦加'屯田水利'字樣，均歸督辦管轄。先派營勇分疏渠道，劃分兵民經界，水澤均沾。兵屯三年內所收糧石，分年繳還牛種資本，餘糧官爲收買，給價持平。民間請領牛種，亦分年繳還，三年後再定租賦，庶兵民樂利無疆惟休。"得旨："著劉錦棠、錫綸一併妥籌具奏。"

十三年夏，錦棠復陳："伊犁土膏沃衍，承平時分置旗屯、兵屯、民屯、回屯，各資耕種，利莫厚焉。亂後地畝荒蕪，耕者不及十分之二，且聽兵民自占，舊時經界無可遵循。譚鍾麟原奏請將各路同知均歸督辦管轄，究係權宜之計。新疆北路向設有道、廳、州、縣，現在全疆設省，南路經營建置，成效可觀；伊犁及塔城等處擬請照鎮迪道之制，增置伊塔道，駐伊犁，兼管塔城事務；改伊犁撫民廳爲府，改塔城通判爲撫民同知，加理事銜，兼管屯田、水利，庶官事相聯，屯政亦因之具舉。"經部議覆准。

先是，部臣奏准將各省減等人犯發遣新疆屯墾，藉實邊陲。厥後陝甘、山西、直隸、山東、河南七省遣犯到配，魏光燾照民屯詳定章程，每二人爲一戶，撥上地六十畝，給農具銀六兩，房屋銀八兩，耕牛二頭價銀二十四兩，籽種三石，月給食麵九十斤，鹽菜銀一兩八錢。自春耕至秋獲，按八個月計算，籽種照時價扣，合共需銀七十三兩有奇，由公借發。初年繳半，次年全還，遇歉酌緩；額糧則自第三年始，初年徵半，次年全徵；仍仿營田制，十戶派一屯長，月給口糧銀二兩；五十戶舉一屯正，月給口糧銀四兩。亦以八個月爲斷，均免扣還。每屯正五名，復派員管理，遞相鈐制。各莊渠道給款公修，其老弱不能力耕者，各署分派役使，或給本貿易營生。迪化縣安插三百戶，奇臺、阜康、昌吉、綏來四縣各百戶，濟木薩、呼圖壁並鎮西、庫爾喀喇烏蘇、精河各處稱是。惟各省咨報解犯千五百餘名，携帶妻帑者不過十之一二，與部臣實邊之意相左。錦棠仍請飭下直隸各省，凡發遣新疆人犯，有室家者務令僉同起解，既足以係各犯之心，而生息可蕃，屯務益增。斯兩得之術也。從之。

賦稅

軍興以來，賦稅有無不常，多寡不一。自全疆底定，屯墾日增。以光緒四年計之，鎮迪一道徵京斗糧六千九百四十一石、房租銀六千一百餘兩；吐魯番徵糧萬四千二百餘石、地課銀二千一百餘兩；喀什噶爾徵糧料六萬五百餘石；英吉沙爾徵糧二萬六百餘石；葉爾羌徵糧七萬九千四百餘石；和闐三萬六千八百七十餘石、折色銀五千餘兩、課銀四百六十餘兩；阿克蘇徵糧萬四千二百餘石、折色銀三千三百餘兩，銅、鉛、磺、鐵照額交納；烏什徵糧八千三百餘石、折色錢五百餘緡；庫車徵糧萬二千八百餘石、折色銀五千餘兩，紅銅、棉花徵如舊額。喀喇沙爾因久罹兵燹，流亡未復，四年無徵，五年徵糧六千五百餘石。

計南北兩路已徵糧二十六萬一千九百餘石，即南路較部案額徵十三萬石，已增十萬六千五百石有奇，北路續增及開渠成熟地畝尚不在內。其厘稅自四年秋冬至五年夏，徵銀十八萬有奇。伊犁定後，商貨暢行，來源益旺矣。

蠶桑

蠶桑之利，埒於農田，而收效倍速。新疆南北路並產桑，土人取葚代糧，蠶織未廣，乃通飭各局檢校境內桑株，委員祝應燾募浙人熟悉蠶務者六十名，攜蠶種、器具，教民栽桑、接枝、壓條、種葚、浴蠶、飼蠶、煮繭、繰絲、織造諸法，自哈密、吐魯番、庫車、阿克蘇，各令設局授徒，以南疆產桑最多，事半功倍，漸推之西四城以及北路，俾邊氓耕織相資，生計日廣。

貨幣

回民市易，舊用制錢。自阿古柏創鑄天罡，成色低減，物價翔貴，乃改造銀錢，平市價，杜私贗。宗棠飭蘭州制銅模，付張曜試辦，枚重一錢，大小厚薄如一，與制錢相權。銀爲母，銅爲子，一律通用，商民便之。

城工

　　自逆酋盜踞各城，官軍力攻而克之，鯨鯢既殲，城垣多毀。喀什噶爾、葉爾羌、英吉沙爾、和闐漢回諸城最甚，瑪喇爾巴什、迪化、綏來、精河、鎮西次之。錦棠通飭修補，並添建倉廠。塔爾巴哈臺舊有廢城，西距巴克圖山俄界僅四十里，錫綸擬照英廉原奏擇適中地建城控制，以額敉勒河多爾博勒津北與齋桑、西與葦塘子俄官駐處遠近相等，且南通老風口，東接布倫托海，形勢扼要，議於其地建城垣，修文武各署局暨校場、屯堡，兼修葺祀典各廟，添置渡船、橋梁，統估銀四十萬，奏請飭户部如數撥解。

　　南路城工，東則庫車、烏什，西則喀、英、葉、瑪暨疏附縣，飭因舊城繕完。至喀喇沙爾、阿克蘇、拜城、和闐、于葉兩縣，均擇基改建。通估八城東西兩道最要者九，並修建衙署，共估銀三十七萬四千。

　　迪化州城改爲新疆省治，劃除漢城東北便門、滿城南右門，由滿城東南展築城基，其舊城增高培厚，合兩城爲一，估銀六萬三千二百餘。創建巡撫署，估銀二萬九千，藩司署二萬五千。古城毗連外部，東通歸化、包頭，商賈所趨，人烟輻輳，移奇臺縣治於此，估建城銀二萬九千；又修城守尉署一所，佐領、防尉、驍騎校署十八所，兵房五百間，堆房六所，糧倉、火器、步軍營總學堂各一，並葺治官廟，估銀八萬八千有奇。

　　哈密者，南北通衢也。舊城規模狹小，擴充之，估銀二萬八千有奇。

　　吐魯番爲南北咽喉，綏來爲省西門户，城垣多圮，葺治之。吐魯番估銀萬五千六百有奇，綏來七千一百九十有奇。

　　錦棠先後請飭部核准。亂後人稀，工值踴昂，諸興作多以營工佐之，約節省銀十萬。已而魏光燾復飭城昌吉、阜康。十五年冬十二月，奏報工竣，得邀獎叙。自是名城大都絡繹相望，鎖鑰倍嚴矣。

驛路

驛路自三年冬，官軍窮追陝回、安逆，賊多掘水斷橋，師行所至，大率泅水踐冰，重以南北兩河水患，濱河各站悉爲巨浸，驛遞遲滯，轉運尤艱。乃飭各營將領督勇建大小橋梁六十餘，平治道途，各臺站添造官店，備差弁往來棲止。

由哈密以達吐魯番，自瞭墩至七克騰木四驛，分南北兩路。南路妖風時作，沙石飛騰，人馬或捲去無踪，俗稱風戈壁者也。錦棠覘知北有小路可避，飭防營總兵夏奉朝移臺站就北，以免此患。托克遜至喀喇沙爾，中隔阿哈布拉，積石崚嶒，崎嶇萬狀，車馬恒數日不得逾。黃丙焜與防營總兵劉見榮盡力開通，化險爲夷。清水河西鹻灘五六里，泥淖縱橫，過者常苦陷沒。黃長周、鄒今柄會營修治，往來無阻，咸稱快焉。皆酌撥荒絕地畝，招佃承租，爲歲修經費。

義塾

邊方積習，官民隔閡，政令難施，一切條教均借回目傳宣，壅蔽既深，時虞矯僞。乃飭各局多設義塾，令回童讀書識字，以期化被殊俗同我華風。斯皆經營締構建始之宏規也。自餘因地因時補偏救弊者，難以枚舉，不具著。[1]

---

[1] 至光緒十七年上半年，新疆共設義學八十六堂：哈密義學五堂，吐魯番義學六堂，喀喇沙爾義學四堂，庫車義學五堂，拜城義學二堂，溫宿義學三堂，烏什義學三堂，疏勒義學三堂，疏附義學二堂，瑪喇巴什義學三堂，英吉沙爾義學三堂，莎車義學五堂，葉城義學二堂，和闐義學二堂，于闐義學二堂，巴里坤義學四堂，奇臺義學四堂，濟木薩義學三堂，阜康義學二堂，迪化義學六堂，昌吉義學二堂，綏來義學四堂，呼圖壁義學二堂，寧遠義學三堂，綏定義學三堂，廣仁城義學一堂，瞻德城義學一堂，霍爾果斯義學一堂。（中國第一歷史檔案館藏：《單》，檔號：03-5881-093。）

附錄　新疆置省史料

甘督左宗棠奏請新疆改設行省摺
光緒四年正月初七日（1878年2月8日）

欽差大臣大學士督辦新疆軍務陝甘總督一等恪靖伯加一等輕車都尉臣左宗棠跪奏，爲新疆應否改設行省、開置郡縣，事關西北全局，請旨敕下總理衙門、軍機處、六部九卿及各省督撫，會議復陳，聽候聖裁，以期允協事。

竊臣於上年六月十六日具奏遵旨統籌全局，謹將愚慮所及據實密陳一摺，七月十七日承准軍機大臣字寄：光緒三年七月初日奉上諭：左宗棠所陳統籌新疆全局，自爲一勞永逸之計。南路地多饒沃，將來全境肅清，經理得宜，軍食自可就地取資。惟目前軍餉支絀，若南路一日不平，則曠日持久，餉匱兵饑，亦殊可慮。該大臣所稱地不可棄，兵不可停，非速復腴疆無從著手等語，不爲無見，著即督飭將士，勠力同心，克期進剿，並揆時度勢，將如何省費節勞，爲新疆計久遠之處，與擬改行省郡縣，一併通盤籌畫，妥議具奏。欽此。跪誦之餘，欽仰無既！

上年秋後，官軍由托克遜、吐魯番聯絡西進，所有布置一切及餉糧轉運、地勢、賊踪，臣已疊次預爲陳奏。仰仗朝廷威福，師行迅利，連克喀喇沙爾、庫車、阿克蘇、烏什四城。劉錦棠派余虎恩、黃萬鵬等分軍兩路進規喀什噶爾，駐軍於巴爾楚克、瑪納爾巴什，以扼葉爾羌、和闐衝要，兼策應前敵之軍，均經疊次陳奏。頃據總理行營營務處候補三品京堂劉錦棠十一月十九日葉爾羌馳報：已於十七日克復葉爾羌城，適接余虎恩、黃萬鵬飛稟，十三日齊抵喀什噶爾，即於是夜克復喀什噶爾滿、漢兩城，復出城追剿竄賊，尚未收隊。又據張曜續稱：由阿克蘇先派馬隊三營赴前敵助剿，適和闐伯克呢牙斯携男婦五百餘口由間道來投，籲懇安插。臣批令仍歸和闐收輯部衆。劉錦棠甫將大概情形馳報，即於二十日率馬步各營繞道英吉沙爾以抵喀什噶爾。所有復城殺賊詳細情形，俟劉錦棠到喀具報到臣，當即露布上聞，仰紓慈廑。

是南疆克期底定，尚免老師糜餉之虞，而官軍自克復喀喇沙爾以後，所歷均是腴疆。臣調閱各城米糧、布匹、銀錢及軍民所需日用百貨價值清單，與東南各省腹地相若，且有較之內地市價更爲平減者。加以經理則利民用，裕軍儲，胥有攸賴。現飭古城、巴里坤、哈密、安西采運局減采停運，並將各局分別撤留，以示撙節。十年艱難辛苦，百計經營，時虞弗逮者，一旦霍然如沉疴之去體。將來軍食就地取資，全域既振，制用自紓，我皇上保大定功，規模宏遠，上與高宗拓地節餉之貽謀，若合符節。

惟是新疆擬改設行省、置郡縣，雖久安長治之良圖，然事當創始，關係天下大局，非集內外臣工之遠猷深算，參考異同，則思慮未周，籌策容多疏誤。且甘肅荒瘠著名，所有兵餉全資各省協濟，相沿已久。臣前奏請敕戶部將咸豐年間報銷册籍全分頒發到臣以憑稽考，尚未見到。現復逐加訪詢甘肅本省及鎮迪一道餉需經費，每年常額計三百二十餘萬兩內外，伊犁、塔爾巴哈臺及吐魯番、南八城滿綠各營餉需經費，約尚需百數十萬兩，均係由各省撥解接濟。此時雖指西征臺局及各省關專款分解濟用，將來應仍復舊額，以歸有著。合無仰懇皇上天恩，敕下軍機大臣、總理各國事務衙門、六部、九卿及各省督撫臣，將新疆應否改設行省、置郡縣，從長計議，具奏請旨，並將各省關從前應解甘餉及應解新疆額餉各實數咨部，核對行知，庶微臣斟酌損益，得有憑藉。現在南路八城雖復，所有屯墾、撫輯、善後一切事宜需用甚繁，均由臣軍餉內隨時挪墊，臣不敢另款請銷。各省關遵照部章，均解至八成以上，臣亦斷不敢格外請益。

至於南路腴區全復，凡可爲開源節流計者，臣自當殫誠竭慮，慎以圖之，務求弊去利生，以益大局。愚昧之見，是否有當？合併陳明，伏乞皇太后、皇上聖鑒訓示施行。謹奏。正月初七日。

光緒四年正月二十一日，軍機大臣奉旨：另有旨。欽此。①

甘督左宗棠陳奏新疆宜設行省摺
光緒六年四月十八日（1880 年 5 月 26 日）

欽差大臣大學士督辦新疆軍務陝甘總督二等恪靖侯加一等輕車都尉臣左宗棠跪奏，為遵旨覆陳新疆宜減省，開設郡縣，應請先簡督撫臣，以專責成，而便咨商措置，恭摺仰祈聖鑒事。

竊臣於光緒四年十一月奏覆新疆情形一摺，欽奉諭旨：事關創始，必須熟籌於事前，乃可收效於日後。刻下伊犁未經收還，一切建置事宜尚難遽定。其餘南北各城應如何經理之處，即著左宗棠悉心籌畫，次第興辦，期於先實後名。俟諸事辦有眉目，然後設官分職，改設郡縣，自可收一勞永逸之效。所有辦理情形，並著隨時詳細具奏。嗣於五年九月續奉諭旨：新疆地方愚回錮習未除，自應規劃久遠，移其風俗，俾就範圍。該大臣所擬改設郡縣，應如何辦理之處，並著妥議具奏。欽此。

竊惟新疆南北各城，頻年辦理善後事宜，均有端緒，所有詳細情形業經會銜陳奏。臣與楊昌濬再四咨度，分設郡縣與時務相宜，如蒙恩旨俞允，會同籌商辦理，從此邊地腹地綱舉目張。城郭廬帳，群萃州處，彼此各仍其舊。治外則軍府立而安壤有藉，疆圉奠焉。治內則吏事修而政教相承，民行興焉。上無鄙夷其民之心，下有比戶可封之俗。長治久安之效實基於此。臣兩次欽奉諭旨，恭錄咨行新疆在事諸臣，意見相合。竊計改設郡縣，經出經入費用，較之從前部撥常年實數，不但無增且可漸減。誠及此時籌議興辦，開設行省，於國計邊防不無裨補。

按新疆形勢所在，北路則烏魯木齊、南路則阿克蘇以期能控制全疆，地居天山南北之脊，居高臨下，左右伸縮，足以有為也。謹擬烏魯木齊為新

---

① 中國第一歷史檔案館藏：《錄副奏摺》，檔號：03-5664-004。又，《左文襄公全集》，上海書店出版社，1986 年，第 8090 頁。又，《左宗棠全集·奏稿七》，嶽麓書社，2009 年，第 3—6 頁。

疆總督治所，阿克蘇爲新疆巡撫治所，彼此聲勢聯絡，互相表裏，足稱其形勢。將軍率旗營，駐伊犁。塔爾巴哈臺改設都統，並統旗、綠各營。並擬增設伊犁兵備道一員，塔爾巴哈臺擬增設同知一員，以固邊防。北路鎮迪道應仍其舊，擬改迪化州直隸知州爲迪化府知府，擬增置迪化縣知縣一員。附郭州屬原設縣四：一阜康，一昌吉，一綏來，一奇臺，應仍其舊。擬升呼圖壁巡檢爲呼圖壁縣知縣，升濟木薩縣丞爲濟木縣知縣。鎮西廳同知治巴里坤，擬改爲鎮西州直隸州。擬仍復原設宜禾縣知縣。附郭哈密通判擬改爲直隸廳同知。吐魯番境一名廣安州，爲入南疆衝要首站，擬增設廣安道一員，以資控扼。其吐魯番同知擬改爲廣安州直隸州。擬升闢展巡檢爲闢展縣知縣。托克遜爲烏魯木齊通南八城衝要，擬就地置托克遜縣知縣一員，以資聯絡。

南路擬設阿克蘇巡道一員、喀什噶爾兵備道一員，擬設知府四員，一治阿克蘇，一治庫車，并隸阿克蘇巡道。按，阿克蘇即古溫宿國，擬設溫宿府知府一員、溫宿縣知縣一員。附郭擬設尹河縣知縣一員，治尹河瓦提。擬設拜城縣知縣一員，治拜城。均隸溫宿府知府管轄。庫車即古龜茲國，擬設鳩茲府知府一員、鳩茲知縣一員，附郭擬設沙雅爾知縣一員，治沙雅爾，歸鳩茲府知府管轄。喀什噶爾即古疏勒國，擬設疏勒府知府一員、疏勒縣知縣一員，治漢城，疏附縣知縣一員，治回城，並附郭歸疏勒府知府管轄。葉爾羌即古莎車國，擬設莎車府知府一員、莎車縣知縣一員，治漢城，莎附縣知縣一員，治回城，並附郭歸莎車府知府管轄。喀喇沙爾即古焉耆國，擬設焉耆直隸州知州一員，治喀喇沙爾，並設庫勒縣知縣，治庫爾勒，歸焉耆直隸州管轄。和闐即古于闐國，擬設于闐直隸州知州一員，治和闐，並設于闐縣知縣一員，並附郭歸于闐直隸州管轄。烏什即古尉頭國，擬設尉頭直隸同知一員，治烏什。英吉沙爾即古依耐國，擬設依耐直隸同知一員，治英吉沙爾。

凡茲所擬建置大略，雖經臣與新疆在事諸臣悉心商訂，具有規模，而地非親歷，究難信之於心。既擬置省分、設郡縣，則政務繁簡，地畝肥磽，物產盈虛，丁戶多寡，差徭輕重，爲缺分苦樂所關，非權其經出經入實數，爲之斟酌損益，俾適於中，則官困而民必受其病。適奏調浙江候補知府陳寶善到營，臣留居幕中，令其熟閱新疆各局往復公牘，面爲講求，預將興革諸務貫徹胸中。飭三月下旬出關，遍歷新疆察驗一切，一面就近稟商各總統，一面稟報聽候核示。陳寶善久官牧令，廉幹耐勞，熟嫻吏事。茲令參商建置興革事宜，或有裨益。至義塾甫興，學政及各府廳州縣校官應緩議設。其丞倅佐雜，應俟分設郡縣後，再分別陳奏，請旨遵行。新疆各員應否按照邊俸遷調升轉，暫時亦可緩議。

至各城應安設臺站驛遞，增設提、鎮、副、參、游、都、守、千、把、外、額大小武職及額兵俸廉餉乾本折，均應俟新設督撫會同議擬具奏。而藩臬大員均隨督撫駐扎，庶總匯之司得所稟承，事無不舉。凡此皆應由新疆督撫奏明次第興辦者，非臣所得預議也。如新疆置省、分設郡縣，仰荷諭旨允行，應懇天恩先簡新疆總督、新疆巡撫，重以事權，俾得臨時陳奏，徑達宸聰。

其新疆軍務，臣有督辦之責，固不敢稍有諉謝也。是否有當，謹會同頭品頂戴幫辦甘肅新疆善後事宜臣楊昌濬合詞具陳，伏乞皇太后、皇上聖鑒訓示施行。謹奏。光緒六年四月十八日。

【案】此摺旋得批復，"廷寄"曰：

軍機大臣字寄：光緒六年五月初一日奉上諭：左宗棠奏，覆陳新疆宜開設行省，請先簡督撫一摺。所擬建置事宜頗爲詳悉。惟現在伊犁尚未收復，布置一切不無窒礙。所有新疆善後諸務，仍著該督因地制宜，次第籌辦。原摺著暫留中，再候諭旨。將此由四百里諭令知之。欽此。[①]

劉錦棠奏報擬設南路郡縣摺

光緒八年七月初三日（1882 年 8 月 16 日）

欽差大臣督辦新疆軍務通政使司通政使二等男臣劉錦棠、頭品頂戴陝甘總督臣譚鍾麟跪奏，爲遵旨擬設新疆南路郡縣，恭摺覆陳，仰祈聖鑒事。

竊臣等承准軍機大臣字寄：光緒八年三月十七日，奉上諭：譚鍾麟又

[①] 中國第一歷史檔案館藏：《錄副奏摺》，檔號：03-5092-010。又，《左文襄公全集》，第十冊，上海書店出版社，1986 年，第 8829—8837 頁。又，《左宗棠全集·奏稿七》，嶽麓書社，2009 年，第 473—476 頁。

奏，籌度新疆南路情形一摺。所請酌度七城廣狹繁簡，設立丞倅牧令一員，更於喀什噶爾、阿克蘇兩處各設巡道一員，如鎮迪道之例。著劉錦棠體察情形，會商該督，妥議具奏，等因。欽此。遵旨寄信前來。仰見朝廷眷顧西陲勤歸久遠之至意，跪聆之餘，莫名欽感。伏念新疆當久亂積罷之後，今昔情形判若霄壤。所有邊疆一切事宜，無論拘泥成法，於時勢多不相宜，且承平年間舊制亂後蕩然無存，萬難再圖規復。欲爲一勞永逸之計，固舍增設郡縣別無良策。種種緣由，經大學士前任陝甘督臣左宗棠疊次奏明有案。仰蒙聖明洞鑒，准其因時制宜。在事諸臣先後稟承宸謨，籌辦善後諸務，罔敢稍涉疏懈。

現在地利日闢，户口日增，各族向化諸事均有成效。郡縣之設，時不可失。茲奉旨命臣等會商，妥議久安長治之基，實肇於此，自當竭愚慮所及，熟籌審度，以期妥協而垂永久。謹按經野建官之道，必量其地之民力物產，足以完納國課，又可供給官吏、胥役而有餘，然後視其形勢之衝僻繁簡置官以治之。非從寬預爲計畫，則官困而民必受其害。故新疆添置郡縣，設官未可過多，此必然之勢也。惟南路各城民人較多，腴區較廣，其轄境之最遼闊者，縱橫至數千里，少亦數百里。若設官太少又慮鞭長莫及，難資治理，不足爲經久定制。臣鍾麟原奏内有一城不過數十莊，不及東南一小縣，七城各設一官足矣，等語。經臣錦棠就近體察情形，此説蓋亦不盡然。又，臣鍾麟原奏，將吐魯番作爲南路城池，有七城設官之議。臣錦棠查吐魯番現不在八城數內。自吐城以西，喀喇沙爾、庫車、阿克蘇、烏什是爲南路東四城，葉爾羌、喀什噶爾、英吉沙爾、和闐是爲南路西四城。應統八城通盤籌畫，一律改設郡縣。

以上各節，均經臣錦棠與臣鍾麟往復緘商，意見相合。謹公同酌議，除自哈密南至吐魯番北至精河應暫照臣鍾麟原奏無須另設多員外，回疆東四城擬設巡道一員，駐扎阿克蘇。該道以守兼巡，爲兵備道，督飭所屬水利、屯墾、錢糧、刑名事件，撫馭蒙部，彈壓布魯特，稽查卡倫，作爲衝繁疲三項要缺。喀喇沙爾與吐爾扈特、和碩特游牧地方，犬牙相錯，每有交涉事件，擬設直隸廳理事撫民同知一員，治喀喇沙爾城。庫車擬設直隸廳撫民同知一員，治庫車城。阿克蘇爲古温宿國，擬設温宿直隸州知州一員，治阿克蘇城。拜城縣知縣一員，治拜城，歸溫宿直隸州管轄。烏什緊鄰布魯特部落，爲極邊衝要，擬設直隸廳撫彝同知一員，治烏什城。以上各廳州縣，應統歸東四城巡道管轄。

回疆西四城擬設巡道一員，駐劄喀什噶爾回城。該道以守兼巡，爲兵備道，管理通商事宜，督飭所屬水利、屯墾、錢糧、刑名諸務，彈壓布魯特，控馭外夷，稽查卡倫，作爲衝繁疲難請旨最要缺。喀什噶爾爲古疏勒國，擬設疏勒直隸州知州一員，治漢城，疏附縣知縣一員，治回城，歸疏勒直隸州管轄。英吉沙爾緊鄰布魯特，爲極邊衝要，情形與烏什略同，擬設直隸廳撫彝同知一員，治英吉沙爾城。葉爾羌爲古莎車國，擬設莎車直隸州知州一員，治汉城，葉城縣知縣一員，治回城，歸莎車直隸州管轄。葉爾羌所屬瑪喇巴什一城，爲回疆東西咽喉要地，積年河水爲患，必須置員撫治，擬設直隸廳水利撫民通判一員，治瑪喇巴什城。和闐爲古于闐國，擬設和闐直隸州知州一員，治和闐城，于闐縣知縣一員，治哈拉哈什地方，歸和闐直隸州管轄。以上各廳州縣，統歸西四城巡道管轄。

凡茲建置大略，較之光緒六年四月十八日左宗棠奏擬設立各員，稍爲簡省；較之臣鍾麟原奏七城各設一官之議，略有加增。斟酌損益，務適於中，冀得免流弊而成永圖。至於佐雜人員應俟郡縣設定，由道員暨各丞倅牧令就近察酌地方情形，將其必不可少者詳請奏設。其各廳州縣疆界，應俟立官畫分後再行奏咨。各處地方暫時責成諸軍統領、營官，督率營勇駐防，俟兵制議定，再行奏請設立總兵、副將、參、游、都、守、千、把等官。其餘未盡事宜，統俟陸續籌議，隨時奏請睿裁。

所有擬設新疆南路郡縣大概情形，謹會同幫辦軍務臣張曜、幫辦新疆善後事宜臣楊昌濬，恭摺覆陳。是否有當，伏乞皇太后、皇上聖鑒訓示施行。再，此摺係臣錦棠主稿。合併聲明。謹奏。七月初三日。

光緒八年七月二十二日，軍機大臣奉旨：另有旨。欽此。①

---

① 臺北故宫博物院藏：《軍機及宫中檔》，文獻編號：124515。又，《劉襄勤公（毅齋）奏稿》，第397—404頁。

新疆各道廳州縣歸甘肅爲一省摺

光緒八年七月初三日（1882年8月16日）

　　欽差大臣督辦新疆軍務通政使司通政使二等男臣劉錦棠跪奏，爲哈密、鎮迪道等處地方，暨議設南路各道廳州縣，擬請併歸甘肅，合爲一省，以規久遠，恭摺具陳，仰祈聖鑒事。

　　竊查光緒六年大學士前陝甘督臣左宗棠奏稱，將來議設行省，必以哈密劃隸新疆，形勢始合。哈密及鎮迪一道所屬文武地方官，均應歸劉錦棠統轄。所有升調、補署、考核及一切興革事宜，均可就近辦理，分別奏咨，陝甘總督無庸兼管等因，於光緒六年十一月初四日奉上諭：左宗棠奏，請將哈密、鎮迪道歸劉錦棠統轄等語。哈密及鎮迪道所屬文武地方官，均著暫歸劉錦棠統轄。欽此。欽遵在案。

　　伏念新疆改設行省之議，左宗棠實始發之。查本年三月十六日，陝甘督臣譚鍾麟奏，籌度新疆南路情形，摺內亦有設立行省當從州縣辦起，然後遞設督撫以統轄之，等語。蓋新疆本秦隴之屏障、燕晉之藩籬，此時回亂雖平，而外患方殷，亟宜經營盡善以固吾圉。然舊制既不可復，自不得不另籌善策。左宗棠、譚鍾麟所議改設行省，固無非維持永久之謀。

　　至臣愚慮所及，則與左宗棠等不能盡同，有不容不及時陳明者。臣自曩歲出關辦賊，洎於今已歷七載，熟度關外情形，求所以長治久安之道，固舍設郡縣、易舊制，別鮮良圖。此臣之所見與左宗棠等相同者也。惟將新疆另爲一省，則臣頗以爲不然。現在臣等擬設南路各廳州縣，合之哈密及鎮迪道等處原有各廳州縣，總共不過二十餘處。即將來地方日益富庶，所增亦必無多。卷查光緒六年四月十八日，左宗棠覆陳新疆宜建省開設郡縣摺內所載，擬設及原有各廳州縣，亦不過二三十處。嘗考各省中郡縣之最少者，莫如貴州、廣西等省，新疆則尚不能及其半，難自成一省也，亦已明矣。且新疆之與甘肅形同唇齒，從前左宗棠以陝甘總督督辦新疆軍務，凡籌兵籌餉以及製辦、轉運諸務，皆以關內爲根本。其勢順，故其事易舉。

　　臣之才力、資望，萬不逮左宗棠，而受代以來兩年之間，雖無寸功足錄，然尚未至僨事者，皆賴譚鍾麟、楊昌濬誼篤公忠，力顧全局，故能勉強支持。向使甘肅大吏稍存畛域之見，則邊事已不堪問。若將關內外劃爲兩省，以二十餘州縣孤懸絶域，其勢難以自存，且後路轉餉、製械諸務，必將與甘肅分門別戶以清眉目，所需經費，較目前必更浩繁，其將何以爲繼！故新疆、甘肅勢難分爲兩省。臣所見有與左宗棠等不同者，此也。

又，臣閲譚鍾麟奏籌度新疆南路情形摺稿，議將北路鎮迪等處，暨擬設南路郡縣，皆歸欽差大臣統轄。謹按，欽差大臣本非國家常設之官，且哈密及鎮迪一道原係奉旨暫歸微臣統轄。現在既議設南路郡縣，必須熟籌可久之道，不得仍作權宜之計。況郡縣設定後諸事須照各省辦法，而言例章，則臣營無舊案可稽；言用人，則軍中無合例堪以補署之員；至於錢糧、刑名、升遷、調補諸事，又無藩臬兩司可專責成。似兹室礙難行之處未可枚舉。微臣之愚，擬請將哈密、鎮迪道等處，暨議設南路各廳州縣，併歸甘肅爲一省，惟歸甘督遥制，竊恐鞭長莫及，擬仿照江蘇建置大略添設甘肅巡撫一員，駐劄烏魯木齊，管轄哈密以西南北兩路各道廳州縣，並請賞加兵部尚書銜，俾得統轄全疆官兵，督辦邊防。並設甘肅關外等處地方布政使一員，隨巡撫駐劄。舊有鎮迪道員，擬請援照福建、臺灣之例賞加按察使銜，令其兼管全疆刑名、驛傳事務。改迪化直隸州爲迪化縣，添設迪化府知府一員，治迪化城，管轄迪化、昌吉、綏來、阜康、奇臺五縣。似此辦理，實較另爲一省稍免煩費，而於新疆時勢亦甚相宜。如蒙聖明准行，仰懇迅簡巡撫、藩司，暨擬設之南路兩道員，以便及早措置壹是。

現在，伊犁既經收還，分界亦不久可以蕆事，沿邊無警，防務解嚴。如設巡撫則欽差大臣儘可裁撤。臣擬俟巡撫西來，當舉關外一切情形詳細告知，並將經手事件交其接辦，再行呈繳關防。仍俟臣足疾醫治全愈後，即當俶裝北上，以伸累載戀闕之忱。蓋新疆蕩平已六年之久，此時軍務日鬆，急宜定大局以修政理。臣於吏治向少閲歷，關外郡縣諸事宜多係創始，斷非軍旅粗材所能了局。區區愚悃，實恐貽誤將來，並非意存規避。此不能不預先瀝陳者也。

所有哈密、鎮迪道等處地方暨議設南路各道廳州縣擬請併歸甘肅合爲一省各緣由，臣係爲規畫久遠起見，理合恭摺具陳。是否有當，伏乞皇太后、皇上聖鑒訓示施行。謹奏。光緒八年七月初三日。

光緒八年七月二十二日①，軍機大臣奉旨：另有旨。欽此。②

劉錦棠請將旗丁併歸伊犁滿營片
光緒八年七月初三日（1882年8月16日）

　　再，哈密以西各滿營旗丁，亂後孑遺，僅存舊制，萬難規復。即以古城、烏魯木齊兩處言之，前此古城領隊大臣勝安由京西來，道出哈密，與臣談及，古城滿營房屋久已鞠爲茂草，該處旗丁總共不過十數人。勝安自以補授斯缺，原應即行赴任，究竟古城無隊可領，無營署可居，進退維谷，殊形狼狽。臣比屬其與金順、恭鏜熟商自處之道，悵然逾天山北去。臣於光緒二年夏秋之交，率師克復烏魯木齊。其時滿城傾圮，瓦礫荒凉，未見旗丁一人。嗣臣進克南路各城，始將旗丁之被賊裹脅者陸續拔出，迭送烏魯木齊安插。然爲數亦屬無多，故以恭鏜之精明強幹，世受國恩，鋭欲有所爲以圖報稱，然所管旗丁祗有此數，雖都統有兼轄鎮迪道之責，而政務亦甚簡少，不足以發舒其才氣。他如哈密辦事大臣明春所部健鋭威儀各營，現已奏明，全行裁撤③。其所轄回務亦經左宗棠奏准，歸哈密通判管

---

① 此奉旨日期與内容，據《軍機處隨手登記檔》（檔案編號：03-0235-3-1208-192）及《軍機及宫中檔》（文獻編號：124518）校補。
② 中國第一歷史檔案館藏：《硃批奏摺》，檔號：04-01-01-0946-011。又，《劉襄勤公（毅齋）奏稿》，第409—416頁。
③ 光緒六年十一月二十四日，哈密辦事大臣明春奏報裁併健鋭各營情形，曰："奴才明春跪奏，爲裁併健鋭一軍，謹將辦理裁併情形恭摺具奏，仰祈聖鑒事。竊奴才前因餉項支絀，奏請將健鋭一軍抽裁馬步五營，酌留三營，以節糜費，懇請天恩暫由部庫借撥銀兩，以資汰遣，而期迅速，各等情。業已先後奏明在案。旋准户部咨覆：奏准於部庫封存四成洋税項下，暫行墊發庫平銀八萬六千六百兩，作爲奴才遣撤經費。此項銀兩即在湖北、四川兩省欠解哈密健鋭軍專餉項下，湖北省提銀五萬兩，四川省提銀三萬六千六百兩，限於本年八月以前解部歸款，以重庫儲。當經奴才派去差弁游擊陶連生由部領解。兹於本年十月二十日，據差弁陶連生管解前項銀八萬六千六百兩到營。奴才遵即將健鋭各營愼加選擇，挑出年力精壯者，酌留步隊三營。其餘馬隊二營、步隊三營並幫辦、統領、營官、委員、跟役人等一百八十四員名，均按照奏定章程找發半年欠餉，概行資遣，令其回原籍，一共裁去官弁、勇夫、兵役，計二千九百六十四員名，通計用銀八萬六千五百八十一兩八錢，又支放屯田牛隻、農具等項銀三千一百九十六兩五錢，其不敷經費由奴才陸續另款籌給。現在抽留健鋭步隊三營及威儀軍步隊一營、馬隊二營，奴才飭令統領營官等勤加訓練，扼要分防，期於地方有裨。謹將辦理裁併健鋭各營情形，理合恭摺具陳。伏乞皇太后、皇上聖鑒。謹奏。十一月二十四日。光緒六年十二月二十六日，軍機大臣奉旨：知道了。欽此。"（中國第一歷史檔案館藏：《録副奏摺》，檔號：03-5812-150）。

理①，欽遵在案。

　　竊維國家建官分職，原各有分内應辦之事。現在新疆時勢變遷，都統暨辦事領隊各大臣兵少事簡，幾無異投閑置散。此不但非朝廷設官之初意，亦諸臣心所不安也。如蒙聖明俯察臣言，准照擬設甘肅巡撫之議，則烏魯木齊自須設立撫標官兵，南北兩路均宜另設額兵，添置總兵、副將、參、游、都、守、千、把等官，以爲永遠防邊之計。烏魯木齊提督應移駐喀什噶爾以扼要害。吐魯番暨南路舊有參贊、辦事、領隊各大臣員缺固可一律裁去，即自哈密北至伊犁，所有都統暨辦事、領隊各大臣員缺亦宜酌量裁撤。巴里坤、古城、烏魯木齊、庫爾喀喇烏蘇等處所餘旗丁，如目前之零星分布，終恐無濟實用，不如併歸伊犁滿營，生聚教訓，以期漸成勁旅。查承平時新疆南北兩路係歸伊犁將軍總統，烏魯木齊都統亦兼轄鎮迪一道，如設巡撫則不但鎮迪道無須都統兼轄，即將軍亦無庸總統全疆，免致政出多門、巡撫事權不一。其伊犁滿營似應改照各省駐防將軍營制，從新整頓，務求精實可用，庶於邊防有所裨益。

　　總之，新疆不復舊制，便當概照行省辦法。若二者兼行，則一切夾雜牽混之弊難以枚舉。屬兹伊犁已還，界務將竣，大局急宜定奪。臣忝縻欽符，既有所見，不敢不據實直陳，是否可行，祇候睿斷。理合附片陳明。伏乞聖

---

① 光緒六年九月十一日，陝甘總督左宗棠具奏哈密回務請由哈密通判兼管，曰："奏爲哈密回務請照吐魯番例，飭由哈密通判兼管，俾事歸一律，以收實效，恭摺具陳，仰祈聖鑒事。竊查新疆南路各城纏回，每年應納額糧，向由台吉、伯克等催收交官。迨後各城淪陷，諸務廢弛。光緒三年克復各城後，即規復舊制，變通辦理，剔除一切弊端。所有纏回每年應徵額糧，暫准仍由各伯克等催督花户，親赴善後局完納，填給券票備查，以杜中飽。其餘命盜、錢債、田土、户婚、事故各案件，概由局員察律辦理。當經通飭遵行。其吐魯番廳所屬回務向歸該廳辦理，遵行日久，漢回稱便，固無庸別議更張。查哈密廳舊設通判一員，原兼理地方事務。其土著户民向本回族種類。所有詞訟案件一切均系回目台吉、伯克等辦理。所有回户滋生多寡、物産盈虛，通判不復過問。是名雖久隸版圖，實仍各分氣類，望其一道同風，而政教難施，漸摩無自，何以致之。現擬建義塾、廣屯墾、開水利、課蠶桑，所有一切興革事宜均應責成哈密廳承辦。而該員一官飽繫，事權爲台吉、伯克所分，纏回無所遵循，官民仍多捍格。若援照吐魯番例，兼管回務，纏回仍歸地方官治理，一切詞訟案件概由官審斷申報，其回目台吉、伯克向以催納賦糧爲事姑仍其舊，如有橫徵苛派病民情弊，許回民赴官申理，審問得實，通詳該管上司責革，換替承充，庶幾政平訟理，同我華風，與吐魯番南北各城事歸一律，而回務積弊可除。應否如斯，伏祈皇太后、皇上聖鑒訓示施行。謹奏。軍機大臣奉旨：著照所請。該衙門知道。欽此。"（《左文襄公全集》，第九冊，第8899—8901頁，上海書店出版社，1986年。又，《左宗棠全集·奏稿六》，第523—524頁，嶽麓書社，2009年。）

鑒訓示施行。謹奏。

光緒八年七月二十二日，軍機大臣奉旨：另有旨。欽此。①

【案】關於劉錦棠等創設行省、改設郡縣、變通營制之議，直至光緒十年九月三十日，始得清廷批旨，並准其所議，添設新疆巡撫、布政使各一員。新疆旗綠各營兵數及關內外餉數均照議核實，以資治理。

《清實錄》：

辛未，……前經左宗棠創議改立行省，分設郡縣，業據劉錦棠詳晰陳奏，由部奏准，先設道廳州縣等官。現在更定官制，將南北兩路辦事大臣等缺裁撤，自應另設地方大員以資統轄。著照所議，添設甘肅新疆巡撫、布政使一員。其應裁之辦事、幫辦、領隊、參贊各大臣及烏魯木齊都統等缺，除未經簡放有人外，所有實缺及署任各員，著俟新設巡撫、布政使到任後再行交卸，候旨簡用。

至伊犁參贊大臣一缺、塔爾巴哈臺領隊大臣二缺，應裁應留，著劉錦棠等酌定具奏。新疆旗、綠各營兵數及關內外餉數，均照議核實經理。國家度支有常，不容稍涉耗費，劉錦棠務當與金順等挑留精銳，簡練軍實，並隨時稽查餉項，如將領中有侵冒情事，即著據實奏參，從重治罪。如有未盡事宜，仍著劉錦棠妥爲籌畫，陸續陳奏，再由該部詳核定議。②

編修劉海鼇具陳酌議新疆善後事宜摺
光緒八年八月初三日（1882年9月14日）

日講起居注官翰林院編修臣劉海鼇跪奏，爲酌議新疆善後事宜，請權緩急，恭摺仰祈聖鑒事。

竊臣伏讀七月二十三日上諭：劉錦棠、譚鍾麟、張曜奏請變通新疆官制各摺片，著各該衙門速議具奏。欽此。仰見皇上綏靖邊疆至意，臣備員侍從

---

① 臺北故宮博物院藏：《軍機及宮中檔》，文獻編號：124519。又，《劉襄勤公（毅齋）奏稿》，第417—421頁。
② 《德宗景皇帝實錄（三）》，卷一百九十四，光緒十年九月下，第764—765頁。

玉門，未出扼塞，無由周知，何敢妄參末議！惟通籌西域情形，則郡縣未可遽設，屯田可以專辦，有不能不分緩急者，請爲皇上瀝陳之。

夫建非常之業者，必有可因之勢，有可乘之時，有可爲之力，而功乃有成。郡縣自秦始，然春秋時夷於九縣，楚稱葉縣，封建浸化爲郡縣。秦因而設之，相沿至今。臺灣富庶之區，沈葆楨請設臺北府，居者甚少，幾乎有城郭而無人民，時勢不同也。新疆地勢遼闊，以戈壁周迴二萬餘里，版圖初入，涉險建城不過二十余處，每城不過數十莊。離亂之後，户口益稀。今欲舉一城百十莊而養一州縣，合二十餘城而成一省，臣知其不能，何者？地廣人稀，併歸甘肅既難遥制，改設官制亦屬虛名。矧事方經始，需費甚繁，且庫儲支絀，西餉歲近千萬，力已難支，又何能籌此鉅款以供經野設官之用？此郡縣未可遽設也。

至原奏屯田一法，實因地制宜之上策。新疆蕩平六年，今春收復伊犁，局勢大定。惟逆回白彦虎竄伏俄境，難保不乘間窺伺，則營勇未可盡撤。第營勇不撤，餉亦難繼，欲收兵食兩足之效，則屯田尚焉。天山南北不少膏腴，近聞西征士卒多有娶妻成家者，授之以田其情甚願，導之爲農其利自倍，惟在實力奉行耳。左宗棠、譚鍾麟公忠體國，力顧大局。劉錦棠、張曜練習邊事，規畫精詳，非尋常將帥可比，試辦屯田已有成效，請飭通籌專辦。其營勇之精壯者酌留，以備邊防。餘皆計口分田，各給仔種，使之自食其力，易冰天雪窖之鄉爲鋤雨犁雲之地。成熟之後緩數年以升科，廣收租糧，以供軍需，每年可節餉銀數百萬兩。又，和闐、古城、火道溝、塔爾巴哈臺等處產金產玉，物力豐饒，使經理得人，通商惠工，其財不可勝用。兵化爲農，戍卒感生成之德。養繼以教，荒服消獷悍之風。長治久安之道無逾於此。此屯田之可專辦也。

臣愚昧之見，是否有當，伏祈皇太后、皇上聖鑒，交部併原件會議施行。謹奏。光緒八年八月初三日。①

【案】光緒八年八月初五日，劉海鼇之奏旋得批旨。《清實錄》："戊午，諭內閣：翰林院編修劉海鼇奏，新疆善後事宜請權緩急一摺，著各

---

① 中國第一歷史檔案館藏：《錄副奏摺》，檔號：03-5092-013。

該衙門歸入劉錦棠等摺片,一併議奏。"①

劉錦棠等奏報委署南路各官緣由摺
光緒九年四月二十日(1883年5月26日)

　　欽差大臣督辦新疆軍務通政使司通政使二等男臣劉錦棠、頭品頂戴陝甘總督臣譚鍾麟跪奏,爲承准部覆准設新疆南路道廳州縣各官,現委員前往試署,以便詳察地勢、民情,續陳未盡事宜,並籌現辦情形,恭摺仰祈聖鑒事。

　　竊臣錦棠承准吏部咨會:遵旨會議臣等前請變通新疆官制具陳一摺,奉旨:依議。欽此。黏連原奏,知照到營。當即欽遵,分咨關外在事諸臣,並飭現辦善後局員,各將所管地段界址暨一切情形,詳悉察奪具報去後。

　　伏維體國經野,通籌局勢,須原始以要終,庶可大而可久。特當創辦之初,有因一處之妨而致疑全局之多礙,有因一端之阻而動謂衆務之未宜。風氣之所侵漬,成例之所拘迫,欲變之於一旦,微論法制尚未詳訂,急切靡所適從。即使綱舉目張,自謂燦然大備,且有箕風畢雨之好,足以淆我視聽,擾我神明。種落之殊,教令之別,非獨其地有以限之,抑由其俗積漸使然也。

　　關隴爲天下之屏蔽,而塞外又踞關隴之上游,山水之所從出。其地則高寒而多沙鹹,其人雖渾樸而不聯屬,不問向之居國、行國,究其居處、服食、文字、語言,迥異中土。漢唐以來,殷憂西事,罔不經營捍禦,聊固吾圉。蓋既爲形勢所必争,則即爲聲教所必及。乃以一其習尚無復他虞。夫因創之所乘,實有天時、人事之所湊拍。曩者漢置河西四郡,當時雖不免耗中事西之苦,而至今賴之。西域自古羈縻之地,往往一隅蠢動,腹地爲震。自祖宗朝櫛風沐雨,先後戡定南北兩路,或分置屯防,或間設郡縣,星羅棋布,遠近相維。南疆地雖饒沃,而因俗類獉狉,難驟繩以禮法,於是分命大臣督率文武員弁、兵丁鎮駐扼要之區,彈壓巡緝。差繇賦稅量爲徵收。舉凡

---
① 《德宗景皇帝實録(三)》,卷一百五十,光緒八年八月,第119頁。

疏節闊目，用壯厥聲靈，堅其趨向，以待我皇太后、皇上今日因事制宜，變通盡利。

臣錦棠適躬逢其盛，前陳應設、應裁、應改、應移諸端，仰荷睿衡，飭部會議。茲各部院議覆摺內於議設者，如置巡撫、布政使，及鎮迪道加按察使銜，管理刑名，改迪化州爲縣，設迪化府各節，暫從緩議。而議裁、議改、議移者，如裁各城都統、參贊、辦事、領隊各大臣，應俟南八城建置事宜辦有成效，奉旨准設巡撫，再行會奏請旨。又裁去回官阿奇木伯克等，另行酌設頭目。則以均有職掌責任，應更體察，妥議章程核辦。改設額兵，將烏魯木齊提督移駐喀什噶爾，亦令俟後請旨。回童現入義塾讀書，有能誦習一經、熟悉華語者，咨部給予生監頂戴，議以向無成案，擬請俟回童粗通文藝時酌設學額，憑文取進。如以該回童等但須讀書認字，不必責其文理，應另酌給獎勵，請旨遵行。至請南路改設道廳州縣各官，均經先行議准，令將應辦事宜會商妥協，次第奏明辦理各等因，詳繹部院諸臣議覆各條，其餘應准應緩之事體，無不斟酌至當，上慰宸衷。

誠以損益之舉，動關久遠之規，縱使疑無可疑，猶當慎之又慎。然創制早開乎其先，則變通宜善乎其後。從前滇黔之改流官，近如臺灣、奉天、吉林之添郡縣，皆時會之所趨，聖化翔洽，幾若行乎其所不得不行。回童如能熟誦儒書，諳習華語，日久漸摩，帖然就範。既已革其舊習，自當被以政教，故應裁、應改、應移者刻下既須籌擬，一則一氣相承，因勢利導，可收及時整飭之功；一則經費宜定，合計從長，可免異日虛糜之弊。部臣深知其然而現未即請旨飭辦者，應俟准設之官具有規模，然後分別舉行，蓋即臣鍾麟所擬設立行省當從州縣辦起之意。自準部覆，即經往返函商，熟籌辦法，定即由臣錦棠就近先行委員往署，詳察東西兩道應分之界限，並各直隸州與其轄縣應分之村境。各處城垣多未完固，尚有應行改建增修之城，各官衙署能否各就善後辦公局屋改作，或應別籌營造，壇廟、倉廒、監獄亦應擇要修建，驛傳塘站，視其衝僻，安設文員雜職，置輔分司。現除教職緩議外，其各廳州縣之照磨、吏目、典史，應與印官同城佐理。此外，各屬轄境遼闊，應添州同、州判、縣丞、巡檢分防，各按所屬繁簡酌添，以便控制。

凡此要圖，務爲先正其名，而後能責其事。否則委員以空名理實政，既無職守，亦無考成，難期與斯民相維繫，誠有如臣鍾麟所云者。臣錦棠擬遵部議，就差遣各員內分委道員、同知直隸州知州、通判、知縣各官，前往署理，暫刊木質關防、鈐記，給令啟用，俾昭信守。惟是設官之後，文移、徵收、詞訟宜照官署之式。南路向無漢民，鎮迪所屬自經兵燹，書吏更少於前，無可調派。前經分飭甘肅各府州，於所屬書吏中揀公事諳練者，各派數名，優給川貲，令其攜眷西來，備日後之分撥。回官三四品阿奇木、伊什罕伯克階職較崇，臣前慮其權重擾累，曾請裁去銜額，實欲杜漸防微，而相沿已久未可驟加屈抑，請仍留頂戴，略如各省之待所轄紳士，假以禮貌，使有別於齊民。昔之衆伯克等分理糧役、訟獄諸務，將來擬分擬爲吏、户、禮、兵、刑、工各書，與漢書胥雜處，互授漢回文言，期於相觀而善，既可收其把持之權，又可藉爲公家之用，似屬兩有裨益。俟印官履任後徐爲圖之，如能行之有濟，屆時另行奏報。各官每年應支廉俸、公費銀兩已經部議，照鎮迪道所屬數目支領。

所有應設書辦及各項人役名數、月支工食、銀兩、麵觔數目，亦應請照鎮迪道所屬定章招設支發，以歸一律。兩道綜司各屬政務，須有通曉各項文字之人以備翻譯，應請各添清字、回文書辦各數名；各屬傳訊訟案、勘劃經界，必先通其語言，乃能從而剖斷，應請各添回書通事數名。以上月支工食、銀兩、麵觔數目，均請照鎮迪道所屬書吏章程開支。道員以下各官印信，應懇飭部按照擬就各項缺銜鑄造頒行。查吐魯番同知之印文，係兼用清、漢、回字。此項印信似應一體兼鑄回文，並懇飭下妥議定鑄。

南疆此次設官，事屬創始，當就練習邊情之員，先將應辦壹是趕緊興辦，方足以資治理。現准先設各官，籲懇天恩，准照吉林新設民官各缺成案，統歸因地擇人，由外揀補一次。則相從邊塞者知所奮勉，吏治可期起色。至於城垣、衙署、倉廠、監禁應修各工，舉不容緩。南路土性鬆浮多鹼，即燒成之甎塊，曾不數年多被潮鹼剥蝕，牆垣基身務較寬厚始可耐久。已飭湘楚各軍選派勇丁趕將城工挑築，並商幫辦軍務臣張曜，飭令嵩武軍營勇擇要興修，許以事竣懇恩擇尤獎勵，均極踴躍用命。第計工程浩大，仍須兼僱纏回乃能期其成功。其須用之鐵、木器及各項工匠器物防營之不能辦者，令各委員核實動用，再懇飭撥的款，以濟要工。

154　《戡定新疆記》箋注

　　值此經費支絀之際，臣等受恩深重，尤當格外撙節，無如地處邊荒、工係創建，但期力杜浮冒，未能牽合成規。合無仰懇聖慈，俯准俟後蕆役，除繪圖貼說咨部外，即照實用實銷開單具報，藉省一再造冊之煩。徭賦上關國計，下係民生，綜計南路徵糧每年二十餘萬石，將來兵制酌改，需糧較少，日久積儲勢難多備倉廒，變價又苦無從銷售，潮腐堪虞。臣錦棠擬飭各屬於此後科定賦役時權其輕重，或有前章稍重者，仰體皇仁，即予酌減。徵糧較多之處，核計兵食之外，所餘猶多，即行折徵銀兩，湊充度支以爲涓滴之助，庶倉糧不至霉朽，而邊儲得以常充矣。

　　除屯田、兵制及未盡事宜容俟會商妥籌隨時具奏外，所有承准部覆准設新疆南路道廳州縣各官，現擬委員前往試署，以便詳察地勢民情，續陳未盡事宜，並籌現擬情形各緣由，是否有當，謹會同幫辦軍務廣東陸路提督臣張曜，恭摺具陳。伏乞皇太后、皇上聖鑒訓示施行。再，此摺係臣錦棠主稿。合併陳明。謹奏。光緒九年四月二十日。

　　光緒九年五月十三日，軍機大臣奉旨：該部議奏。欽此。①

　　【案】光緒九年九月十九日，保寧府知府正堂歸抄吏部奏請變通新疆官制營制事飭南部縣札文，內附吏部等部之奏稿②，曰：

　　　吏部等部謹奏，爲遵旨速議具奏事。光緒八年六月二十三日，內閣奉上諭：劉錦棠、譚鍾麟、張曜奏請變通新疆官制、營制各摺片，著各該衙門速議具奏。欽此。又，八月初三日，准軍機處交出本日軍機大臣面奉諭旨：譚鍾麟前奏，新疆南路擬分設職官摺，著各該衙門歸入劉錦棠等摺片一併議奏。欽此。又，八月初五日，內閣奉上諭：翰林院編修劉海鼇奏，新疆善後事宜請權緩急一摺，著各該衙門歸入劉錦棠等摺片一併議奏。欽此。欽遵。先後抄出，此部臣等查，劉錦棠、譚鍾麟會同張曜等原奏內稱：承准軍機大臣字寄：光緒八年三月十七日奉上諭：譚

---

① 中國第一歷史檔案館藏：《硃批奏摺》，檔號：04-01-01-0949-009。又，《劉襄勤公（毅齋）奏稿》，第577—589頁。又，《錄副奏摺》，檔號：03-5179-040。
② 因手民之故，該摺訛、奪、衍、誤甚多，茲據各該原奏對校及理校之。漫漶模糊、難以辨別之文字，或以"□"存疑，或理校之。皆緣篇幅太長，訛誤太多，爲避免喧賓奪主起見，修正之處一律不予出校。若需考核，請參照各該原件或錄副可也。

鍾麟奏，籌度新疆南路情形一摺。所請酌度七城廣狹繁簡，設立丞倅牧令一員，更於喀什噶爾、阿克蘇兩處各設巡道一員，如鎮迪道之例。著劉錦棠體察情形，會商該督妥議具奏，等因。欽此。遵旨寄信前來。

伏念新疆當久亂積疲之後，今昔情形判若霄壤，所有邊疆一切事宜，無論拘泥成法於時勢多不相宜，且承平年間舊制，亂後蕩然無存，欲爲一勞永逸之計，固舍增設郡縣別無良策，經大學士前任陝甘督臣左宗棠疊次奏明有案。現在地利日闢，戶口日增，各族向化，諸事均有成效，郡縣之設，時不可失。謹按經野建官之道，必量其地之民力物產，足以完納國課，又可供給官吏、胥役而有餘，然後視其形勢之衝僻繁簡，置官治之。非從寬預爲計畫，則官困而民必受其害。故新疆添置郡縣，設官未可過多。惟南路各城民人較多，腴區較廣，其轄境之最遼闊者縱橫至數千里，少亦數百里，若設官太少又慮鞭長莫及，難資治理。

自吐城以西，喀喇沙爾、庫車、阿克蘇、烏什是爲南路東四城。葉爾羌、喀什噶爾、英吉沙爾、和闐是爲南路西四城。應統八城通盤籌畫，一律改設郡縣。除自哈密南至吐魯番北至精河應暫照臣鍾麟原奏無須另設多員外，回疆東四城擬設巡道一員，駐扎阿克蘇。該道以守兼巡，爲兵備道，督飭所屬水利、屯墾、錢糧、刑名事件，撫馭蒙部，彈壓布魯特，稽查卡倫，作爲衝繁疲三項要缺。喀喇沙爾與吐爾扈特、和碩特游牧地方，犬牙相錯，每有交涉事件，擬設直隸廳撫民同知一員，治喀喇沙爾城。庫車擬設直隸廳撫民同知一員，治庫車城。阿克蘇爲古溫宿國，擬設溫宿直隸州知州一員，治阿克蘇城。拜城縣知縣一員，治拜城，歸溫宿直隸州管轄。烏什緊鄰布魯特部落，爲極邊衝要，擬設直隸廳撫彝同知一員，治烏什城。以上各廳州縣，應統歸東四城巡道管轄。

回疆西四城擬設巡道一員，駐扎喀什噶爾回城。該道以守兼巡，爲兵備道，管理通商事宜，督飭所屬水利、屯墾、錢糧、刑名諸務，彈壓布魯特，控馭外夷，稽查卡倫，作爲衝繁疲難請旨最要缺。喀什噶爾爲古疏勒國，擬設疏勒直隸州知州一員，治漢城，疏附縣知縣一員，治回城，歸疏勒直隸州管轄。英吉沙爾緊鄰布魯特，爲極邊衝要，情形與烏什略同，擬設直隸廳撫彝同知一員，治英吉沙爾城。葉爾羌爲古莎車國，擬設莎車直隸州知州一員，治漢城。葉城縣知縣一員，治回城，歸莎車直隸州管轄。葉爾羌所屬瑪喇巴什一城，爲回疆東西咽喉要地，積年河水爲患，必須置員撫治，擬設直隸廳水利撫民通判一員，治瑪喇巴什城。和闐爲古于闐國，擬設和闐直隸州知州一員，治和闐城，于闐縣知縣一員，治哈拉哈什地方，歸和闐直隸州管轄。以上各廳州縣，統歸西四城巡道管轄。

凡建置大略，較之光緒六年四月十八日左宗棠奏擬設立各員稍爲簡省，較之臣鍾麟原奏七城各設一官之議略有加增。斟酌損益，務適於中。至於佐雜人員，應俟郡縣設定，由道員暨各丞倅牧令就近察酌地方情形，將其必不可少者詳請奏設。各處地方暫時責成諸軍統領、營官，督率營勇駐防，俟兵制議定，再行奏請設立總兵、副將、參、游、都、守、千、把等官。未盡事宜統俟陸續籌議，等語。

又，該大臣劉錦棠原奏內稱：光緒六年，左宗棠奏，將來議設行省必以哈密劃隸新疆形勢，飭令哈密及鎮迪一道所屬各文武地方官，均著暫歸劉錦棠統轄，所有升調、補署、考核及一切興革事宜均可就近辦理，陝甘總督無庸兼管。十一月初四日，奉上諭：左宗棠奏，請將哈密、鎮迪道歸劉錦棠統轄，等因。欽此。伏念新疆改設行省之議，左宗棠實始發之。查本年三月十六日，陝甘督臣譚鍾麟奏籌度新疆南路情形摺內，亦有設立行省當從州縣辦起，然後遞設督撫以統轄之等語。蓋新疆本秦隴之屏障、燕晉之藩籬，亟宜經營盡善，以固吾圉。然舊制既不可復，自不得不另籌善策。左宗棠、譚鍾麟所議改設行省，固無非維持永久之謀。惟將新疆另爲一省，則臣頗以爲不然。現在臣等擬設南路各廳州縣，合之哈密及鎮迪道等處原有各廳州縣，總共不過二十餘。即將來地方日益富庶，所增亦必無多。卷查左宗棠覆陳新疆宜建省開設郡縣摺內所擬設及原有各廳州縣，亦不過二三十處，難自成一省也，亦已明矣。且新疆之與甘肅形同唇齒，從前左宗棠以陝甘總督督辦新疆軍務，凡籌兵籌餉以及製辦、轉運諸務，皆以關內爲根本，其勢順故其事易舉。若將關內外劃爲兩省，以二十餘州縣孤懸絕域，其勢難以自存，且後路轉餉、製械諸務，必將與甘肅分門別户，所需經費較目前必更浩煩，故新疆、甘肅勢難分爲兩省。臣閱譚鍾麟原奏，議將北路鎮迪等處，暨擬設南路郡縣，皆歸欽差大臣統轄。謹按，欽差大臣本非國家常設之官，且哈密及鎮迪一道原係奉旨暫歸微臣統轄。現既議設南路郡縣，必須熟籌可久之道，況郡縣設定後，諸事須照各省辦法，而言例章，則臣營無舊案可稽；言用人，則軍中無合例堪以補署之員；至於錢糧、刑名、升遷、調補諸事，又無藩臬兩司可專責成。似茲窒礙難行之處，未可枚舉。

臣愚擬請將哈密、鎮迪道等處，暨議設南路各廳州縣併爲甘肅爲一省。惟歸甘督遙制，竊恐鞭長莫及，擬仿照江蘇建置大略，添設甘肅巡撫一員，駐劄烏魯木齊，管轄哈密以西南北兩路各道廳州縣，並請賞加兵部尚書銜，俾得統轄全疆官兵，督辦邊防。並設甘肅關外等處地方布政使一員，隨巡撫駐扎。舊有鎮迪道員，擬請援福建、臺灣之例賞加按察使銜，令其兼管全疆刑名、驛傳事務。改迪化直隸州爲迪化縣，添設迪化府知府一員，治迪化城，管轄迪化、昌吉、綏來、阜康、奇臺五縣。似此辦理實較另爲一省稍免煩費，而於新疆時勢亦甚相宜。現在伊犂既經收還，分界亦不久可以藏事。如設巡撫，則欽差大臣儘可裁撤。臣於吏治向少閱歷，關外郡縣諸事宜多係創始，斷非軍旅粗材所能了局。

又，該大臣片奏内稱：哈密以西各滿營旗丁，亂後孑遺僅存。臣於光緒二年夏秋之交，率師克復烏魯木齊。其時滿城傾圮，瓦礫荒凉，未見旗丁一人。嗣臣進克南路各城，始將旗丁之被賊裹脅者陸續拔出，送送烏魯木齊安插，爲數亦屬無多。他如哈密辦事大臣所轄回務，亦經左宗棠奏准，歸哈密通判辦理。新疆時勢變遷，都統及辦事、領隊各大臣兵少事簡，幾無異投閑置散。如蒙聖明俯察臣言，准照擬設甘肅巡撫之議，則烏魯木齊自須設立撫標官兵，南北兩路均宜另設額兵，添置總兵、副將、參、游、都、守、千、把等官，以爲永遠防邊之計。烏魯木齊提督應移駐喀什噶爾，以扼要害。吐魯番暨南路舊有參贊、辦事、領隊各大臣員缺固可一律裁去，即自哈密北至伊犂，所有都統暨辦事、領隊各大臣員缺亦宜酌量裁撤。巴里坤、古城、烏魯木齊、庫爾喀喇烏蘇等處所餘旗丁零星分布，無濟實用，不如併歸伊犂滿營，生聚教訓，以期漸成勁旅。查承平時新疆南北兩路係歸伊犂將軍總統，烏魯木齊都統亦兼轄鎮迪一道。如設巡撫，則不但鎮迪道無須都統兼轄，即將軍亦無庸總統全疆，免致政出多門，巡撫事權不一。其伊犂滿營似應改照各省駐防將軍營制，從新整頓，務求精實可用，庶於邊防有所裨益，等語。

又，該大臣劉錦棠等片奏內稱：新疆各城向設阿奇木伯克等員，其職銜有三、四品者，現擬建置郡縣，擬設丞倅牧令各員，若回官仍循舊章，殊有枝大於本之嫌，似宜量為變通。郡縣設定後，擬將回官各缺暨阿奇木伯克等名目概行裁去，各廳州縣另行酌設頭目額數，略如各省辦公紳士，不可以官目之。遇有缺額，即行就地選舉，由該管道轉請邊疆大員，發給委牌，照回官向例，撥給地畝，作為辦公薪資。又，南路纏回愚懦者居其大半。彼教中所謂條勒阿渾，往往捏造邪說，肆其誘脅之術，人心易為搖惑，禍亂每由此起。纏回語言文字本與滿漢不同，遇有訟獄、徵收各事件，官民隔閡不通，阿奇木伯克通事人等得以從中舞弊。是非被以文教，無由除彼錮習。自全疆戡定以來，各城分設義塾，令回童讀書識字，學習華語，其中儘多聰穎可造之資。此時建置南路郡縣，教職等官暫可不設。惟宜設法鼓勵，使回族爭奮於學，庶教化可期漸興。所有原設各塾應由各廳州縣延師訓課，擬每歲令各廳州縣考試一次，有能誦習一經熟諳華語者，不拘人數多寡，即送該管道衙門覆試，詳由邊疆大員援照保舉武弁之例咨部給予生監頂戴，待其年已長大即准充當頭目。如有勤學不倦能多習一經或數經者，無論已未充當頭目，均准各廳州縣考送，由道覆試請獎，再行遞換五品以下各項頂戴，仍不得逾六品，以示限制。惟曾任三、四、五品阿奇木伯克者，裁缺後仍應准其照舊戴用翎頂充當頭目。其各項頂戴頭目人等，如果承辦差使異常出力，仍隨時酌量保奏，懇恩賞給三、四、五品頂戴，等語。

又，幫辦軍務廣東陸路提督張曜原奏內稱：論者謂新疆局勢大定，今日之先務在於裁汰勇丁以節餉項。奴才則謂，裁汰勇丁即可為復額兵，變通營制，方能永固邊防。事有相因而成，兵有惟利是親。愚見以為營制之宜變通者有三：曰增騎兵，曰重火器，曰設游擊之師。各省綠營定制步多騎少，扼要防險。戰於山谷，步兵之利也。出騎雕剿，平原蕩次，騎兵之利也。新疆各城，廣川大原，間以戈壁，減步增騎，亟宜變通者一也。軍興以來，愈講愈精，故外國水師非恃兵衆，惟恃器精而又勤於習練。減養兵之資爲購器之資，宜亟變通者二也。至各城營擬設立制兵，爲數不能過多。此城有驚，彼城設防，各顧轄境，力難分救。故南北兩疆宜各設游擊之師，居中駐扎，統以知兵大員。此項兵丁不供他役，規模嚴整，以期士氣常新。設遇各城有事，風馳電掣而赴之。無事之歲，南北兩疆，各於邊界定期會哨，振武揚威，隱戢奸宄，宜亟變通者三也。

至於各城兵額，督辦新疆軍務劉錦棠陳明，就關外現裁營勇中選其精壯耐勞者編成，其改行餉爲坐糧，實爲良策。蓋關外營勇有籍隸陝甘去新疆較近風土相似者，有籍隸東南各省幼被賊掠輾轉投營里居氏族不能自知者，有籍遭兵田房已空親屬已盡不可復歸者，有寇亂之日樹怨於鄉以異地爲親土、以故里爲畏途者。此若選爲制兵，久經戰陣，一利也。參用屯田之法，兵食兩足，二利也。關外多一精兵，關內少一游勇，隱弭無數事端，三利也。邊城要地，治兵爲先。兵強則邊固，邊固則民安，等語。

又，陝甘總督譚鍾麟原奏內稱：新疆底定，左宗棠請設行省，蓋以難得久遠之策。臣閱左宗棠原奏，自督撫司道府廳州縣以及佐雜等官甚多，不但目前建置城池、衙署，一切需用浩繁，費資所出，即以後文武廉俸、役食等項經久之費，亦未易籌。臣愚竊維目前辦理善後，因革損益，百廢待興，而要以固結民心爲主。即設立行省，亦當從州縣官辦起。如果地方日增富庶，然後遞設督撫以統轄之，其勢亦順而易。查新疆北路，自哈密以至精河，中間鎮迪道所屬州縣各官均已復舊，伊犁同知收復後即可委員往署。地曠人稀，現有之官足資控制，似毋須另設多員，惟南路八城僅吐魯番一同知、闢展一巡檢。其餘七城克復以後一切善後事宜，如清丈地畝及徵收稅釐，皆委員辦理已經數年，委員非盡力不善，第以空名辦實事，時復更易，既無職守，亦無考查，安得有與斯民相維繫之念！夫纏頭回亦人也，族類雖殊，要各自有田園、室家之戀。其所以屢作不靖者，勢迫之也。聞未亂以前，誅求無厭，正賦之外，需索繁多，大約官取其一，阿奇木伯克等取其二。官與民文字不同，言語不通，阿奇木等從中撥弄，傳語恐嚇，故往回視官如寇讎。比來回民頗有能通漢語者，誠得愷惻慈祥之吏安輯撫綏，均其賦役正額外，絲毫不以擾累。民知官之愛已也，自能上下相孚，相安無事。

臣身受重恩，悉膺邊寄，凡有關民生利弊，曷敢緘默不言！請特旨飭令劉錦棠體察南路七城情形，分別地方廣狹繁簡設立丞倅牧令等官。一城不過數十莊，不及東南一小縣，七城各設一官足矣。更於喀什噶爾、阿克蘇兩處各設巡道一員，如北路鎮迪之例，皆歸欽差大臣管轄，庶地方有所責成，民心有所繫屬。其餘未盡事宜，臣當隨時與劉錦棠互商辦理，斷不敢稍分畛域，等語。

又，編修劉海鰲原奏內稱：臣伏讀七月二十三日奉上諭：劉錦棠、譚鍾麟、張曜奏請變通新疆官制各摺片，著各該衙門速議具奏。欽此。臣通籌西域情形，則郡縣未可遽設，屯田可以專辦。新疆地勢遼闊，以戈壁周迴二萬餘里，版圖初入，涉險建城不過二十餘處，每城不過數十莊，離亂之後，戶口益稀。今欲舉一城百十莊而養一州縣，合二十餘城而成一省，臣知其不能也。地廣人稀，併歸甘肅既難遙制，改設官制亦屬虛名。且庫儲支絀，西餉歲近千萬，力已難支，又何能籌此鉅款，以供經野設官之用？此郡縣未可遽設也。

至原奏屯田一法，實因地制宜之上策。新疆蕩平六年，今收復伊犁，局勢大定，惟營勇未可盡撤，營勇不撤，餉亦難繼，欲收兵食兩足之效，則屯田尚焉。天山南北不少膏腴，近聞西征士卒多有娶妻成家者，授之以田，其情甚願。導之為農，其利自倍，請飭通籌專辦。其營勇之精壯者酌留，以備邊防，餘皆計口分田，各給籽種，使之自食其力，成熟之後緩數年以升科，廣收租糧以供軍需，每年可節餉銀數百萬兩。又，和闐、古城、火道溝、塔爾巴哈臺等處產金產玉，物力豐饒，使經理得人，通商惠工，其財不可勝用。兵化為農，戍卒感生成之德。養繼以教，荒服消獷悍之風。長治久安之道無逾於此。此屯田之可專辦也。諭旨交各該衙門速議具奏。吏部查乾隆年間削平準部，裁定新疆，各城議立將軍、都統、參贊、領隊、辦事各大臣，統轄駐防旗營，以資鎮守。並於伊犁、烏魯木齊、哈密、吐魯番等處設立道廳州縣等官，歸陝甘總督統轄，以資治理。百餘年來，軍務立而吏事修，速置規模，本無可議。迨同治初年，中原未靖，東南財力未能兼贍，西陲回漢各匪乘機肆擾，遂致新疆各處相繼淪陷。自左宗棠調署陝甘，以欽差大臣督辦新疆軍務，竭十年之力，關內外一律肅清。本年，伊犁地方經歸復，一切善後事宜自應次第舉辦，以固嚴疆。惟久亂之後今昔情形判若霄壤，拘泥成法，時勢不相宜，誠有各該大臣等所云者，左宗棠首是例立行省、開設郡縣之議，自係因時制宜、長治久安之計。且承平年間舊制，亂後蕩然無存，萬難再圖規復，欲爲一勞永逸之計。茲據劉錦棠、譚鍾麟等先後奏陳，所論與左宗棠原議大略相同。惟譚鍾麟以爲，設立行省當從州縣辦起，改置州縣，但期足資治理。而劉錦棠則親歷回疆，量地設官，較之譚鍾麟所擬稍有加增，而請添甘肅巡撫、布政使各一員，以資控制。

該大臣等苦心經畫，一則期於循序漸進，一則意在一氣相承，均無非爲統籌全局、綏邊輯民起見。臣等公同悉心商酌，回部幅員遼闊，從前舊制既難規復，自不得不隨宜建置，與時變通。擬請各該大臣等所奏，准於南路兩疆、東西兩城設巡道一員，扎阿克蘇，以守兼巡，名爲分巡甘肅阿克蘇等處地方兵備道，督飭所屬水利、屯墾、錢糧、刑名事件，拊馭蒙部，彈壓布魯特，稽查卡倫，作爲衝繁疲三項要缺。喀喇沙爾與吐爾扈特、和碩特游牧地方，犬牙相錯，每遇交涉事件，該大臣等請設直隸廳理事撫民同知一員。查各直省道缺，並無理事撫民同知一官，惟奉天、吉林理事同知通判一缺，現令改爲撫民同知、通判，均加理事銜在案。應將喀喇沙爾准設直隸廳撫民同知一員並加理事同知銜，治喀喇沙爾城。庫車設直隸廳撫民同知一員，治庫車城。阿克蘇設溫宿直隸州知州一員，治阿克蘇城。拜城縣知縣一員，治拜城，歸溫宿直隸州管轄。烏什緊鄰布魯特部落，爲極邊衝要，擬設直隸廳撫彝同知一員，治烏什城。以上各廳州縣，應統歸東四城巡道管轄。

回疆西四城擬設巡道一員，駐扎喀什噶爾回城。該道以守兼巡，名爲分巡甘肅喀什噶爾等處地方兵備道，管轄通商事宜，督飭所屬水利、屯墾、錢糧、刑名諸務，彈壓布魯特，稽查卡倫，作爲衝繁疲難請旨最要缺。喀什噶爾改設疏勒直隸州知州一員，治漢城。疏附縣知縣一員，治回城，歸疏勒直隸州管轄。英吉沙爾緊鄰布魯特，爲極邊衝要，情形與烏什略同，設直隸廳撫彝同知一員，治英吉沙爾城。葉爾羌設莎車直隸州知州一員，治漢城。葉城縣知縣一員，治回城，歸莎車直隸州管轄。葉爾羌所屬瑪喇巴什一城，爲回疆東西咽喉要地，積年河水爲患，設直隸廳撫民水利通判一員，治瑪喇巴什城。和闐設和闐直隸州知州一員，治和闐城。于闐縣知縣一員，治哈拉哈什地方，歸和闐直隸州管轄。以上各廳州縣，統歸西四城巡道管轄，以資治理。

至劉錦棠另摺請添巡撫、布政使各一員，駐扎烏魯木齊，作爲甘肅分省，並請將鎭迪道照福建臺灣之例，加按察使銜，改迪化州爲縣，設迪化府各節。應俟南八城建置事宜辦有就緒，再行酌量情形，據實奏明請旨，目前應暫從緩議，庶布置其有次第，而物力亦可少紓。其譚鍾麟奏稱，請將添設道員等官皆歸欽差大臣統轄。劉錦棠奏稱，欽差大臣本非常設之官，窒礙難行，未可枚舉，各等語。

臣等查新疆除旗營外，其舊有文武各官均歸陝甘統轄。是此次議准回疆添設各缺，譚鍾麟固屬分無可諉，惟該督進駐蘭州，一切創設之初，亦恐未能遙度。劉錦棠身親其地，經營措置，具悉情形。雖欽差大臣本非常設之官，而善後規模定局，亦尚未能遽卸軍符。所有此次開設郡縣及鎭迪道等處應辦事務，應仍由該大臣妥籌經理，隨時會商陝甘總督和衷商榷，以期相與有成。應請旨飭下該大臣等將准設南路置廳州縣等官一切應辦事宜會商妥協，次第奏明辦理。俟建置其有規模，再由該大臣等查照准設各缺分別奏明，請旨施行。

至現在議設各員應支廉俸，戶部查新疆南路，從前惟准於烏魯木齊等處額設鎭迪糧務道員一員，歲支俸銀一百五兩、養廉銀三千兩、公費銀七百兩。迪化州知州一員，歲支俸銀六十兩、養廉銀八百兩、公費銀七百兩。奇臺等縣知縣三員，每員歲支俸銀四十五兩、養廉銀六百兩、公費銀七百兩。理事通判一員，歲支俸銀六十兩、養廉銀六百兩、公費銀七百兩。伊犁額設同知二員，每員歲支俸銀八十兩、養廉銀八百兩、公費銀七百兩。其南路除吐魯番額設同知一員，此外各城別無人員支領廉費。此次劉錦棠等奏請於南路東四城設巡道一員、直隸廳撫民同知二員、直隸州知州一員、知州一員、直隸廳撫民同知一員。西四城設巡道一員、直隸州知州三員、知州一員、直隸廳撫彝同知一員、知縣一員、直隸廳撫民通判一員，即經吏部議准，所有該員等廉俸擬請照從前新疆北路額設各員應支廉俸銀數，以歸一律。

其南路東西各四城分巡甘肅阿克蘇等處兵備道、分巡甘肅喀什噶爾等處兵備道二員，應照鎮迪道之例，各歲支俸銀一百五兩、養廉銀三千兩、公費銀七百兩。喀喇沙爾直隸廳理事撫民同知、庫車直隸廳撫民同知、烏什直隸廳撫彝同知、英吉沙爾直隸廳撫彝同知等四員，照伊犁同知，各歲俸銀八十兩、養廉銀八百兩、公費銀七百兩。阿克蘇溫宿直隸州知州、喀什噶爾疏勒直隸州知州、葉爾羌莎車直隸州知州、和闐直隸州知州等四員，照迪化縣，各歲支俸銀六十兩、養廉銀八百兩、公費銀七百兩。拜城縣知縣、疏附縣知縣、葉城縣知縣、于闐縣知縣等四員，照奇臺等縣，各員支俸銀四十五兩、養廉銀六百兩、公費銀七百兩。葉爾羌瑪喇巴什直隸廳水利撫民通判，照烏魯木齊理事通判，歲支俸銀六十兩、養廉銀六百兩、公費銀七百兩。以上各員，計每歲應支俸銀一千零一十兩、養廉銀一萬五千四百兩、公費銀一萬零五百兩。共總合銀二萬六千九百一十兩，應由欽差大臣劉錦棠等查照現在放給章程，每年仍照案暫歸西征糧臺軍需之款項下彙總報銷。俟新疆善後事宜一律就緒，即行概歸甘肅藩庫支領，以符舊制。至設官以後所有經徵銀兩一應出入款項，應令隨時報部立案，以憑查核。

又，劉錦棠片奏，議裁各城都統、參贊、辦事、領隊各大臣，並伊犁滿營改照各省駐防營制，烏魯木齊提督移駐喀什噶爾城等語。兵部查新疆設立將軍、都統、參贊、辦事、領隊各大臣，統轄旗營，其為久遠計者，法至善也。今劉錦棠所陳各節，自係因今昔情形不同，現擬設立巡撫，須將原設之官制、營制及駐扎地方大爲變通，方足以資統率而一事權。惟現經吏部核議，設立巡撫一節姑從緩辦。是擬設者方待議於將來，則原設者自難更於一旦。所請裁撤各大臣並伊犁改照各省駐防營制、提督移駐喀什噶爾之處，均應俟南路八城建置事宜辦有成效，奉旨准立巡撫，再令該大臣會同陝甘總督，酌量情形，奏請旨辦理。至新設巡道二員，均係兵備道，應否設立道標員缺並及各項兵丁，須令該大臣等妥籌具奏。

又，劉錦棠等請裁回官阿奇木伯克等名目，另行酌設頭目並被以教，考試回童，量與叙勵，等語。理藩院查回疆則例，內開凡回疆所屬各缺，以及各莊均設有阿奇木伯克等官。以上各缺，爲有因時制宜隨時於則外添設議設者，每年終，該臣大臣報院源流冊籍參考。又查則例，內載回疆伯克等官均有職掌等語。兹則劉錦棠奏稱，現擬建置郡縣，擬設臣倅牧令，郡縣設定後，將回官各缺暨阿奇木伯克等名目概行裁去，另行酌設頭目額數，曾位三、四、五品伯克裁缺後，設准戴用翎頂充當頭目，各等語。

詳查各城向設有大小伯克，責任尤重，有總轄該村事務之責。今擬全行裁去，另行酌設頭目，體制是否合宜，臣等不敢率行議准。相應請旨飭下各大臣，再行體察情形，悉心籌畫，務期事無窒礙，回民相安，妥議章程覆奏，臣院再行核辦。禮部查學政會試內載各直省邊遠地方，如四川之羌民，廣西、湖南之□□，有能讀經應試，粗通文藝，均經部臣議准，均設學額。文理平常者，仍照到任缺革監，並無僅止誦習一經熟諳華語者即行給予生監頂戴之案。今該大臣以全疆敉定以來，各城皆設義塾，令回童讀書識字，教習華語，其中儘多聰穎可造之士，宜設法鼓勵，使回族争奮於學，等因。係爲振興文教起見，自然量予嘉獎，以資鼓舞。惟所請將能誦習一經熟諳華語者咨部給予生監頂戴之處，核與臣部例案不符，擬請俟回童等粗通文藝時，再行酌設學額，憑文取進。如以該回衆等但須讀書認字，不必責其文理，應由該大臣另行酌設獎勵，請旨遵行。

又，張曜奏請規復兵額、變通營制，等語。兵部查，前據劉錦棠奏遵旨覆陳一摺，光緒八年三月二十六日，奉上諭：劉錦棠所擬於現裁營中選其精壯，仿屯田法，編成額兵，並由金運昌挑選標兵，復步兵之半，及改行餉爲坐糧各節，著劉錦棠會商譚鍾麟，悉心妥籌，奏明辦理，等因。欽此。今據張曜裁汰勇丁，即可趕復兵額，變通營制，方能永固邊防。與劉錦棠前奏大略相同。所請增騎兵、重火器、設游擊之師，係爲因時制宜、變通盡利起見，應請旨飭令劉錦棠妥籌具奏。

又，編修劉海鼇奏請開辦屯田一節。戶部查臣部則例，內載伊犁滿營屯田，種植雜糧，分田四萬四千餘畝，授八旗閑散餘丁，自行耕種。又，伊犁商民墾種地三萬九千六百十餘畝，每年額徵銀一千九百八十兩零。戶民共種地三千零三十畝，額徵銀一百五十一兩。又，綠營春共分□□耕種三千四百三十畝，兵額徵小麥三百零四石。塔爾巴哈臺兵共種地五萬四千畝，每年徵收糧一萬五千餘石。阿克蘇兵丁屯種地一百五十畝，每年共收稻穀五百卅餘石。烏什屯兵屯種地五千畝，收糧五千七十餘石零。烏魯木齊商民分屯種地九千五百二十六頃八畝，每年共徵糧七萬四千九十四石零。吐魯番屯兵種地□萬四千一百畝，每年共徵糧一萬一千六百餘石，各等語。蓋新疆屯田有舊制，有回屯、兵屯、民屯、戶屯之殊，所獲糧石有雜糧、小麥、稻穀之別，大約承平時南北兩路可收獲糧數十萬石。自新疆變亂以來，成法蕩然，兵民交困。迨官軍次第收復，隨時興辦，屯田不過千百之十一，不足以濟兵食。迨光緒三年左宗棠督兵將新疆一律肅清，始行招集戶民人等，興辦屯種開墾。前據左宗棠奏報，光緒四、五兩年共正各色京斗糧五十一萬五千餘石，劉錦棠奏報，六年分徵收各色京斗糧三十四萬七千二百餘石，且現在收獲糧石按照采買價值，每年已可節省餉銀百數十萬兩。將來清丈完竣，徵收尚不止此。

茲據劉海鼇奏稱，新疆專辦屯田，擇營勇之精壯者酌留，以備邊防，餘皆計口分田，使之自食其力，每年可節餉銀百萬兩，等語。查該編修所陳，自係新疆現時應辦要務，一切事宜尚須斟酌情形，變通辦理。從前各路屯田，添設伍都游官分頒之，而總轄於將軍、參贊。現在南設八城，議設道廳州縣，自應歸地方官一手經理，以免分更章□之弊。而錢糧、考成應暫歸欽差大臣，就近督飭稽核，明定章程，咨部立案，以專責成。大抵從前南路多回屯，現特各該處駐防，多不規復舊制，能否與民屯一律仿辦，應由該大臣查酌辦理。現在南路屯田，皆由大臣等分建各路善後局員辦理。將來清丈告竣，生聚漸蕃，水利自開□□□一應徵收賦稅，尤當隨時立定經制，以免漫無稽核。相應請旨飭下該大臣等將屯田事宜因時度勢，趕爲開辦，仍將爲何辦理情形向係奏報。其回民客户自種地畝及承種官地，按年升科，完納丁糧，應如何比照舊制，約定數目，亦應並奏。該大臣等督飭承辦各員，將各城開墾、徵糧、本色折徵各細數及留抵軍需、廉俸若干，造具清册，咨部覆核，以重賦稅而節餉需。

其各路屯田置備農器等項，工部查新疆開辦屯田置備農器等項，應令該大臣等即將應用農器先行咨部，立案備查。兵部查全疆底定，現議變通兵制，鎮撫邊陲，而足兵以足食爲先，屯田之法誠爲今時要務、經久良圖。疊據劉錦棠、張曜先後奏請擬辦屯田，應請旨飭下該大臣等妥速會商，奏明辦理，並將易勇爲兵、計口分田清册，咨送兵部，以備查核。工部查如有建設衙署、分立營汛及屯田兵丁建益房屋工程，均應由欽差大臣會同陝甘總督，飭令承辦官，按照部例核由，且開具工段、物料、丈尺、做匠清册，分别奏咨，送部核飭。

謹將臣等遵旨速議緣由，繕摺具奏。伏乞聖鑒訓示。遵行。再，此摺係吏部主稿，會同各衙門具擬。合併聲明。謹奏。①

遵旨統籌新疆情形以規久遠摺

光緒十年四月二十八日（1884年5月22日）

欽差大臣督辦新疆軍務兵部右侍郎二等男臣劉錦棠跪奏，爲遵旨統籌新疆兵餉、官制、屯田情形，並陳欠餉不可折發，全疆宜聯一氣，以規久遠，恭摺仰祈聖鑒事。

竊臣承准軍機大臣字寄：光緒十年二月十七日，奉上諭：户部奏，西路

---

① 中國第一歷史檔案館藏：《南部縣檔》，案卷號：00729。

軍餉浩繁，急須統籌全局，並詳籌未盡事宜各摺片。近年部庫及各省庫款倍形支絀，而供億浩繁，以西路餉需爲尤鉅。似此年復一年，殊非持久之道。部臣通盤計算，請飭統籌，係屬顧念時艱、力圖久遠起見。著劉錦棠、金順、張曜、譚鍾麟，按照該部所奏各節，悉心區畫，切實籌商，將款項之應用應抵、兵勇之應留應汰，務就左宗棠原議三百數十萬之餉量入爲出，撙節開支，以期經久而昭核實。議定後速行具奏。原摺片均著鈔給閱看。等因。欽此。跪讀之餘，仰見睿謨廣運，下逮芻蕘，莫名欽悚。

伏查新疆兵備，向有旗綠之分。旗則酌撥滿洲、錫伯、索倫之兵，綠則酌撥陝西、甘肅標路之兵，或携眷駐守，或按期換防。當是廟算於各本營掛支額糧，可免驟增新餉。扼地周數萬里之遙，兵不更添，而防戍周匝，棋布星羅。北路郡縣而外，以伊犁爲重鎮，設將軍、領隊以下官，並設理事撫民同知。塔爾巴哈臺設參贊。烏魯木齊設都統、領隊，庫爾喀喇烏蘇、古城、巴里坤設領隊。又有烏魯木齊提督、巴里坤鎮總兵所轄官弁。南路則葉爾羌設參贊，和闐設協辦，喀什噶爾、英吉沙爾、阿克蘇、烏什、庫車、喀喇沙爾設辦事，吐魯番設領隊。哈密當南北之總匯，設辦事、協辦各一員。又喀什噶爾有換防總兵及各城副、參、游、都、守所轄官弁，更有章京、通判、糧員、筆帖式等專司徵收各務大小員弁多至數千，兵屯並興，以資彈壓，而闢荊榛，遠近相維，疏密相間，種民效順，部落畏威。百數十年，安之若素。惟回疆民事委之於阿奇木伯克，情偽無可防諉，上下恒多隔閡，民怨沸騰，官尚罔覺。馴至全疆淪陷，一切蕩然無存，耗宇内之金錢，始得削平大難。譬人久病之後，一息僅屬，專賴滋培。征軍之留戍者，除臣部諸軍外，明春、恭鏜所統各營近雖已散，而北有金順、錫綸之軍，南有張曜之軍。若伊犁、塔爾巴哈臺、烏魯木齊、古城、巴里坤所存之旗兵，亦已漸次收集。餉章歧出，頭緒紛紜，以云省費，誠有可省！左宗棠屢疏請設行省，實見時會所趨，舍此不足言治。勇糧則積欠愈深，協餉則報解日短，雖頻年多方騰挪，陸續裁遣，無如月餉善後所需出入，斷難彌縫。

臣仰荷恩綸，謬負督辦之責，而自湘楚及提鎮各營外，如金順、張曜、錫綸所部，未能代爲經畫①，窮年累月，限制毫無，竭各省之轉輸，煩朝廷之廑系，時覺寢饋不安。部臣責以考核，又復深諒其艱，故以定額餉、定兵額、一事權三者爲當務之亟，誠極②今日新疆之要圖。所貴先具規模，力求撙節，於大局則骨節靈通，於協濟則力堪供億。謹按部臣原奏，就臣管見所及，綜舉四端③，敬爲我皇太后、皇上陳之。

　　一、擬留營兵勇以定餉數也。查承平時，新疆旗、綠各營數逾四萬，協餉係與甘肅併估，一歲之中預撥正撥四百一十五萬有奇，常例分半提用，曾經左宗棠查明奏報有案。其換防之兵九千餘人來自關內，則關外歷來得餉較優，經出之名亦夥，就地抵徵無幾，蓋仰支於協餉。亂後情形迥殊於昔，安集延各部爲俄所並，哈薩克布魯特大半歸俄。於是南北兩路邊界多與毗連，所在防範宜周，不僅伊犁一隅扼要也。從前額兵職官北路獨多，今則兩路並重。南路形勝以喀什噶爾爲最，阿克蘇、烏什次之。現擬規復兵額，全疆旗、綠定以三萬一千人爲準，應如部臣所議，將舊有之烏魯木齊、巴里坤、古城、庫爾喀喇烏蘇、吐魯番各處旗丁歸併伊犁，即以伊犁將軍與塔爾巴哈臺參贊爲駐防旗制，合馬步勇營共足萬人，餘以六千三百人歸喀什噶爾道屬，以四千五百人歸阿克蘇道屬，以六千四百人歸鎮迪道屬。其巴里坤鎮則定三千八百人。甘肅兵餉舊章，滿年四本八折，馬兵每名月支銀二兩、糧二石，應支銀十六兩、糧八石。步兵每名月支銀一兩五錢、糧一石五斗，應支銀十二兩、糧六石。守兵每名月支銀一兩、糧一石，應支銀八兩、糧四石。遇閏遞加。馬步之餉稍裕，守兵幾難自存。內地人稠，猶有疲弱充數，平時多不歸伍，偶值迎送差使，始行招集。餉數過少，不能嚴以相繩。新疆地曠人稀，求其虛應伍籍，亦不可得。精壯之丁遠來邊外，募之爲兵，必須優給餉銀方敷食用。勇營無款悉裁，勢宜仍照行糧支給。

　　臣曾瀝陳苦況，仰蒙聖慈，准如所請。兵制未復，舊勇久役思歸。若改坐糧，大都籍隸東南，距家萬里，必非所願。即伊、塔兩處之錫伯、索倫、兀魯特、察哈爾等各項旗兵，經此亂離，異常寒苦，月餉暫宜寬給，以

---

① "經畫"，《劉襄勤公（毅齋）奏稿》作"籌畫"。
② "極"，《劉襄勤公（毅齋）奏稿》作"係"。
③ "綜舉四端"，《劉襄勤公（毅齋）奏稿》作"總舉四端"。

稍養其元氣。約計三年之內，當可設法將舊勇裁併，旗兵困亦少紓，再按坐糧起支。以馬步三萬一千人併算，馬三步七，每年照行糧需銀二百九十一萬餘兩。照坐糧每年需銀二百十萬餘兩。茲除金順、錫綸兩軍外，臣與張曜所部共計二萬七千五百餘員名。適譚鍾麟息借陝西商款之三十萬，分解哈密十八萬。臣即勉爲挪湊，已將董字、定遠、蜀軍改營爲旗，裁併二千。張曜之嵩武軍自光緒元年出關，時閱十年，不無疲廢，擬商抽裁千數百人。至臣前接部覆，議准修建南路城署，當即分飭遵辦，趁此防營相助，事半功倍，經費暫於軍餉挹注，共需三十七萬四千餘兩，滿擬照數請撥部儲，歸款即可權挪，再裁二千餘人。旋經戶部議駁，艱窘概可想見。袛以勇存餉積，年須多耗二十餘萬。能暫騰挪之款，臣得資以周轉，將來並張曜所部於二萬一千之額，一無所溢，實爲一舉兩得。部庫未充，更何敢堅申前請？伏讀諭旨務就左宗棠原議三百數十萬之餉量入爲出，揆時度勢，目前斷不能敷，無論如何，兵勇共留三萬一千人，萬難再減。除已改之坐糧標勇、土勇外，餘存之營尚須照支行餉，則臣部應分餉銀百五十萬，加善後經費銀十四萬，添制軍裝、器械銀十六萬。金順、錫綸共分餉銀九十四萬，加善後經費銀十六萬，添制軍裝、器械銀十萬。張曜共分兵餉、製辦銀四十萬。已需三百四十萬。頃接譚鍾麟緘商，關內須分餉銀百二十萬。是合甘肅新疆現尚須的餉四百六十萬，較之向額四百一十五萬，僅多費銀四十餘萬。若舊勇裁畢，統改坐糧，新疆每年可省兵餉八十餘萬。其善後之三十萬兩，於三年後均可停止，則每年合關內外止須協銀三百數十萬兩，適符左宗棠前奏所定之數。此通籌額兵以定餉數之大略也。

一、酌改營制以歸實用也。查向來駐防旗營，例分前鋒、領催、馬甲、步甲及養育兵，月餉季糧，各有等第。綠營分馬、步、守三項，今於伊、塔兩處共擬分兵萬人，必照旗例則概須以次安設。成規稍繁，邊防關緊，征剿極不可忽。臣愚妄擬伊犁分七千人，塔爾巴哈臺分三千人。伊犁即就該處現存之錫伯、索倫、察哈爾、兀魯特及現擬移烏魯木齊各城之旗丁內，挑選三千人以作旗兵，再於金順所部勇營挑留四千人，作爲馬步游擊之兵。應如何歸舊設之伊犁總兵等官統馭，即由將軍轄制酌定。伊犁各城旗丁素多，此後生齒繁衍，似應酌添旗兵之額，既便安插，且即資其捍衛，並由將軍詳察籌擬。塔城挑留旗兵一千人，再於錫綸所部勇營挑留二千人，作馬步游擊之兵。該處亦有緑營官弁，應由參贊酌奪，便於隨時調派。兵力實已不單，戰守自當確有把握。惟該兩軍並張曜之嵩武軍均議裁汰舊勇，必須鉅款解到乃能分遣，應請飭下原協各該軍之省關迅籌大批起解，以便各得趕定汰留，藉免貽累。日後其三道所屬總二萬一千人，馬步分編，擇駐險要，馬爲馬營，步爲步營，不相攙雜。有事出征，一兵可得一兵之用。左宗棠、楊昌濬等前議減兵加餉，聲明酌提馬步數成，擇地團扎操練，技藝必須精強，槍炮務期有準，係爲猝有戰事起見。關外防守較前尤須嚴密，正在復兵伊始，除酌撥各處分汛足敷彈壓匪類、查緝盜賊外，餘兵隨所隸之將軍、參贊、巡撫、提鎮駐扎常川練習，俾成勁旅。嚴除應差掛名離伍之陋習，即偶有蠢動，直可滅以朝食，不必悉藉客勇始足以珍寇氛。餉則由勇改兵，舊本行糧，今議俟後復兵，改支坐糧，業經節省。因其既已著籍，不須往返川資，且室人聚處，糧餉所入無顆粒分毫之浪擲。苟善用其經營之術，尚勉足以支撐。倘更減於坐糧，則將無以存活，何能養其鋒銳，緩急足恃？是則司農給餉當持之以堅，不可久而核減。邊將練兵當馭之有道，不可從而冒侵，庶幾防剿兼資，斥堠無驚，允堪靖鄰固圉。旗、綠各兵常駐其地，從此不須換防，兼衛身家，其志益固。此酌改兵制以備征守之大略也。

　　一、酌定官制，以一事權也。查關外向止有鎮迪一道，近則南路添設兩道，並劃哈密通判以隸新疆，計廳州縣二十餘屬。回疆始有治民之官，旗丁概歸伊塔駐防。前此之都統、參贊、辦事、協辦、領隊各官，若仍沿例簡放，則直無事可辦，無隊可領，坐使有用之材置諸閒散之地。諸臣世受國恩，豈肯徒糜禄稭？且各州縣撫此孑遺，疲瘵不堪，每遇大僚過境，雖無不格外體恤，然如車馬所需，本係例所應供，況長途戈壁，使臣遄征，艱辛已極。有司守土，往往不待傳索，誼應稍盡東道之情。塞外百物騰昂，一差經過，恒致負累。茲欲從新整理，臣愚擬請除留伊犁將軍、塔爾巴哈臺參贊兩處旗營外，其餘兩路之都統、參贊、辦事、協辦、領隊各缺，概予裁撤。移烏魯木齊提督於喀什噶爾，移喀什噶爾舊有之換防總兵於阿克蘇。其所屬各營旗分防城隘，應更詳勘明確，再行定議。烏魯木齊地可兼扼南北，即裁都統，則臣原議請設甘肅新疆巡撫、藩司未可再緩。鎮迪道屬之兵，即作撫標。倘緣節費不亟設省，別無鈐轄之方。至暫留都統仿前節制鎮迪之例，係屬權宜敷衍，終亦務須更張。每歲協餉仍歸陝甘總督統估，按數分起撥解關外。各部不許各自派員坐催守提，免耗薪水、旅費，且免不肖委員挪餉帶貨，多索車馬。而攤銷抵餉之累，亦將不禁自除。又，配造子藥所需物料，雖不必盡由内地置辦，而價昂工貴，甚不合算，應歸總督督飭甘肅新疆總糧臺，分別購辦，撥解各處應用。共費若干，年終由應分協餉内劃抵歸款。本地歲入之項，除伊塔兩城不計外，三道所屬歲徵銀六萬八千餘兩，額糧二十四萬餘石，撥發各營，扣收價銀，目前但勉敷各文員廉俸、書役工食及各軍臺、塘汛、驛站、卡倫、兵丁、夫馬、工料之需。日後墾荒益廣，額糧必增，入款可望起色。營旗各員參用營勇之章，便於訓練，如副將作營官，即以中軍都司爲總哨，千把、經制、外委爲正副哨長。參將、游擊作營旗官，即以中軍守備爲總哨，千把、經制、外委爲正副哨長。都司、守備作旗官，即以中軍千總爲總哨，把總、經制、外委爲正副哨長。官署即同行營壁壘，營官、總哨、哨長共居壘中。兵房隨哨蓋建，無故不准出外，逐日操演，俾其常存鋭氣，以免日久疏懈，漸就頹唐。否則各居衙署，散漫無歸，驟難查察。其應如何安置眷屬，容再詳擬。從此官署兼仿營壘之式，則隊伍自然整齊。馬步分起編列成營，則聲息自然聯絡。治兵之官不似往者之冗。牧令勤求民瘼，誠意感孚，使之渥沾聖化。去其阿奇木伯克之權，薄賦輕徭，相與維繫。數年之間，語言文字或可漸軌大同。部臣所謂同是血氣之倫，綏之斯來。理有固然。此籌議官制以一事權之大略也。

一、屯田歸兵徐議抵餉也。前准户部咨鈔摺稿，以餉款艱難，新疆南北兩路急需大興屯政，以裕邊儲。欽奉諭旨，飭臣等酌議辦理。方與諸臣熟商，此次户部又以屯田抵餉爲言。查屯田之說，自漢以後言兵農者，莫不引爲足食節餉之大經。其制不一，唐之營田，明之衛田，所在有屯，後率有名無實。新疆旗屯、兵屯、商屯、回屯，酌收租糧。其效惟伊犁爲最大，次則塔爾巴哈臺亦設屯營。南路各城較少，而伊拉里克之水利經故督臣林則徐議修，於是中外稱善。臣前率師經歷兩路，曾經訪及屯務，如伊拉里克隸吐魯番，舊有民耕坎井。其法係向天山之麓開井而下，更爲上下浚渠，循此間十數丈，以次接開渠道，暗通導引雪水伏流，以資灌溉。每修一坎，費錢約千餘緡，澆地二三百畝不等。其不修明渠者，一恐風沙吹壓，一則渠深數丈，搬土較難。惟吐魯番土質堅緻，乃能潴流固岸，不虞浮壅，本是成法。林則徐復爲加意講求，其利益溥，故該處之地，民但有力無不爭墾。臣曾於南路哈密各處仿此試開，或無水可迎，或旋開旋塌。地勢所限，有非人力所能強爭者。

至若旗屯、兵屯，地率專爲片段，中無民地淆雜。抵餉之議，臣昔以費繁餉絀，興屯爲大利源，極思仿而行之。比年試辦，始知其效不可驟期。久遭兵燹，水道湮塞，興修各工咸資力於營勇，未免一律盡力於農。非如宋臣陳恕之所云軍卒驕惰也。各勇遠征絕徼，復迫之東作，心志既不專壹，人地本屬生疏，將領雖嚴加程督，而時而耒耜，時而干戈，無非勉強以應，終難諳悉。駐營多在衝途，附近之可墾者早經土民承種。即以哈密言之，擇地撥歸營屯，求其與民無礙，除戈壁不任開墾外，偏在大泉灣、塔爾納沁等處，遠隔百餘二百里。上年綜計各處所獲糧石，扣還成本，略無贏餘。倘因屯墾之故移營以就，則應防之汛地又須添營塡扎，不特甫闢之土成否尚未可必，即使豐收已先專糜月餉，統算豈不極絀？此而欲抵實餉，必俟兵制定妥，寬予年限，乃有著落。蓋農夫之於耕務，先諳其土性，播種隨宜，然後秋成無誤。勇丁各懷故土之思，暫耕於此，雖任耰鋤之役，不期收獲之豐。又須購器、豢牛、籽種之需，耗費頗鉅。事屬大衆，祇圖塞責。如或界接民田，雖毫無騷擾，亦甚恐惶。澆水爭先，漫無分志。燥濕過度，日至鮮成。民田固隱受其困，而官本亦坐耗矣。南路纏回多以農務爲生，間有荒萊，則實苦於無水。張曜謂其有類石田。北路烏魯木齊一帶，恭鏜咨稱，旗兵各屯折抵均無所獲。伊犁境内，金順、升泰覆咨亦云通算迄無利益。伊地夙號膏腴，果能不相攘害，咸願耕於其野，委弃殊爲可惜。塔城亦多沃壤，錫綸當不忽視。現擬復兵，臣愚請於裁勇後，除伊塔兩處由金順等妥籌外，餘就各兵駐防之所，如有荒地可撥，爲之酌數分給，即同己業。兵雖不皆土著，既經入伍，自各願有室家。令其操防之暇，從事隴畝，人情各營其私，致力自倍尋常，甲年無息，取償乙歲。扣抵復從其輕，必且樂此不疲。公家既得略抵餉項，倉儲亦得藉以充盈，有恃不恐，其利可以操券。苟務期效旦夕，考成所迫，始長慮而却顧，卒致無功。此興屯抵餉難求速效之大略也。

以上四者，部臣籌之甚切。臣苦識慮短淺，有慚遠謨。而邊寄忝膺，用敢竭誠條上，籲懇飭部詳核覆奏，請旨頒行，以節財用而策治安。抑臣更有請者，部臣鑒於邇來勇籍之多虛冒，務求核實歸併，有云補半年欠餉，餘欠悉令報效。值此度支萬窘，幾於籌無可籌。乃援明春裁營補發半年欠餉之請以爲舊章，意謂似此清釐，雖較積欠大減，究於實數無虧。然於臣部各軍，則情事大相徑庭。查鄉勇越境剿賊，始自故大學士曾國藩，由湘而推行於江西、湖北。厥後帥臣各就其鄉招募，遂遍各省。臣曩隸老湘軍，稔知勇夫之於領餉，亦若農人之占天時，按候無差。每屆准假，算明找補，不爽絲毫，故咸踴躍用命。父兄死事，子弟繼之。上無克冒之弊，下盡心力之能，規制森嚴，莫敢攖犯。以言乎剿則電掣風馳，無堅不破。以言乎防則修工護運，無役不從。感聖朝之信賞，爭先恐後，髮捻苗回次第芟夷。湘楚各軍，從無折發舊餉之舉。勇夫遠戍窮邊，離其父母、兄弟、妻子，至有十餘年未獲一還家者。少壯從戎，今且垂暮。平時存銀，不能支取。家中或致凍餓，然猶有所待。上之所以慰勇者，曰俟後騰餉給假，分釐皆清。勇之所以慰家者，曰少遲領欠假旋，聊敷事畜。此實塞上征夫里間老幼所賴以爲養命之源、歷年遵行不渝者也。古語有之，政莫大於信。我皇太后、皇上平定四方，賦不少加，而偶灾必賑，儉以自奉。而養軍惟優厚澤深仁，獨超往古，薄海臣民，罔不淪肌浹髓。比者西陲粗靖，各勇方慶凱旋有日。前之歸者，役期若干，領欠若干，還而自按。若竟短扣，能無寒心？況其甘於遠役，原恃餉款，聊可爲身家之計，豈料至於折發？勇數並無浮報，入營悉屬的期，彰彰在人耳目，儘堪稽考。部臣極虞年積一年，姑具此說。微臣受恩深重，倘可強爲試行，甚願因之清欠。而身任其職，洞悉其隱，不敢緘默。朝廷亦何吝此，致失大信於功成之後耶？伏懇天恩，矜念久征之勇，俟其裁撤，仍照原欠之數算找，則所全實大矣。

全疆既籌經久之策，要在通力合作。將來統留兵勇三萬一千人，三道所屬縱橫約二萬里，共擬分兵二萬一千，更難兼防外境。伊塔分駐萬人，轄境比之昔年已形狹小，防戰亦應預籌。其與俄人交涉，守約立威，軍壘務須整飭，城防務須布置，必兵數無缺，餉數無侵。斯鎮守非虛，士氣常振，紀律嚴明，則商賈不至裹足，戶民得以安居，強鄰亦當震慴。前者伊犁收還，臣即縷晰函商金順，速爲籌辦，洎今未接其覆書。金順成老碩望，戰績卓然，一經振刷精神，加之整頓，自足爲西域之長城。統計新疆近費已不下數千萬。俄壤緊接，嗣後但可進尺，不能退寸，盡在邊臣激發天良，廉以持躬，恩以孚衆，更精求武備，聯爲一氣，勿存旗綠之見，尚可互借聲援。積弊既除，鎧仗一新。軍容苟有可觀，成效乃有可睹。如荷鴻慈垂誠，臣雖駑鈍，惟罄人十己千之力，稍酬高天厚地之施。金順等渥承眷畀，必當迅圖振奮，力保巖疆。久遠之規，實基於此矣。

除關內兵餉一切另有督臣譚鍾麟通籌具奏外，臣與金順、張曜等相距過遠，必待一一函商，須延數月，重以西餉萬分拮据，去冬息借之銀，訂於四月歸楚。不特無款可還，而本年報解寥寥，即每月應發之鹽菜銀兩，亦苦無以點綴。萬窾所托，迫切殆難言狀。惟有懇恩迅飭提解，以濟燃眉，邊局幸甚。不揣冒昧，謹先恭摺覆陳。是否有當，伏乞皇太后、皇上聖鑒訓示施行。謹奏。光緒十年四月二十八日。

光緒十年五月十七日，軍機大臣奉旨：該部議奏。欽此。①

户部等奏議劉錦棠請籌新疆事宜摺

光緒十年九月（1884 年 10 月）

户部尚書臣額勒和布等謹奏，爲遵旨議奏事。

督辦新疆軍務大臣劉錦棠奏，統籌新疆兵制餉、官制、屯田情形，並陳欠餉不可折發，全疆宜聯一氣以規久遠一摺，光緒十年五月十七日，軍機大臣奉旨：該部議奏。欽此。欽遵鈔出到部。據原奏内稱：承准軍機大臣字寄：光緒十年二月十七日，奉上諭：户部奏，西路軍餉浩繁，急須統籌全局，並詳籌未盡事宜各摺片。近年部庫及各省庫款倍形支絀，而供億浩繁，以西路餉需爲尤鉅。似此年復一年，殊非持久之道。部臣通盤計算，請

---

① 臺北故宫博物院藏：《軍機及宫中檔》，文獻編號：127021。中國第一歷史檔案館藏：《硃批奏摺》，檔號：04-01-30-0214-017。又，《劉襄勤公（毅齋）奏稿》，第 849—877 頁。

饬統籌，係屬顧念時艱、力圖久遠起見。著劉錦棠、金順、張曜、譚鍾麟按照該部所奏各節悉心區畫，切實籌商，將款項之應用應抵、兵勇之應留應汰，務就左宗棠原議三百數十萬之餉量入爲出，撙節開支，以期經久而昭核實。議定後速行具奏。原摺片均著鈔給閱看。等因。欽此。伏查全疆征軍之留戍者，陳臣部諸軍外，明春、恭鏜所統各營近雖已散，而北有金順、錫綸之軍，南有張曜之軍。若伊犂、塔爾巴哈臺、烏魯木齊、古城、巴里坤所存之旗兵，亦已漸次收集。餉章歧出，頭緒紛紜，以云省費，誠有可省！左宗棠屢疏請設行省，實見時會所趨，舍此不足言治。勇糧則積欠愈深，協餉則報解日短。部臣責以定額餉、定兵額、一事權三者爲當務之亟，誠極今日新疆之要圖。所貴先具規模，力求撙節，於大局則骨節靈通，於協濟則力堪供億。謹按部臣原奏，就臣管見所及，總舉四端。

　　一、擬留營兵勇以定餉數也。查承平時，新疆旗、綠各營數逾四萬，協餉係與甘肅併估。亂後情形迥殊於昔，安集延各部爲俄所并，哈薩克布魯特大半歸俄。於是南北兩路邊界多與毗連，所在防範宜周，不僅伊犂一隅扼要也。從前額兵職官北路獨多，今則兩路並重。南路形勝以喀什噶爾爲最，阿克蘇、烏什次之。現擬規復兵額，全疆旗、綠定以三萬一千人爲準，應如部臣所議，將舊有之烏魯木齊、巴里坤、古城、庫爾喀喇烏蘇、吐魯番各處旗丁歸併伊犂，即以伊犂將軍與塔爾巴哈臺參贊爲駐防旗制，合馬步勇營共足萬人，餘以六千三百人歸喀什噶爾道屬，以四千五百人歸阿克蘇道屬，以六千四百人歸鎮迪道屬。其巴里坤鎮則定三千八百人。新疆地曠人稀，精壯之丁遠來邊外，募之爲兵，必須優給餉銀方敷食用。勇營無款悉裁，勢宜仍照行糧支給。約計三年之內，當可設法將舊勇裁併，旗兵困亦少紓，再按坐糧起支。以馬步三萬一千人併算，馬三步七，每年照行糧需銀二百九十一萬餘兩，照坐糧每年需銀二百十萬餘兩。茲除金順、錫綸兩軍外，臣與張曜所部共計二萬七千五百餘員名。適譚鍾麟息借陝西商款之三十萬，分解哈密十八萬。臣即勉爲挪湊，已將董字、定遠、蜀軍改營爲旗，裁併二千。張曜之嵩武軍自光緒元年出關，時閱十年，不無疲廢，擬商抽裁千數百人。伏讀諭旨務就左宗棠原議三百數十萬之餉量入爲出。揆時度勢，目前斷不能敷。無論如何，兵勇共留三萬一千人，萬難再減。除已改之坐糧標勇、土勇外，餘存之營尚須照支行餉，則臣部應分餉銀百五十萬，加善後經費銀十四萬，添制軍裝、器械銀十六萬。金順、錫綸共分餉銀九十四萬，加善後經費銀十六萬，添制軍裝、器械銀十萬。張曜共分兵餉、製辦銀四十萬。已需三百四十萬。頃接譚鍾麟緘商，關內須分餉銀百二十萬。是合甘肅新疆現尚須的餉四百六十萬，較之向額四百一十五萬，僅多費銀四十余萬。若舊勇裁畢，統改坐糧，新疆每年可省兵餉八十餘萬。其善後之三十萬兩，於三年後均可停止，則每年合關內外止須協銀三百數十萬兩，適符左宗棠前奏所定之數。此通籌額兵以定餉數之大略也。

一、酌改營制以歸實用也。查向來駐防旗營，例分前鋒、領催、馬甲、步甲及養育兵，月餉季糧，各有等第。綠營分馬、步、守三項，今於伊、塔兩處共擬分兵萬人，必照旗例則概須以次安設。成規稍繁，邊防關緊，征剿極不可忽。臣愚妄擬伊犁分七千人，塔爾巴哈臺分三千人。伊犁即就該處現存之錫伯、索倫、察哈爾、兀魯特及現擬移烏魯木齊各城之旗丁內，挑選三千人以作旗兵，再於金順所部勇營挑留四千人，作為馬步游擊之兵。應如何歸舊設之伊犁總兵等官統馭，即由將軍轄制酌定。伊犁各城旗丁素多，此後生齒繁衍，似應酌添旗兵之額，既便安插，且即資其捍衛，並由將軍詳察籌擬。塔城挑留旗兵一千人，再於錫綸所部勇營挑留二千人，作馬步游擊之兵。該處亦有綠營官弁，應由參贊酌奪，便於隨時調派。兵力實已不單，戰守自當確有把握。惟該兩軍並張曜之嵩武軍均議裁汰舊勇，必須鉅款解到乃能分遣，應請飭下原協各該軍之省關，迅籌大批起解，以便各得趕定汰留，藉免貽累。日後其三道所屬總二萬一千人，馬步分編，擇駐險要，馬為馬營，步為步營，不相攙雜。有事出征，一兵可得一兵之用。左宗棠、楊昌濬等前議減兵加餉，聲明酌提馬步數成，擇地團扎操練，技藝必須精強，槍炮務期有準，係為猝有戰事起見。關外防守較前尤須嚴密，正在復兵伊始，除酌撥各處分汛足敷彈壓匪類、查緝盜賊外，餘兵隨所隸之將軍、參贊、巡撫、提鎮駐扎常川練習，俾成勁旅。嚴除應差掛名離伍之陋習，即偶有蠢動，直可滅以朝食，不必悉藉客勇始足以珍寇氛。餉則由勇改兵，舊本行糧，今議俟後復兵，改支坐糧，業經節省。因其既已著籍，不須往返川資，且室人聚處，糧餉所入無顆粒分毫之浪擲。苟善用其經營之術，尚勉足以支撑。倘更減於坐糧，則將無以存活，何能養其鋒銳，緩急足恃？是則司農給餉當持之以堅，不可久而核減。邊將練兵當馭之有道，不可從而冒侵，庶幾防剿兼資，斥堠無驚，允堪靖鄰固圉。旗、綠各兵常駐其地，從此不須換防，兼衛身家，其志益固。此酌改兵制以備征守之大略也。

一、酌定官制以一事權也。查關外向止有鎮迪一道，近則南路添設兩道，並劃哈密通判以隸新疆，計廳州縣二十餘屬。回疆始有治民之官，旗丁概歸伊塔駐防。前此之都統、參贊、辦事、協辦、領隊各官，若仍沿例簡放，則直無事可辦，無隊可領，坐使有用之材置諸閒散之地。諸臣世受國恩，豈肯徒糜祿糈？且各州縣撫此孑遺，疲瘵不堪，每遇大僚過境，雖無不格外體恤，然如車馬所需，本係例所應供，況長途戈壁，使臣遄征，艱辛已極。有司守土，往往不待傳索，誼應稍盡東道之情。塞外百物騰昂，一差經過，恒致負累。茲欲從新整理，臣愚擬請除留伊犁將軍、塔爾巴哈臺參贊兩處旗營外，其餘兩路之都統、參贊、辦事、協辦、領隊各缺，概予裁撤。移烏魯木齊提督於喀什噶爾，移喀什噶爾舊有之換防總兵於阿克蘇。其所屬各營旗分防城隘，應更詳勘明確，再行定義。烏魯木齊地可兼扼南北，即裁都統，則臣原議請設甘肅新疆巡撫、藩司未可再緩。鎮迪道屬之兵，即作撫標，每歲協餉仍歸陝甘總督統估，按數分起撥解關外。各部不許各自派員坐催守提，免耗薪水、旅費，且免不肖委員挪餉帶貨，多索車馬。而攤銷抵餉之累，亦將不禁自除。又，配造子藥所需物料，雖不必盡由內地置辦，而價昂工貴，甚不合算，應歸總督督飭甘肅新疆總糧臺分別購辦，撥解各處應用。共需若干，年終由應分協餉內劃抵歸款。本地歲入之項，除伊、塔兩城不計外，三道所屬歲徵銀六萬八千餘兩，額糧二十四萬餘石，撥發各營，扣收價銀，目前但勉敷各文員廉俸、書役工食及各軍臺、塘汛、驛站、卡倫、兵丁、夫馬、工料之需。日後墾荒益廣，額糧必增，入款可望起色。營旗各員參用營勇之章，便於訓練，如副將作營官，即以中軍都司為總哨，千把、經制、外委為正副哨長。參將、游擊作營旗官，即以中軍守備為總哨，千把、經制、外委為正副哨長。都司、守備作旗官，即以中軍千總為總哨，把總、經制、外委為正副哨長。兵署即同行營壁壘，營官、總哨、哨長共居壘中。兵房隨哨蓋建，無故不准出外，逐日操演，俾其常存銳氣，以免日久疏懈，漸就頹唐。否則各居衙署，散漫無歸，驟難查察。其應如何安置眷屬，容再詳擬。從此官署兼仿營壘之式，則隊伍自然整齊。馬步分起編列成營，則聲息自然聯絡。治兵之官不似往者之冗。牧令勤求民瘼，誠意感孚，使之渥沾聖化。去其阿奇木伯克之權，薄賦輕徭，相與維繫。數年之間，語言文字或可漸軌大同。部臣所謂同是血氣之倫，綏之斯來。理有固然。此籌議官制以一事權之大略也。

一、屯田歸兵徐議抵餉也。前准戶部咨鈔摺稿，以餉款艱難，新疆南北兩路急需大興屯政以裕邊儲。欽奉諭旨，飭臣等酌議辦理。方與諸臣熟商，此次戶部又以屯田抵餉爲言。查屯田之説，自漢以後言兵農者，莫不引爲足食節餉之大經。其制不一，唐之營田，明之衛田，所在有屯，後率有名無實。新疆旗屯、兵屯、商屯、回屯，酌收租糧。其效惟伊犁爲最大，次則塔爾巴哈臺亦設屯營，南路各城較少。現擬復兵，臣愚請於裁勇後，除伊塔兩處由金順等妥籌外，餘就各兵駐防之所，如有荒地可撥，爲之酌數分給，即同己業。兵雖不皆土著，既經入伍，自各願有室家。令其操防之暇，從事隴畝，人情各營其私，致力自倍尋常，甲年無息，取償乙歲。扣抵復從其輕，必且樂此不疲。公家既得略抵餉項，倉儲亦得藉以充盈，有恃不恐，其利可以操券。苟務期效旦夕，考成所迫，始長慮而却顧，卒致無功。此興屯抵餉難求速效之大略也。抑臣更有請者，部臣鑒於邇來勇籍之多虛冒，務求核實歸併，有云補半年欠餉，餘欠悉令報效。值此度支萬窘，幾於籌無可籌，意謂似此清釐，雖較積欠大減，究於實數無虧。然於臣部各軍，則情事大相徑庭，勇數並無浮報，入營悉屬的期，彰彰在人耳目，儘堪稽考。伏懇天恩矜念久征之勇，俟其裁撤，仍照原欠之數算找，則所全實大矣。全疆既籌經久之策，要在通力合作。將來統留兵勇三萬一千人，三道所屬縱橫約二萬里，共擬分兵二萬一千，更難兼防外境。伊、塔分駐萬人，轄境比之昔年，已形狹小，防戰亦應預籌。其與俄人交涉，守約立威，軍壘務須整飭，城防務須布置，必兵數無缺，餉數無侵。斯鎮守非虛，士氣常振，紀律嚴明，則商賈不至裹足，戶民得以安居，強鄰亦當震懾。前者伊犁收還，臣即縷晰函商金順，速爲籌辦，泊今未接其覆書。金順成老碩望，戰績卓然，一經振刷精神，加之整頓，自足爲西域之長城。統計新疆近費已不下數千萬。俄壤緊接，嗣後但可進尺，不能退寸，盡在邊臣激發天良，廉以持躬，恩以孚衆，更精求武備，聯爲一氣，勿存旗綠之見，尚可互借聲援。積弊既除，鎧仗一新。軍容苟有可觀，成效乃有可覩。如荷鴻慈垂誠，臣雖駑鈍，惟罄人十己千之力，稍酬高天厚地之施。金順等渥承眷畀，必當迅圖振奮，力保巖疆。久遠之規，實基於此矣。除關內兵餉一切另有督臣譚鍾麟通籌具奏外，臣與金順、張曜等相距過遠，必待一一函商，須延數月，重以西餉萬分拮据，去冬息借之銀，訂於四月歸楚，不特無款可還，而本年報解寥寥，即每月應發之鹽菜銀兩，亦苦無以點綴。萬竈所托迫切，殆難言狀。惟有懇恩迅飭提解，以濟燃眉，等語。

　　户部查甘肅新疆平定有年，兵餉乃無限制。光緒九年，無閏之年，各省應協各軍專餉、部墊伊犁軍餉、新疆月餉、甘肅新疆常餉，共需一千四百五十萬兩。光緒十年，有閏之年，共需一千五百二十七萬兩。以實解數目而論，光緒八年各省解過各軍餉銀並劃還洋款、伊犁常年部墊及部庫另撥各款，實有九百餘萬兩。光緒九年，解過各款尚近八百萬兩。一耗於冗兵，再耗於冗員，三耗於冗費，窮年累月，限制毫無，度支幾何，豈能堪此！臣部是以有定額餉之奏。國家經費有常，軍務大定，自當裁汰兵勇，以節經費。除劉錦棠、譚鍾麟所部湘楚各軍已陸續裁併外，其餘各處於事定之後尚添募數營或數十營不等。考軍籍則千萬有餘，核實數則百十不足，歲糜帑金數百萬，猶以爲餉不足、兵不多，無一年不向商借、不請部儲、不欠勇餉，繪邊軍困迫之狀，幾難自存；致朝廷西顧之憂，無時而釋。財匱於兵衆，力分於將多。地勢之廣狹不論，勇數之多寡無定，臣部是以有定兵額之奏。新疆昔屬邊陲，今設郡縣。當時若不准改設郡縣，自應照舊設都統、參贊、辦事、協辦、領隊各官。既已改設郡縣，又不裁都統、參贊、辦事、協辦、領隊各官，冗費重重，臣部實無從籌措。至於大員太多，無異十羊九牧，州縣困於供應，黎庶苦於誅求。累官累民，其弊歸於累國。且勢均力敵，不相統屬，辦一事則互相觀望，議一事則各執是非，各官其官，各勇其勇，募兵各請專餉，報銷各立章程。餉則各自迎提，局則各自添設，衆心不相聯屬，百事皆無範圍，竭天下萬姓之脂膏，不足供西路各軍之揮霍。政出多門之弊，言不勝言，臣部是以有一事權之奏。今據劉錦棠逐款議覆，臣部謹會同吏、兵二部，悉心切實籌議。

查該大臣原奏內稱：規復兵額，全疆旗、綠定以三萬一千人爲準，應如部臣所議，將舊有之烏魯木齊、巴里坤、古城、庫爾喀喇烏蘇、吐魯番各處旗丁歸併伊犁，即以伊犁將軍與塔爾巴哈臺參贊爲駐防旗制，合馬步勇營共足萬人，餘以六千三百人歸喀什噶爾道屬，以四千五百人歸阿克蘇道屬，以六千四百人歸鎮迪道屬。其巴里坤鎮則定三千八百人，等語。兵部查全疆底定，亟應規復兵制，以圖久遠而固邊防。今該大臣奏請規復全疆旗、綠兵制，酌定額數，分駐各處，所擬甚爲妥協，應如所奏辦理。至各處應設旗、綠各兵及分駐處所，應令該大臣即行分晰，造具花名清冊送部，並按季造報，以備查核。至原奏內稱除金順、錫綸兩軍外，臣與張曜所部共計二萬七千五百餘員名，臣已將董子、定遠、蜀軍改營爲旗，裁併二千。張曜之嵩武軍不無疲廢，擬商抽裁千數百人，等語。兵部查全疆既經規復兵額，所存勇營除挑留充補兵額外，其餘應分別裁撤，以節糜費。今該大臣奏稱改營爲旗，抽裁勇數，自係爲節省餉項起見，應如所奏辦理。仍令該大臣將董字、定遠、蜀軍已經裁定各營並現擬抽裁張曜之嵩武軍勇丁，統俟裁定後，應留若干名，分造花名清冊，送部備查。嗣後即將各營兵數及管帶員名、駐防處所按季造冊，咨送兵部，以昭核實。

又，原奏內稱：勇營無款悉裁，勢宜仍照行糧支給，約計三年之內，當可設法將舊勇裁併，再按坐糧起支，以馬步三萬一千人併算，馬三步七，每年照行糧需銀二百九十一萬餘兩，照坐糧每年需銀二百十萬餘兩。並稱左宗棠原議三百數十萬之餉，目前斷不能敷。兵勇共留三萬一千人，萬難再減，除已改之坐糧標勇、土勇外，餘應尚須照支行餉，則臣部應分餉銀百五十萬，加善後經費銀十四萬，添製軍裝、器械銀十六萬。金順、錫綸共分餉銀九十四萬，加善後經費銀十六萬，添製軍裝、器械銀十萬。張曜共分兵餉、製辦銀四十萬。已需三百四十萬。頃接譚鍾麟來函，關內須分餉銀百二十萬。是合甘肅新疆現尚須的餉四百六十萬，較之向額四百一十五萬，僅多費銀四十余萬。若舊勇裁畢，統改坐糧，每年可省兵餉八十餘萬。其善後之三十萬於三年後均可停止，則每年合關內外止須協銀三百數十萬，適符左宗棠前奏所定之數，等語。

户部查道光年間甘肅新疆常餉冬撥案內，每年撥銀四百十數萬、四百零數萬不等，除留抵外，由鄰省調撥實止三百數十萬兩。軍興以來，餉鉅費繁，久無定額。此次經劉錦棠切實經畫，逐漸求省，雖未能遽復三百數十萬之舊額，辦理已具規模。臣部悉心查核，以新疆各軍兵數、餉數合計，金順、錫綸共以一萬人爲額，每年共分兵餉及各項銀一百二十萬兩；劉錦棠、張曜共以二萬一千人爲額，每年共分兵餉及各項銀二百二十萬兩。細爲核計，亦較金順、錫綸少分銀三十餘萬兩。是該大臣一秉大公，已可概見。即以承平時全疆兵數與現在所擬各軍駐扎地段比較，南北各減去五千餘人，亦屬平允。所有新疆各軍應分餉銀，應如劉錦棠所奏辦理，相應請旨飭下金順、錫綸、張曜一體遵照。至關內一切事宜，經譚鍾麟極意經營，力求撙節，非如關外各軍之龐雜，每年關內所需兵勇餉項，臣部尚可以核計。查關內現留步隊三十旗、馬隊十二旗，每年需銀七十三萬六千餘兩；現存兵二萬二千餘名，每年需俸餉銀四十七萬餘兩，加之甯夏、凉莊滿營及西甯勇餉、青海王公俸銀每年約需銀二十萬兩，共需銀一百四十萬兩。該大臣原奏所稱譚鍾麟來函，關內需分餉銀百二十萬兩，計少銀二十萬兩，當係該大臣未將甯夏、凉莊滿營及西甯勇餉、青海王公俸銀併算在內。臣部統籌出入，以均節爲計，原不徒以縮節爲能，以求實效爲心，亦不敢以求速效爲美。所有關內外軍餉，光緒十一、十二、十三三年，無論有閏無閏，臣部擬請概以四百八十萬兩爲準指撥。所需光緒十一年分餉項，即於本年秋季照新定餉額，另行奏明，匯撥的款，統名之曰：甘肅新餉。從前指撥軍餉所謂甘肅常餉、新疆月餉、西征軍餉、老湘營專餉、雷正縮餉、穆圖善餉、專協米價、伊犁軍餉、景廉月餉、榮全月餉、烏魯木齊軍餉、塔爾巴哈臺軍餉、果勇馬隊專餉、甯夏滿營專餉、凉莊滿營餉、西甯開花炮隊專餉、嵩武軍駝乾、青海王公俸及各項，名目不一，或有名無實，或一軍異名，或已非其人而仍稱其人，或已去其地而仍名其地，款目紛列，名實多乖。應悉刪除，以歸畫一。此匯撥新餉應豫爲籌議者也。

　　至從前奏提積欠，流弊殊多，當年月餉各省已無力籌辦，而各軍奏提積欠紛至沓來，積欠尚未解清，又請奏提積欠，一處如此，處處效尤。各省物力祇有此數，斷難新舊兼籌。在各軍收到積欠，則含默不言；月餉偶有短解，則大聲呼籲。在各省關既以羅掘一空爲苦，在臣部彌以庫儲支絀爲憂，興念及此，成何景象！今關內外歲餉既以四百八十萬兩爲準，所有各省關歷年積欠亦應預行陳明者也。

再，從前月餉有添撥、有改撥，年歲既久，最易混淆。臣部擬將光緒十一、十二、十三等年甘肅新餉按年於秋季預行奏撥，免致展轉添改，混淆不清。從前撥餉幾遍天下，各省每因籌辦海防奏請改撥，承撥省分率又請改，公牘往返，道里綿長，餉多延誤。嗣後奏撥甘肅新餉，臣部擬先就近省，再就次近省酌量。其從前應協西征等款餉數，多撥地丁、鹽課，俾餉款有著，既可節省路費，又免稽延歲時；統令各省籌解庫平，不准另立名目，並令各省派員解赴甘肅，腳價即在耗羨項下支銷，不准在協餉內劃扣。如此等近省、次近省遇有別項應協款太多者，並由臣部酌量改指他省，以俾其專顧西餉。西征前借洋款，應令各省徑行歸還，亦毋庸在新餉內劃扣。此按年指撥的餉，以清界限，免扣腳價、洋款以足餉額，更應預先計及者也。該大臣奏稱，三年之內當可將舊勇裁併，再按坐糧起支，新疆每年可省兵餉八十餘萬。其善後之三十萬兩，於三年後均可停止，等因。是關外三年後共需餉銀二百十萬兩。陝督譚鍾麟實心任事，具有遠識，三年之內，關內必能逐漸改併，亦可節省銀四十餘萬兩。是合關內外三年後共需餉銀三百數十萬兩，應由該大臣等設法預行減併，免致臨時藉口不敷，奏請展限，別生枝節。光緒十四年所需餉項，須於十三年秋季發餉以前由該大臣等早爲奏明估撥，用規久遠。

又，原奏內稱：酌改營制，以歸實用。並稱旗、綠各營常駐其地，從此不須換防，各等語。兵部查原奏內稱：現擬伊、塔兩處共擬分兵萬人，伊犁分七千，塔爾巴哈臺分三千，伊犁即就現存之錫伯、索倫、察哈爾、額魯特及現擬移烏魯木齊各城旗丁內，挑選三千人以作旗兵，再於金順所部勇營挑留四千人，作爲馬步游擊之兵，三道所屬總二萬一千人，馬步分編，擇駐險要，並旗、綠各兵常駐其地，從此不須換防。該大臣係爲因地制宜、以期兵歸實用起見，均准如所奏辦理；仍令該大臣務將規復兵額，擇其年力精壯、技藝嫻熟者挑補，並督飭常川訓練，認真操防，總期一兵得一兵之用，餉不虛糜。至旗、綠各兵常駐其地，每年操演應需火藥、鉛丸、火繩及應行添製各項軍裝、器械，應令該大臣俟製造時即行造具名目、件數並估需工料銀兩細册，專案送部核辦，並將每年操演次數、出數、需用藥鉛、火繩各若干先期咨部立案，以備查核。

又，原奏內稱：俟後復兵改支坐糧，業經減省，倘更減於坐糧，則將無以存活。是則司農給餉當持之以堅，不可久而核減；邊將練兵，當馭之有道，不可從而冒侵，等語。戶部查光緒十三年以前軍餉以四百八十萬爲準，光緒十三年以後軍餉永以三百數十萬爲額，既經奏明定案，豈至輕議更張！該大臣謂臣部當持之以堅，不可久而核減。臣部亦謂該大臣等當行之以果，不可改而議增，經此議定，又有陳請擬增定額者，臣部實屬無從籌辦，定行奏駁。即此三年內撥餉寬裕，善後經費亦在其中，該處工程及一切雜款均當於此取給，自不應另立名色，希圖請款。至此後旗丁生齒繁衍，該將軍若奏請添旗兵之額，亦應就地取財，或就額餉籌辦，多添一旗兵即多裁一客勇，總不得稍愈餉額。夫朝廷養兵以固邊疆，以捍強敵，關係匪輕，而經費有常，亦不能舉有限之度支徒供冗兵之蠹耗。昔人有言：以農夫百未能養甲士一。奈何朘民之膏養此無用之物乎！該大臣等務當選練精銳，簡汰羸弱，勿事姑息，勿務虛文，若邊將從而侵冒，設有緩急，必誤事機，尤當嚴禁。應由該大臣等嚴密訪查，如將領慇不畏法，有侵冒兵餉情弊，即據實奏明，請旨將該員拏問正法，以昭炯戒。

又，該大臣原奏內稱：酌定官制，以一事權，擬請除留伊犁將軍、塔爾巴哈臺參贊兩處旗營外，其餘兩路之都統、參贊、辦事、協辦、領隊各缺，概予裁撤。移烏魯木齊提督於喀什噶爾，移喀什噶爾舊有之換防總兵於阿克蘇，等語。兵部查前據督辦新疆軍務大臣劉錦棠片奏，請裁各城都統、參贊、辦事、領隊各大臣，並伊犁滿營改照各省駐防營制，烏魯木齊提督移駐喀什噶爾城，當經吏部會同臣部議覆。所請裁撤各大臣及移駐各節，均應俟南路八城建置事宜辦有成效，奉旨准設巡撫，再由該大臣會同陝甘總督，酌量情形，奏明請旨辦理，等因。光緒八年十一月十五日具奏，奉旨：依議。欽此。欽遵在案。今據該大臣等奏請除留伊犁將軍、塔爾巴哈臺參贊兩處旗營外，其餘兩路之都統、參贊、辦事、協辦、領隊各缺，概予裁撤，等因。查該大臣所請添設甘肅新疆巡撫、布政使各一員，既經吏部議准。其所請裁撤兩路之都統、參贊、辦事、協辦、領隊各缺，自應准如所奏，概予裁撤。其應裁烏什辦事大臣、幫辦大臣、英吉沙爾領隊大臣、庫車辦事大臣、喀喇沙爾辦事大臣、烏魯木齊都統、巴里坤領隊大臣、葉爾羌參贊大臣、幫辦大臣、和闐辦事大臣、喀什噶爾辦事大臣各缺，均未簡放，應毋庸議。其應裁之阿克蘇辦事大臣富珠哩、吐魯番領隊大臣榮慶、烏魯木齊領隊大臣薩淩阿、古城領隊大臣魁福、哈密辦事大臣明春、哈密協辦大臣祥麟、庫爾喀喇烏蘇領隊大臣雙全，應否來京聽候簡用之處，恭候欽定。再，該大臣奏稱：請留伊犁將軍、塔爾巴哈臺參贊兩處，其伊犁參贊大臣一缺、塔爾巴哈臺領隊大臣二缺，或裁或留，未據聲叙，應由該大臣即行奏明。至烏魯木齊提督移扎喀什噶爾，並移喀什噶爾換防總兵於阿克蘇，係爲因地制宜起見，以應如所請。其烏魯木齊提標原設副、參、游、都、守、千、把、外委等官，是否全行移撥喀什噶爾駐扎、仍歸提督營轄之處，應由該大臣奏明辦理。

又，原奏內稱：臣原議請設甘肅新疆巡撫、藩司，未可再緩，等語。吏部查前據督辦新疆軍務大臣劉錦棠等奏稱：新疆局勢大定，請添甘肅（新疆）巡撫、布政使各一員，並於南路回疆各城添設道廳州縣，當經臣部會同各部議覆，准於回疆八城等處添設道廳州縣等官，以資治理。至所請添設巡撫、布政使各一員，應俟南路八城建置事宜辦有就緒，再行酌量情形，奏明請旨。目前暫從緩議，庶布置具有次第，而物力亦可稍紓，等因。光緒八年十一月十五日具奏，奉旨：依議。欽此。欽遵行文知照，各在案。今據該大臣奏稱，原議請設甘肅新疆巡撫、藩司未可再緩，等因。欽奉諭旨交該部議奏。臣等查新疆各城建置事宜，現在辦有頭緒，既經奏請添設巡撫、藩司未可再緩，係屬實在情形，相應奏明請旨，准其添設甘肅新疆巡撫、布政使各一員，以資鎮撫。俟命下之日，臣部即行知照軍機處，請旨簡放。

又，原奏內稱：鎮迪道之兵即作撫標，營旗各員參用勇營之章，便於訓練，等語。兵部查前據該大臣奏稱，擬設甘肅巡撫，則烏魯木齊自須設立撫標官兵。南北兩路均宜另設額兵，添置總兵、副、參、游、都、守、千總、把總等官，以爲永遠防邊之計。臣部議令俟南路八城建置事宜辦有成效、奉旨准設巡撫，再由該大臣會同陝甘總督，酌量情形，奏明辦理，等因。光緒八年十一月十五日具奏，奉旨：依議。欽此。現據該大臣奏請將鎮迪道屬之兵即作撫標，營旗各員參用勇營之章，便於訓練。如副將作營官，即以中軍都司爲總哨，千把、經制、外委爲正副哨長。參將、游擊作營旗官，即以中軍守備爲總哨，千把、經制、外委爲正副哨長。都司、守備作旗官，即以中軍千總爲總哨，把總、經制、外委爲正副哨長。應如所奏辦理。其鎮迪道屬之兵即作撫標，亦應如所奏辦理。惟撫標應設各項兵丁名數，仍令詳細聲覆，並造具花名清册，咨部備查。

又，原奏内稱：歲餉仍歸陝甘總督統估，按數分起撥解關外。各部不許各自派員坐催守提，免耗薪水、旅費。配造子藥應歸總督督飭甘肅新疆總糧臺，分別購製，撥解各處應用。共需若干，年終由應分協餉内劃抵歸款，等語。户部查甘肅新疆歲餉，向由陝甘總督統估，自應如該大臣所奏辦理，按數分起匯解關外，不准紛紛迎提。該大臣、將軍等務於光緒十一年正月以前迅速將各省提催委員全行裁撤，一切薪水、局費、路費即行停止，以免糜費。再，查張曜嵩武一軍，向由河南省供支餉項。現在既有陝甘統估分撥，自不必轉由河南省供支。嵩武軍報銷即截至光緒十年底止，由河南省造報。光緒十一年分即由張曜一面會同劉錦棠等造册奏銷，一面將清册咨送陝甘總督備案。至各軍配造子藥，由關内分別購製，撥解各處應用，年終由應分協餉内劃抵歸款。事極簡易，應如該大臣原奏辦理。

又，原奏内稱：本地歲入之項除伊塔兩城不計外，三道所屬歲徵銀六萬八千餘兩，額糧二十四萬餘石，撥發各營，扣收價銀，目前但勉敷各文員廉俸、書役工食及各軍臺、塘汛、驛站、卡倫、兵丁、夫馬、工料之需。日後墾荒益廣，額糧必增，入款可望起色，等語。户部查新疆賦稅所入，敬稽《欽定西域同文志》《欽定西域皇輿圖志》《欽定新疆識略》諸書，從前承平之時，錢糧、棉布、牲畜、銅鉛、金玉、煤鐵及木稅、房稅、雜稅，歲有徵收，班班可考，且以伊犁爲最詳。現在新疆各軍請餉則案牘猥煩，歲入則絲毫不報。除劉錦棠屬境歲入臣部尚知大概外，伊犁、塔爾巴哈臺等處，臣部概不得知。在將吏固不敢私其貨財，在臣部自應綜其出入。本年臣部奏催新疆歷年出入款目，原爲清釐積弊起見，相應請旨飭下該大臣、將軍等趕緊造報，不准任意宕延。其歲入銀糧各項究作何項用款，應令該大臣等奏定章程，不得擅行動支，以重款項。劉錦棠迭次奏稱扣收糧價，究竟係作何價扣繳？各文員廉俸、書役工食及各軍臺、塘汛、驛站、卡倫兵丁、夫馬工料就地取資，究竟某項應用若干，通年共需若干，亦應預行立案，免致報銷時往復駁詰。全疆熟地若干，荒地若干，應令該大臣等逐一區分，報部查核。劉錦棠從前奏稱，新疆歲入各色糧三十餘萬石，此次何以僅稱二十四萬石，應令詳細查明聲覆。

又，原奏內稱：屯田歸兵，徐議抵餉，等語。戶部查新疆軍餉全仰給於內地，本非善策。臣部欲爲該處圖自立之計，是以屢議屯田，況乾隆、嘉慶年間新疆開辦屯田已著成效，並非迂談。恭查《皇朝通典》第四卷詳載新疆南北各城屯田無慮十餘萬頃，且乾隆二十九年欽奉上諭：官兵錢糧毋拘內地成例，量給地畝，學習耕種，等因。該大臣等務當不畏其難，督率將弁，令兵勇於駐營之所，揀擇地畝，操演之暇，盡力耕種，以習勤勞。一二年後，收獲豐盈，何難抵餉？兵有餘利，官有餘財，殊爲兩益之道。昔人所謂勤則不匱也。

又，原奏內稱：欠餉不可折發，全疆宜聯一氣，等語。臣部查甘肅新疆軍餉，各省關雖不能如數解清，然近年解到軍餉爲數頗鉅，在事諸臣若預防兵久財殫之患，早爲改圖，何至欠餉累累以數百萬計！在今日籌此四百八十萬之款已屬艱難，倘更補發數百萬之欠餉，何從籌畫？該大臣以所部勇數並無浮報，請俟其裁撤，仍照原欠之數算找。臣部固不敢以不肖之心度人，謂關外諸軍概係浮報，然人言嘖嘖，輒謂勇營半係空名。如金順、錫綸兩軍並不遵照臣部光緒八年奏案、將兵勇數目按季報部，亦不將營制、餉項一切雜支奏定章程，並不將光緒七、八、九等年用款造冊，據實報銷。該兩軍有無欠餉，臣部實無由知。現議裁留兵勇，各軍欠餉實數臣部尚難核計，應截至光緒十年止，令該大臣等將現存某營兵勇實數若干，歷年欠發某營某年餉項實數若干，於光緒十一年正月間一面奏明，一面分晰，造具清冊送部，再由臣部酌量奏明辦理。各軍兵勇數目仍應按季冊報，營制、餉項及一切雜支，亦須奏定畫一章程。未銷各款，務當上緊報銷，不得故意延擱。至光緒十一年分各省解到新撥的餉，原爲關內外四百八十萬兩之需，總須按月勻放。本年餉項不准將新餉率行填補舊欠，又啟新虧。新疆密邇強鄰，整頓邊防自當聯爲一氣，際此世事艱難之日，正諸臣竭忱報效之時。譬諸同舟遇風，必須共扶顛危，乃克有濟。豈可如劉錦棠所言，稍存旗、綠之見，置國家於不顧。倘各有意見，必致貽誤邊防。昔相如屈於廉頗，寇恂下於賈復，該大臣等當無不效法前人，互相輯睦，以收衆志成城之效。

又，原奏內稱：金順、錫綸、張曜各軍均議裁汰舊勇，必須鉅款解到，以便各得趕定汰留。並稱西餉報解寥寥，懇恩迅飭趕解，等語。戶部查西路各軍本年餉銀，臣部業於閏五月奏催，由五百里行知，各在案。相應請旨飭下劉錦棠、金順、錫綸、張曜、譚鍾麟等，就解到軍餉設法勻挪，速行趕定汰留。關外滿、蒙、漢兵勇經劉錦棠奏明，共以三萬一千人爲額；光緒十一年分關內外新餉，又奏定四百八十萬兩之數。若不速定汰留，將來兵勇數目浮於三萬一千之數，勢必藉口不敷，多請撥餉。臣部則惟有查照咸豐年間章程，令其減成發給，不能另外籌撥。該大臣等務須自行定計，庶免貽累日後。

所有遵旨議奏緣由，謹繕摺具陳。伏乞皇太后、皇上聖鑒訓示。遵行。再，此摺係戶部主稿，會同吏、兵二部辦理。合併聲明。謹奏。光緒十年九月二十九日。①

【案】光緒十年九月三十日，清廷批旨戶部等部議覆劉錦棠之奏，頒布"上諭"曰：

光緒十年九月三十日，內閣奉上諭：戶部等部會奏，議覆劉錦棠奏統籌新疆全局一摺。前據劉錦棠奏，遵議新疆兵數、餉數一切事宜，當經諭令該部議奏。茲據會議覆陳，新疆底定有年，綏邊輯民，事關重大，允宜統籌全局，釐定新章。戶部前奏，以定額餉、定兵數、一事權三端爲要圖。劉錦棠所議留兵、改營、設官、屯田四條，與該部所奏用意相同，即著次第舉行，以垂久遠。前經左宗棠創議改立行省，分設郡縣，業據劉錦棠詳晰陳奏，由部奏准，先設道廳州縣等官。現在更定官制，將南北兩路辦事大臣等缺裁撤，自應另設地方大員，以資統轄。著照所議，添設甘肅新疆巡撫、布政使各一員。其應裁之辦事、幫辦、領隊、參贊各大臣及烏魯木齊都統等缺，除未經簡放有人外，所有實缺及

---

① 此具奏日期，《劉襄勤公（毅齋）奏稿》誤爲"光緒十年閏五月"，茲據《軍機處隨手登記檔》（檔案編號：03-0243-1-1210-284）校正。

署任各員，著俟新設巡撫、布政使到任後，再行交卸，候旨簡用。至伊犁參贊大臣一缺、塔爾巴哈臺領隊大臣二缺，應裁應留，著劉錦棠等酌定具奏。新疆旗、綠各營兵數及關內外餉數，均照議核實經理。國家度支有常，不容稍涉耗費，劉錦棠務當與金順等挑留精銳，簡練軍實，並隨時稽查餉項，如將領中有侵冒情事，即著據實奏參，從重治罪。餘均照所議，分別辦理。如有未盡事宜，仍著劉錦棠妥爲籌畫，陸續陳奏，再由該部詳核定議。另片奏，會議金順、譚鍾麟所奏兵餉各節，著依議行。欽此。①

① 中國第一歷史檔案館編：《光緒朝上諭檔》，第十册，第 301 頁。又，《德宗景皇帝實錄（三）》，卷一百九十四，光緒十年九月下，第 764—765 頁。

參考文獻

一、檔案

［1］户科題本、刑科題本、呈狀、稟文，北京：中國第一歷史檔案館藏。

［2］軍機及宮中檔（含硃批、錄副、清單、廷寄），臺北：臺北故宮博物院藏。

［3］外交檔案，臺北："中研院"近代史所檔案館藏。

［4］諭旨、咨文、單、咨呈、軍機處隨手登記檔，北京：中國第一歷史檔案館藏。

［5］硃批奏摺、硃批奏片、錄副奏摺、錄副奏片，北京：中國第一歷史檔案館藏。

二、典籍

［6］（清）蔣良騏：《東華錄》，北京：中華書局，1980。

［7］（清）劉錦藻：《清朝續文獻通考》，杭州：浙江古籍出版社，1988。

［8］（清）歐陽輔之編：《劉忠誠公（坤一）遺集：書牘》，臺北：文海出版社，1968。

［9］（清）王錫祺：《小方壺齋輿地叢鈔三補編》，瀋陽：遼海出版社，2005。

［10］（清）王先謙等：《東華續錄·同治朝》，光緒戊戌年文瀾書局石印本。

[11]（清）張廷玉等：《清朝文獻通考》，杭州：浙江古籍出版社，1988。

[12]（清）趙爾巽等：《清史稿》，北京：中華書局，1976。

[13]（清）朱壽朋：《光緒朝東華錄》，北京：中華書局，1958。

[14]（清）左宗棠：《左文襄公全集》，上海：上海書店出版社，1986。

[15]（清）左宗棠：《左宗棠全集》，長沙：嶽麓書社，2009。

[16]《清實錄·仁宗睿皇帝（嘉慶）實錄》，北京：中華書局影印，1986。

[17]《清實錄·宣宗成皇帝（道光）實錄》，北京：中華書局影印，1986。

[18]《清實錄·文宗顯皇帝（咸豐）實錄》，北京：中華書局影印，1986。

[19]《清實錄·穆宗毅皇帝（同治）實錄》，北京：中華書局影印，1987。

[20]《清實錄·德宗景皇帝（光緒）實錄》，北京：中華書局影印，1987。

[21]《欽定平定陝甘新疆回匪方略》，北京：中央民族大學圖書館藏。

[22] 北京大學圖書館編：《北京大學圖書館藏稿本叢書》，天津：天津古籍出版社，1991。

[23] 費行簡：《近代名人小傳》，臺北：文海出版社，1967。

[24] 顧廷龍主編：《清代硃卷集成》，臺北：成文出版社，1992。

[25] 湖南《左宗棠全集》整理組編：《左宗棠未刊奏摺》，長沙：嶽麓書社，1987。

[26] 湖南省地方志編纂委員會編：《湖南省志·人物志》，長沙：湖南人民出版社，1992。

[27] 金梁：《近世人物志》，臺北：文海出版社，1977。

[28] 來新夏：《近三百年人物年譜知見錄》，上海：上海人民出版社，1983。

[29] 李侃等：《中國近代史》，北京：中華書局，2004。

[30] 馬大正、吳豐培等編：《清代新疆稀見奏牘彙編·同治、光緒、宣統朝卷》，烏魯木齊：新疆人民出版社，1996。

[31] 秦國經主編：《清代官員履歷檔案全編》，上海：華東師範大學出版社，2008。

[32] 清史編委會編：《清代人物傳稿》，瀋陽：遼寧人民出版社，1990。

[33] 沈桐生：《光緒政要》，臺北：文海出版社，1971。

[34] 沈雲龍主編，蕭榮爵編：《曾忠襄公（國荃）奏議》，臺北：文海出版社，1966。

[35] 沈雲龍主編：《近代中國史料叢刊·戡定新疆記》，臺北：文海出版社，1966。

[36] 臺北"中研院"近代史所編：《教務教案檔》，臺北："中研院"近代史所，1974。

[37] 王彥威纂輯，王亮編，王敬立校：《清季外交史料（全五冊）》，北京：書目文獻出版社，1987。

[38] 王有立主編：《中華文史叢書·戡定新疆記》，臺北：華文書局，1968—1969。

[39] 王鍾翰點校：《清史列傳》，北京：中華書局，1987。

[40] 新疆維吾爾自治區檔案局、中國社會科學院邊疆史地研究中心《新疆通史》編委會編：《近代新疆蒙古歷史檔案》，烏魯木齊：新疆人民出版社，2008。

[41] 于逢春、阿地力·艾尼主編：《戡定新疆記》，哈爾濱：黑龍江教育出版社，2014。

[42] 中國第一歷史檔案館、福建師範大學歷史系編：《清末教案》，北京：中華書局，1996。

[43] 中國第一歷史檔案館編：《乾隆朝上諭檔》，桂林：廣西師範大學出版社，1999。

[44] 中國第一歷史檔案館編：《嘉慶朝上諭檔》，桂林：廣西師範大學出版社，1998。

[45] 中國第一歷史檔案館編：《道光朝上諭檔》，桂林：廣西師範大學出版社，1999。

[46] 中國第一歷史檔案館編：《咸豐朝上諭檔》，桂林：廣西師範大學出版社，1998。

[47] 中國第一歷史檔案館編：《同治朝上諭檔》，桂林：廣西師範大學出版社，1998。

[48] 中國第一歷史檔案館編：《光緒朝上諭檔》，桂林：廣西師範大學

出版社，1996。

［49］中國第一歷史檔案館編：《光緒朝硃批奏摺》，北京：中華書局，1995。

［50］中國第一歷史檔案館編：《清代軍機處電報檔彙編》，北京：中國人民大學出版社，2005。